世纪高教·工商管理系列教材

管理基础

（第二版）

主编　汤石章　副主编　武邦涛

格致出版社  上海人民出版社

工商管理系列教材

主编：王方华

编委（以姓氏音序排列）：

陈　宪　顾宝炎　顾　锋　顾晓敏　季建华

贾建民　吕　巍　骆祖望　曲林迟　石良平

田　澎　汪　泓　王方华　王恒山　翁君奕

徐　飞　尤建新

总　序

伴随着争论与共识，中国管理步入了21世纪，更走入了全球化的视野当中，这是一个全新的时代，新知识的爆炸、新观念的碰撞、新思想的诞生不断催生着中国管理的变迁，我们的企业开始迈向全球，我们的管理学界开始向世界进言，我们的市场开始让国外的管理人士瞩目，可以说，中国管理正走向成熟，我们正面临着前所未有的机遇。

机遇往往伴随着挑战，对于中国管理而言，挑战存在于各个方面。千百年来，我们的祖先给予了我们丰厚的文化瑰宝，其中很多都是管理思想的精髓，我们该如何深入挖掘？经济全球化进程带来的是越来越前沿的管理理念与实践方法，不断冲击着中国的触觉，我们该如何去面对？中国正逐渐成为世界的焦点，国外管理人士纷纷开始研究中国本土市场，而作为中国管理学界的成员，我们又如何在本土化的实践中找到更加适合中国管理发展的路？种种的挑战提出了一个崭新的命题：如何在我们的管理教学中结合机遇与挑战，向我们的学生——未来的管理人才——展现出知识与实践结合的力量。但现实情况是，我国国内现代企业管理起步较晚，国内经济社会环境的变革中现实管理问题迭起，高校教学实践不足，相当多的经济管理类教材是根据国外教材改编而成的，无法完全适用于中国的特殊国情与新时期下的要求，不能充分解决中国企业的实践问题，更未必满足实际的学生教学需要。因此真正拥有属于中国自己的、前沿的、既自成理论体系又具有实用性的教材，成为了我们经济管理界成员的心声。

令人欣慰的是，力求体现中国前沿管理特色的"工商管理系列教材"终于面世了，这套教材不仅为中国经济管理类理论领域增添了一道独特的风景，更为从事管理学教学的教师提供了本土化的教学范本。这套系列教材紧跟时代步伐，以培养学生能力为目标，汇集了国际各相关领域的最新观点、内容、原理和方法，吸收了国内外教材的众多优点，考虑了中国国内的实际管理教学情况，更力求于体现中国管理的独特思维,既适合于全国各高等学校经济管理类专业的本科生使用,同时也可以成为管理实践第一线工作的各类管理人员系统学习管理理论的参考书。

本系列教材力图从不同的视角,在多种层面对经济管理领域内的各种问题作全面、系统和深入的研究。既有教授经典管理理论的,又有关注管理前沿趋势、讲授最新兴管理技术的;既有对管理学科现代化观点的科学审视,又有对中国悠久的管理哲学的深邃思考;既有以国际化的视野引入的西方成熟经济管理理论,又有以本土化的视角进行的实践研究。期待这套教材能为改进我国高等教育经济管理类课程的教学工作起到重要作用,同时对于推动我国经济管理理论的发展,提升我国企业经济管理的实践水平,也能有所帮助。

"传道、授业、解惑"为师者肩扛之责。背负起为国塑才的重任,不辜负人类灵魂工程师的称号,一直是我们每个教师心中的孜孜追求。这套教材凝结了我们教育工作者多年的思想结晶,更包含了我们对莘莘学子的深切期望。在此,谨希望这套教材能够起到抛砖引玉的效果,为我国管理教育和管理实践的发展、繁荣尽到应有的责任。

是为序。

上海交通大学校长特聘顾问　王方华

前　言

　　自改革开放以来,全国各主要高校分别恢复、重建或新建了经济管理类专业,培养了大批经济管理类人才。同时,许多高校也非常重视对非经济管理类学生进行经济管理知识的普及。现在,不少非经济管理类学生毕业以后从事管理工作,或者自己创办企业。因此,非经济管理类学生掌握一些经济管理类知识是非常重要的。

　　《管理基础》是为非经济管理类本科生开设的一门经济管理基础课程,课程内容涉及工商管理专业的若干基础课程,是这些课程的集成。20多年来,课程内容经过了几次更新,逐渐形成目前的内容体系。由于该课程涉及多门工商管理类课程,没有现成的教材,因此我们在总结多年教学经验的基础上,编写了本教材。本教材共有如下模块:企业以及企业管理基础知识、现代企业战略管理、现代企业市场营销及其策略、现代企业财务管理、现代企业人力资源管理、项目管理。

　　由于开设该课程的目的在于经济管理类知识的普及,因此我们不在内容的深度上做文章,每个模块的编排只是让学生能建立起一些基础概念。

　　本教材可供各类非经济管理类学生学习管理知识,也可作为其他相关人士学习管理知识的读物。

汤石章　武邦涛

目　录

第 1 章 企业以及企业管理基础知识

本章关键词

管理(management)

管理的职能(management function)

管理层次(management level)

管理宽度(management extent)

科学管理(scientific management)

行为科学管理(behavior theory in management)

互联网资料

http://www.vcmc.com/

http://www.manage.org.cn/

http://www.chinamc.org.cn/

http://www.managers.com.cn/

http://www.manaren.com/

http://www.kkvip.net/

第一代管理理论主要是:经济人和物本管理,即假设人的行为驱动力是追求个人最大利益。泰勒的科学管理建立在"经济人"全民假设前提上,遵循效率、技能原则,强调以事物为中心,人成为机器附属。第二代管理理论注重"社会人"与"人本管理",即人的行为动机不只是追求金钱而是源于人的全部要求,强调人与人之间友好相处,调动人的积极性,并提出行为科学理论,强调一切管理活动要以调动人的积极性为目的,做好人的根本工作。随着知识经济和信息经济的发展,人对自身创造能力的开发与挖掘日益关注为实现自我,提出了"能力人"和"能本管理理论"。人的因素:价值观、创造性、个人才能等在生产经营活动中发挥越来越重要的作用,形成以"不断激发人的能力"为主要内容的"能本管理",加大人力资本投入力度,开发人力资源,重视人的价值,调动人的积极性、主动性和创造性,构建优秀企业文化,实行以"能力开发"为基础的"能本管理",即重视对系统理论的研究,管理理论重视对现代组织结构的设计和研究,把对组织中人性、人的行为研究放在日益重要的地位。

资料来源:李丽清、周小刚:《现代管理理论的发展趋势》,《企业家天地·理论前沿》,2005.2。

1.1 管理的概念

1.1.1 人类活动的特点与管理的必要性

1. 人类活动的特点

在正常情况下,每一个人每天都要参加许多活动,如生产活动、消费活动、娱乐活动等。无论是一个群体还是一个个体,人类的每一项活动都有着明确的目的。例如,对于一个社会来说,修建一条地铁是为了解决交通问题,生产一批导弹是为了国防,修建一个公园是为了市民能有一个休闲的去处等等;对于一个个人来说,购买一瓶矿泉水是为了解渴,认真学习是为了更好地掌握知识,参加一场舞会是为了娱乐或是为了增进与朋友的友谊等等。人类的活动有着明确的预期目的,这是人类活动的特点之一。

除了少数情况外,人类都是在一个社会或群体中开展各种活动的,这就注定了在人类的活动过程中,人与人之间存在着的相互依存的关系。例如,销售工作与产品生产之间、产品生产与原料供应之间都存在着相互依存关系。再比如,在足球比赛中,各球员必须精诚团结、密切合作才有可能取得胜利。今天,由于人类社会的专业化分工进一步深入,因此在一般情况下,单个个人不可能生产他所消费的全部产品。比如,一个操作工人的工作可能仅仅是完成了流水线上的一个工序(他没有完成一个完整的产品),而他所消费的产品或服务是多种多样的。人类活动存在着依存性,这是人类活动的特点之二。

人类在社会活动过程中,不断地有发明、有创造,并将这些发明创造积累起来。这些发明创造不断地积累,形成了一系列的理论、方法、原理、技艺等,即形成知识体系。后人可以利用前人的知识来指导人类活动,使人类的活动更有效

率。人类活动的知识性是人类活动的第三个特点。

2. 管理的必要性

从人类活动的上述特点就可以理解我们为什么需要管理。例如,制订合理的目标,选择实现预定目标的方法,协调人与人之间的关系,知识的管理等。

在人类社会中,管理的重要性体现在如下几个方面。第一,人生在世,必定要产生对物质、文化等方面的需要(或称为欲望)。人类的欲望需要我们生产出相应的物质和文化产品来予以满足。由于我们可用于生产的资源存在着稀缺性,因此,如何有效配置稀缺资源是摆在我们面前的一项很重要的管理问题。第二,科学技术只有应用到生产实践中才能形成生产力。长期以来,由于体制的原因,我们的科技成果与产品之间存在着脱节现象,积累的科技成果转化为生产力的比例不高。因此,如何使科学技术能够更快地转化为现实的生产力也是一个很重要的管理问题。第三,现代社会是高度专业化分工的社会,无论是在一个组织内还是在全球范围内,都不同程度地按专业化原则进行了分工。分工的目的是要提高效率,而如果在分工情况下缺少协调,那么要提高效率只能是一句空话。因此,在专业化分工的情况下,为了协调各方,形成合力,就需要管理。第四,任何一个组织在错综复杂的环境中,都要根据所处的环境等因素,制订出适合自己的发展目标,并且要选择恰当的实现预期目标的途径,这都需要管理。

1.1.2　管理的定义和职能

1. 管理的定义

目前,还没有关于管理的标准定义。例如,美国著名管理学家斯蒂芬·P.罗宾斯认为"管理(management)是指同别人一起,或通过别人使活动完成得更有效的过程"[1]。另一美国著名管理学家哈罗德·孔茨对管理的定义是:"管理就是设计并保持一种良好环境,使人在群体里高效率地完成既定目标的过程。"[2]可见,无论是斯蒂芬·P.罗宾斯还是哈罗德·孔茨,均认为管理是一个"过程",管理要解决的核心问题是完成既定目标的效率问题。无论是什么组织(是大的还是小的,是以营利为目的的还是不以营利为目的的),都需要解决完成既定目标的效率问题,即都需要管理。

在有些书中,人们用管理中的一系列管理活动来定义管理。例如,1984 年

---

[1]　斯蒂芬·P.罗宾斯:《管理学》,中国人民大学出版社 1997 年版,第 6 页。

[2]　哈罗德·孔茨:《管理学(第十版)》,经济科学出版社 1998 年版,第 2 页。

企业管理出版社出版的《中国企业管理百科全书》对企业管理的定义为："企业管理，就是对企业生产经营活动进行计划、组织、指挥、协调和控制等一系列管理活动的总称。"1983年上海辞书出版社出版的《经济大辞典》认为："企业管理是企业生产经营活动中各项管理工作的总称。内容包括：组织管理、计划管理、生产管理、技术管理、新产品试制管理、质量管理、设备与工具管理、劳动管理、工资管理、物资管理、销售管理、财务管理等。"

还可以找到许多从不同角度对管理下的定义。例如，周三多教授等人经过对前人的理论的综合研究，将管理表述为：管理是社会组织中，为了实现预期的目标，以人为中心进行的协调活动。[①] 从这个定义中可以引出管理的五个要点：(1)管理的目的是为了实现预期的目标；(2)管理的本质是协调；(3)协调必定产生在社会组织之中；(4)协调的中心是人；(5)协调的方法是多样的。

2. 管理的职能

人类的管理活动可以划分为若干种职能，但是这些职能如何划分还有许多争论。本书中，我们将管理的职能划分为计划、组织、人事、领导和控制五种。这里，计划是指编制计划，包括选择任务、目标以及完成计划的行动的过程；组织是指建立一个经过策划的角色结构的过程；人事是指给组织结构设置的编制配备人员的过程；领导是指通过某些手段对员工施加影响，使他们的行为能够对组织和集体的目标作出贡献的过程；控制是指衡量和纠正下属人员的各种活动，从而保证事态的发展符合预定计划的要求的过程。

必须注意，管理职能的划分并不是管理岗位的划分。也就是说，并不是指有些人专门做计划，有些人专门做组织，有些人专门做人事等。在一个组织中，任何一个管理人员均有上述管理的五项职能，只是侧重点有所不同罢了。

图1.1中，左边是典型的金字塔结构，并把管理人员分成高层管理人员、中层管理人员和基层管理人员三类。右边是一个长方形，水平方向的宽度表示管

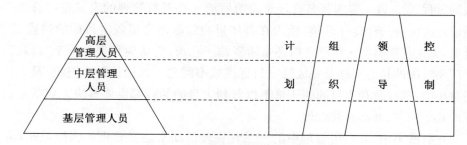

图1.1 不同管理层次的管理职能

---

① 周三多、陈传明、鲁明鸿：《管理学——原理与方法》，复旦大学出版社1999年版，第10页。

理人员所花的时间或精力。管理职能被合并成计划、组织、领导和控制四个。图中显示,越是高层的管理人员花在计划、控制职能上的时间或精力就越多,而越是基层的管理人员花在领导职能上的时间或精力就越多。

除了管理职能的重点不同外,对不同组织层次的管理人员的管理技能要求也是不同的。通常,对管理人员的管理技能要求有专业技能、人际交往技能、理性技能和设计技能四种。专业技能是指在涉及方法、工艺和过程等活动中所需的知识和水平;人际交往技能是指与他人一起共事的能力,即团队协作精神和能力;理性技能是指能够总揽全局、判断出重要因素并了解这些因素间关系的能力;设计技能是指以有利于组织利益的种种方式解决问题的能力。图 1.2 给出了对不同管理层次的管理技能的要求(图中将理性技能和设计技能合并为概念技能)。图中显示,无论是高层管理人员还是中层管理人员或基层管理人员,都有着同等重要的人际交往技能;而管理层次越高的管理人员,概念技能的要求也越高;管理层次越低的管理人员,专业技能的要求越高。

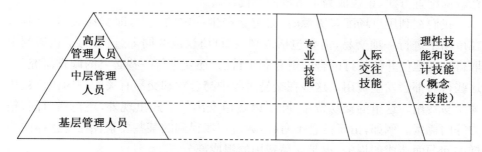

图 1.2　不同管理层次的管理技能

1.2　现代企业管理

1.2.1　企业的概念

所谓企业,是指从事商品生产、流通和服务活动,为满足社会需要和自身营利,进行自主经营、自负盈亏具有法人资格的经济组织。企业具有如下特征:(1)企业是一个生产单位。一个企业,可以生产有形的产品(如汽车、电视机等),也可以生产无形的产品——服务(如金融服务、运输服务等)。(2)企业所生产的是通过产品市场出售的产品,即企业生产的产品是供出售的,而不是自己消费的。例如,鲁宾逊在岛上打猎、种植庄稼、制作工具等,这些产品都是他自己消费的,因此他进行的生产不能称为企业生产。(3)企业的目的是获取利润。作为一个企业，无论在原料采购、产品生产以及销售过程中，都是以营利作为最终目标的。

企业的存在有社会性和经济性两个目的。企业存在的经济性是指企业的主要目标是获取利润；企业存在的社会性是指企业只有在向社会提供受消费者欢迎的产品的前提下才能获取利润。

1.2.2　市场调节和企业调节

任何一个社会或组织，都必须进行资源的配置。市场调节就是利用价格机制来实现稀缺资源的配置。经济理论显示，如果市场是有效的，那么价格机制可以使稀缺资源的配置非常有效率。但是我们必须看到，即使在市场化程度非常高的社会，大量的资源也是在企业内部通过计划和行政手段进行配置的。因此，在资源配置方面，企业成为了市场的替代物。

我们在利用市场配置资源时，必定会产生一定的成本，即交易成本。例如，在市场中进行一项交易，需要包括谈判、签订协议或合同等过程；为了在谈判中取得主动地位并使签订的合同更有利于自己，还要进行一些必要的调查研究等，这些行为都会发生费用。这些在交易过程中与合约和交易有关的一切代价被称为交易费用。这里的交易费用，除了以货币支出的形式出现外，还包括时间、精力等的耗费。例如，由于信息不对称，通过市场得到的某些要素存在着这样或那样的问题而造成的损失，也是交易费用的组成部分。

为了减少交易费用，企业家通过与要素提供者签订长期合约，将这些要素组织起来并置于自己的控制之下。这样，就形成了企业，企业家可以根据需要通过计划和行政手段来配置企业内部的资源，这就是企业调节。不过用企业调节进行资源配置虽然可以减少交易成本，但是不可避免地要发生管理成本。

企业的边界（即多少资源通过市场调节配置、多少资源通过企业调节配置）取决于对上述交易成本与管理成本的权衡。如果原来通过市场调节配置的资源变成企业调节（即企业边界变大了，或者说企业规模扩大了）后，减少的交易成本大于增加的管理成本，扩大企业边界是有利的。反之，企业将缩小其边界。

1.2.3　企业的基本活动

企业的基本活动有业务活动和管理活动两种。企业的业务活动也叫作业活动,是指直接将人类的力量作用于客观对象,从而导致客观对象形态发生变化的过程。通常,业务活动是建筑在生产意义上的一系列活动,如企业的生产、销售等;而管理活动是指为了有效地、顺利地完成业务活动而进行的一系列活动。法国古典管理理论的创始人、现代经营管理理论之父法约尔在 1916 年出版的《工业管理和一般管理》一书中指出:"管理活动,指的是计划、组织、指挥、协调、控制。"

在一个企业中,就业务活动而言,还存在着两种不同目的的业务活动,即以价值为目的的业务活动和以管理为目的的业务活动。以价值为目的的业务活动是指直接以创造价值为目的的业务活动,简称价值活动;以管理为目的的业务活动是指由于管理的需要而派生出来的业务活动。例如,在一个打字服务社里,打字显然是一种业务活动。如果工作人员承接了客户委托为客户打字,则这种业务活动就是以价值为目的的业务活动。而如果办公室秘书为经理人员打印文件,则这种业务活动就是以管理为目的的业务活动。

在一个企业中,管理活动也可以分为两种,即战略管理活动和业务管理活动。战略管理活动决定着企业的经营方向、竞争策略等问题,而业务管理活动则决定着某项具体业务的效率问题。一个正确的战略,需要业务管理活动来实现;而如果企业的战略有缺陷,业务管理活动做得再好也没用。

1.2.4　企业的基本类型

企业的基本类型有独资企业、合伙企业和公司企业三种。在此基础上,又派生出多种企业类型。

独资企业是指只有一个出资人的企业。以前我国只有外商独资企业,而没有个人独资企业。2000 年 1 月 1 日,《中华人民共和国个人独资企业法》正式生效,个人独资企业开始登上我国的经济舞台。个人独资企业主要指由一个自然人投资,且投资人对企业债务承担无限责任的企业形式。其内部机构设置比较简单,管理方式比较灵活。个人独资企业的投资人既是企业的所有者,又可以是企业的经营者,企业不具有法人地位。个人独资企业往往规模较小,在小型加工、零售商业、服务业等领域较为活跃。个人独资具有在经营管理上的制约因素少、开办手续简便、企业商业机密不易泄露、税赋轻、能获得利润之外的个人满足等优点。个人独资企业的劣势在于个人负无限财产责任。当企业资产不足以清偿企业债务时,法律规定企业主的责任不是以投资企业的财产为限,而是要用企业主个人的其他财产来清偿债务。也就是说,一旦经营失败,企业主就有可能倾家荡产。

合伙企业是指由两个以上合伙人订立合伙协议,共同出资、合伙经营、共享收益、共担风险,并对合伙企业债务承担无限连带责任的经营性组织。《中华人民共和国合伙企业法》于1987年8月1日正式实施。合伙制的优势在于:与个人独资企业相比,合伙企业的资金来源较广,信用度也有所提高,因而筹措资金相对容易;合伙企业的合作伙伴可以集思广益,企业的决策能力和经营管理水平得以提高,因而增强了企业的市场竞争能力。合伙企业的劣势在于:首先是合伙人要承担无限连带责任,使其家庭财产具有经营风险,因此合伙关系必须以相互之间的信任为基础;其次是企业的存亡因素过于集中,如果合伙业主产生意见分歧,互不信任,就会影响企业的有效经营;第三,产权不易流动,根据法律规定,合伙人不能自由转让自己所拥有的财产份额,产权转让必须经过全体合伙人同意;同时,接受转让的人也要经过所有合伙人的同意,才能购买产权,成为新的合伙人。

公司制可以有股份有限公司和有限责任公司之分。股份有限公司是指由一定人数以上的股东组成、公司全部资本分为等额股份、股东以其所持股份为限对公司承担责任、公司以全部资产对公司的债务承担责任的企业法人组织。设立股份有限公司应具备如下条件:(1)发起人符合法定资格和法定人数。发起人就是进行公司设立活动的人,可以是自然人,也可以是法人。我国公司法规定,设立股份有限公司,应当有5人以上的发起人,其中必须有过半数的发起人在中国境内有住所。(2)发起人认缴和社会公开募集的股本达到法定资本最低限额。股份有限公司以其公司登记机关登记的实际股本总额作为公司的注册资本。注册资本最低限额为人民币1 000万元。(3)发起人制定公司章程,并经创立大会通过。公司章程是指由发起人全体同意,经股东会通过,依法规定公司的宗旨、任务,指导规范公司组织及行动的基本原则,是公司投资者和经营者必须遵守的法律契约,也是政府及社会监督机构对公司进行监督管理的重要依据。(4)有公司名称,建立符合股份有限公司要求的组织机构。设立股份有限公司必须在公司名称中标明"股份有限公司"字样。此外,由于股份有限公司规模大,股东多,发生问题会影响广大股票持有者的利益和社会安定,所以《公司法》规定必须依法建立健全组织机构,包括设立股东大会,董事会及监事会等。(5)有固定的生产经营场所和必要的生产经营条件。

有限责任公司是由2个以上50个以下的股东共同出资设立的、股东以其认缴的出资额为限对公司债务承担有限责任、公司以其全部资产对公司的债务承担责任的法人企业。设立有限责任公司,应当具备下列条件:(1)股东必须符合法定人数,即由2个以上50个以下股东共同出资设立。(2)股东出资必须达到法定资本最低限额。我国《公司法》规定,科技开发、咨询、服务性公司的注册资本不少于人民币 10 万元;以商业零售为主的公司不少于 30 万元;以商业批发或以生产经营为主的公司不少于 50 万元。(3)股东共同制定公司章程。(4)有公司名称,建立符合有限责任公司要求的组织机构。(5)有固定的生产经营场所和必要的生产经营条件。有限责任公司一般适合于中小企业。

随着经济的发展,企业的形式也在不断创新。例如,在一些国家为了鼓励创业,出现了有限合伙制、准公司等企业形式。

1.3　企业管理思想与理论及其历史沿革

自从有了人类社会,就有了管理。在产业革命之前,所谓的企业也就是一些手工作坊,因而在产业革命之前不可能形成系统的企业管理思想。管理思想形成的直接原因是社会生产力发展的需要。随着产业革命的产生,社会生产力得到了极大提高。为了适应社会生产力的发展以及由产业革命而发展起来的工厂化生产方式,企业管理思想也得以迅速发展。

产业革命产生于英国。18 世纪 60 年代,英国各主要工业部门迅速实现了从手工作坊生产到大机器生产的过渡。蒸汽机的发明促使工业摆脱了对自然能源的依赖,迅速建立起了工厂制度。随后,法国、德国、美国等也相继完成了产业革命,社会生产力得以飞速发展。生产技术的巨大变革,促进了管理思想的发展和成熟。

1.3.1　管理中早期的贡献

系统的企业管理思想是在产业革命开始发展和成熟的。但是,在产业革命前已经有了与企业管理相关的早期贡献。

亚当·斯密(Adam Smith, 1723—1790)是其中一个非常杰出的代表人物。1776 年亚当·斯密出版了他的代表作——《国民财富的性质和原因的研究》(简称《国富论》),第一次系统地论述了古典政治经济学的基本内容,因而成为了古典经济学的奠基人。在《国富论》中,亚当·斯密全面阐述了劳动专业化分工对于提高劳动生产率的积极意义。他认为,劳动的专业化分工能提高劳动生产率的主要理由是:(1)劳动专业化分工使劳动力只需专注于少数自己"拿手"的且重复进行的工作,从而可以提高劳动熟练程度,提高劳动生产率;(2)劳动专业化分工可以减少由于工作或工序转换而引起的时间损失;(3)劳动专业化分工可以使劳动简化,有利于工具和机械的改进,实现机械化和自动化生产。此外,亚当·斯密还从劳动分工开始,系统阐述了劳动价值论和国际贸易理论,主张每个国家只生产自己擅长的产品,用于交换外国某些比本国便宜的产品。

罗伯特·欧文(Robert Owen)是19世纪英国杰出的企业家、空想社会主义者。他很早就注意到了企业内部人力资源的重要性,认为人力资源是要投资的。他指出,要重视工厂管理中人的因素,要意识到在企业管理中关心人是非常重要的,主张关心人的工作条件和福利状况。他认为,重视人的因素,尊重人的地位,可以使工厂获得更多的利润,花在改善工人待遇和劳动条件上的投资会加倍地得到补偿。

查尔斯·巴贝奇(Charles Babbage)是一个工厂制度的鼓吹者,同时又是继亚当·斯密后又一位对劳动分工的管理思想进行阐述的英国人,他对专业分工与机器、工具使用之间的关系进行了论述。他指出,专业化分工能提高劳动生产率的主要原因是:缩短学习各种作业技能的时间以及节省工序转换和更换工具所耗费的时间。巴贝奇还强调了劳资之间的协调关系,认为个人和工厂主之间存在着利益共同点,主张工人享有分红的权利,工人除按工作性质领取固定的工资外,还可以按分工情况和生产效率的高低领取报酬。

1.3.2　科学管理时代

19世纪末20世纪初,随着社会生产力的进一步提高,资本主义生产逐步从自由竞争过渡到垄断,生产集中化程度越来越高,原来的经验式的管理已越来越不适应大企业生产的管理需要,人们迫切需要能有更先进的管理理论来指导管理实践。在这样的背景下,科学管理理论就应运而生了。

1. 泰勒与科学管理

费雷德里克·泰勒(Frederick W.Taylor,1856—1915)出生于美国费城的一个律师家庭。他18岁开始在一家机械厂当学徒,1878年进入费城一家钢铁厂工作,先后被提拔为车间管理员、技师、小组长、工长、总机械师、总工程师和总经理,获得过100多项专利。在长期的管理生涯中,他不断在工厂实地进行试验,系统地研究和分析工人的操作方法和动作,测定每一个动作所花费的时间。泰勒于1911年出版了他的成名作——《科学管理原理》,该书的出版宣告了科学管理时代的到来,泰勒也因此被称为"科学管理之父"。

泰勒的科学管理的理论核心主要有：(1)对工人工作的各个组成部分(各个动作)进行科学的分析，剔除一些不必要的动作，以科学的操作方法代替陈旧的操作方法，以便有效利用工时，提高工效；(2)科学地挑选工人，对工人进行培训以提高工人的技能，促进工人的进取心；(3)摒弃只顾自己的思想，促进工人间的相互协作，根据科学的方法共同努力完成规定的工作任务；(4)管理和劳动分离，管理者和劳动者在工作中密切合作，以保证工作按标准的设计程序进行；(5)管理人员和工人都必须对各自的工作负责。由此提出了实施步骤，主要有：(1)对工作环境进行分析：工作是什么？谁来做？(2)对工作任务进行分析：如何根据工作的需要和工人的技能分配合适的工作？(3)给每一项工作制定工作任务、具体的定额，根据这一工作性质和任务要求，精心挑选具有这种技能的工人承担这项工作。(4)工人的工作安排就绪后，管理者就要和工人密切合作，要督促工人完成自己的工作，并要做好本范围的各种调配工作和计划工作。

我们通常将根据泰勒的科学管理理论制订的一套管理制度称为泰勒制，其主要内容有：(1)对工人提出科学的操作方法，以便合理利用工时、提高工效；(2)在工资制度上实行差别计件制；(3)对工人进行科学的选择、培训和提高；(4)制定科学的工艺规程，并用文件形式固定下来以利推广；(5)使管理和劳动分离，把管理工作称为计划职能、工人的工作称为执行职能。

2. 法约尔的组织管理理论

正当泰勒的科学管理理论在美国广为传播之时，欧洲也出现了一批古典管理的代表人物及其理论，法约尔及其一般管理理论就是其中的代表。亨利·法约尔(Henri Fayol, 1841—1925)是法国人，他长期从事企业的管理工作，担任企业高级管理职务。泰勒的研究是从"车床前的工人"开始，研究重点是如何提高企业内部具体工作的效率。而法约尔的研究则是从"办公桌前的总经理"出发的，研究的是企业整体。他认为，管理理论是"指有关管理的、得到普遍承认的理论，是经过普遍经验检验并得到论证的一套有关原则、标准、方法、程序等内容的完整体系"；有关管理的理论和方法不仅适用于公私企业，也适用于军政机关和社会团体。

法约尔于1916年出版了他的代表作——《工业管理和一般管理》，标志着一般管理理论的形成，法约尔因而被称为"现代经营管理理论之父"。

法约尔区别了经营和管理，认为这是两个不同的概念，因为管理包括在经营之中。通过对企业全部活动的分析，法约尔认为任何企业经营包括如下六种基本活动：(1)技术活动——指设计、制造、加工等；(2)商业活动——指采购、销售和交换等；(3)财务活动——指资金的筹措、运用和控制等；(4)安全活动——指设备维护、人员和物品的保护等；(5)管理活动——指计划、组织、指挥、协调和控制等；(6)会计活动——指货物盘点、会计、成本统计、核算等，见图1.3。法约尔指出："所谓经营，就是努力确保六种固有活动的顺利运转。"管理只是企业经营六种活动之一。

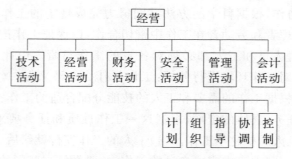

图1.3 企业经营的六种活动

法约尔还将管理活动分为计划、组织、指挥、协调和控制五大管理职能，并进行了相应的分析和讨论。法约尔指出："计划就是探索未来和制定行动方案；组织就是建立企业的物质和社会的双重结构；指挥就是使其人员发挥作用；协调就是连接、联合、调和所有的活动和力量；控制就是注意一切是否按已制定的规章和下达的命令进行。"

管理的五大职能并不是企业管理者个人的责任，它同企业经营的其他五种活动一样，是一种需要企业领导人和整个组织成员共同承担的工作。

法约尔还提出了管理的十四条原则：(1)分工原则——专业化分工可以提高劳动生产率；(2)权力与责任对等原则——在行使权力的同时，必须承担相应的责任，有权必有责，有责必有权，这里的权力是指"指挥他人的权以及促使他人服从的力"；(3)纪律原则——组织内所有的成员都必须遵守各方达成的协议；(4)统一指挥原则——无论何时，组织内的任何一个人只能服从一个上级并接受他的命令；(5)统一领导原则——一种活动只能有一个领导，一个计划；(6)个体利益符合整体利益原则——个人或者小集团的利益不能凌驾于组织利益之上；(7)合理报酬原则——工资制度应当公平；(8)适当的集权和分权原则——要根据企业的性质、条件和环境、成员的素质确定适当的集权和分权的程度；(9)等级链原则——既是执行权利的路线，又是信息传递的渠道；(10)秩序原则——设备、工具、人员都有自己确定的位置，都在各自的岗位上发挥作用；(11)平等原则——希望上司能公平地对待他和他的工作；(12)保持人员和职务稳定原则——鼓励员工长期为组织服务；(13)主动性原则——鼓励全体员工发挥其首创精神；(14)团结原则——尽力保持和巩固企业成员之间的团结。

1.3.3　行为科学管理阶段

1. 霍桑试验

不可否认,泰勒的科学管理理论以及措施极大地提高了劳动生产率。但是,科学管理的主要特点是将人等同于机器和工具,强调对工人的管制,用规范化和标准化的措施结合金钱刺激来提高劳动生产率,而忽视了人的因素,没有看到工人的情感需求,因而无法进一步提高工人的劳动生产率,反而引起了工人的不满和反抗。

在此情形下,为了印证生产环境对工人劳动生产率的影响,以美国哈佛大学心理学教授梅奥(George E.Mayo,1880—1949)为首的哈佛研究小组于 1924—1932 年来到了美国西方电器公司(Western Electric Company)的霍桑工厂进行了一系列的试验和观察,历时 9 年,完成了著名的"霍桑试验"(Hawthorne studies),并在此基础上创建了"人际关系学说"。

这个研究是分阶段进行的。在第一阶段进行的是照明试验(1924—1927年),目的是调查和研究工厂的照明度与作业效率之间的关系。研究结果表明,工厂照明度与作业效率之间没有单纯的直接关系,但生产效率仍与某种未知因素有关,有待进一步研究。

随后,在 1927 年和 1928 年之间,研究小组在继电器装配室进行了第二阶段的试验,目的是调查和研究休息时间、作业时间、工资形态等作业条件与作业效率之间的关系。研究结果表明,上述因素不是生产效率的决定因素。影响生产效率的是职工的情绪,而情绪又是由车间的环境即车间的人际关系决定的。

第三阶段,1928 年至 1931 年,研究小组进行了大规模的访谈,目的是要了解如何获取职工内心真正的感受,进而发现提高生产效率的重要因素。在此阶段,研究小组进行了 2 万多人次的访谈,发现影响生产效率的重要因素是在工作中形成的人际关系,而不是待遇和工作环境。

第四阶段,从 1931 年至 1932 年,研究小组在接线板接线工作室进行了观察,发现工人们之间有一种默契,大多数工人会有意识地限制自己的产量。

研究小组还发现,车间里除了存在按照公司的编制建立的正式组织外,还存在因某种原因形成的非正式组织,这些非正式组织有时会极大地影响着工作效率的发挥。

霍桑试验的研究结果表明,影响生产效率的最重要的因素不是待遇和工作条件,而是工作中的人际关系。据此,梅奥提出了自己的观点:(1)工人是"社会人"而不是"经济人"。人们所需得到满足的需要中,金钱只是其中的一部分,大部分的需要是社会方面和心理方面的,如友情、安全感、归属感和受人尊敬等。(2)企业中存在着非正式组织。由于共同的爱好、来自于同一地区、毕业于同一所学校等,一些员工结成了一个团体。这种团体不是由组织中按照组织原则形成的正式组织,因而被称为"非正式组织"。这种非正式组织有自己的领袖人物。非正式组织的存在对组织有利有弊。(3)影响工作效率的主要因素是职工积极性以及职工家庭和社会生活、组织中人与人的关系等。职工的满意度越高,其积极性就越高,从而生产效率就越高。所以,作为管理者应尽力去提高职工的积极性。

2. 行为科学学派的其他主要理论

1943 年,美国心理学家马斯洛提出了需要层次理论。马斯洛认为,人的需要是多种多样的。根据缓急轻重,人的需要可以分为生理的需要、安全的需要、社交的需要、尊敬的需要和自我实现的需要五个层次,如图 1.4 所示。人们只有在基本满足了低层次的需要后,才会寻求较高层次的需要。

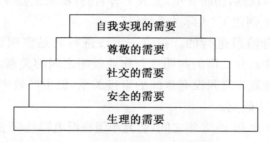

图 1.4 马斯洛的需要层次理论

人们的生理需要是最基本的需要,如衣食住行等。这种需要若得不到满足,人们的生存就无法保障,其他的需要根本无从谈起;在解决了生理的需要后,人们开始考虑安全的需要。安全的需要主要指劳动安全、职位安全、生活安定、出入平安、未来有保障等。第三层次的需要是社交的需要。社交的需要也叫归属与爱的需要,如渴望得到家庭、团体、朋友、同事的关怀爱护理解,希望有所归属、成为团体的一员等。社交的需要与个人性格、经历、生活区域、民族、生活习惯、宗教信仰等都有关系。第四层次的需要是尊敬的需要。尊敬的需要可以分为自尊的需要和受人尊敬的需要。自尊包括自信心、自主能力和对事业的责任感等,而受人尊敬包括自己的地位得到承认、对自己有较高的评价、受到他人的尊重和赏识等。最高的需要层次是自我实现的需要。马斯洛把"自我实现的需要"看作是区别于其他四种需要的高级需要,是人类摆脱了一切制约,充分发展和利用自身的聪明和才智、实现自己的理想和抱负的心理需要,是一种想要实现人的全部潜能的欲望。

在五种需要中,生理的需要、安全的需要以及社交的需要通常被认为是低层次的需要,而尊敬的需要和自我实现的需要通常被认为是高层次需要。人们可以从外界环境因素获取低层次需要的满足,而高层次需要的满足则必须从人们的内部因素中来得到满足。

在企业管理中,如何有效地激励员工以提高劳动生产率是管理者要解决的问题之一。马斯洛的需要层次理论为管理者选择有效的激励手段提供了思路。例如,如果员工目前处于生理需要层次,那么用金钱方式进行激励应该是首选;而对于正在寻求自我实现的人,用金钱去激励恐怕就没有什么效果。

1959 年,弗雷德里克·赫茨伯格(Frederick Herzberg)提出了激励因素—保健因素理论,或称为双因素理论。20 世纪 50 年代末期,赫茨伯格和他的助手们在美国匹兹堡地区对 200 名工程师、会计师进行了调查访问,并对结果进行了统计分析。经过分析,赫茨伯格归纳出了两类与满足人们需要有关的因素:激励因素和保健因素。如果员工感到满意了,员工的积极性就会被激发出来,工作效率就会提高。因此,赫茨伯格称那些能够使员工感到满意的因素为激励因素。如果员工感到不满意,则员工的积极性受到挫伤,正常的劳动效率也不会发挥出来。因此,赫茨伯格称那些能够引起员工不满意的因素为保健因素。赫茨伯格发现,使职工感到满意的都是属于工作本身或工作内容方面的;使职工感到不满意的,都是属于工作环境或工作关系方面的。

保健因素的满足对职工产生的效果类似于卫生保健对身体健康所起的作用。卫生保健可以有效地从人的环境中消除对自身健康有害的事物,它不能直接提高健康水平,但有预防疾病的效果;它不是治疗性的,而是预防性的。常见的保健因素包括公司政策、管理措施、监督、人际关系、物质工作条件、工资、福利等。当这些因素恶化到人们认为可以接受的水平以下时,就会产生对工作的不满意。但是,当人们认为这些因素很好时,它只是消除了不满意,并不会导致积极的态度。因为在这里,"不满意"的反面不是"满意"而是"没有不满意"。

那些能带来积极态度、满意和激励作用的因素就叫做激励因素,通常是那些能满足个人自我实现需要的因素。常见的激励因素包括工作上的成就感、受到重视、提升、挑战性的工作、增加的工作责任,以及成长和发展的机会等。如果这些因素具备了,就能对人们产生更大的激励。在这里,"满意"的反面也不是"不满意",而是"没有满意"。

赫茨伯格的双因素理论同马斯洛的需要层次论有相似之处。他提出的保健因素相当于马斯洛提出的生理需要、安全需要、社交需要等较低级的需要;激励因素则相当于受人尊敬的需要、自我实现的需要等较高级的需要。

1964 年美国心理学家维克托·弗罗姆（Victor H. Vroom）提出了激励中的期望理论，其基本内容主要是弗罗姆的期望公式和期望模式。弗罗姆认为，对于每件事情，人总是抱着希望去做的。人们只有预计到通过自身努力可以有助于实现某一目标时，才会被激励起来去做事情并设法达到这一目标。这个目标在尚未实现时，表现为一种期望，这时目标反过来对个人的动机又是一种激发的力量，而这个激发动力的大小，取决于目标价值（也称效用价值或效价）和实现这一目标的期望概率（期望值）的乘积，即

$$M = V \cdot E \tag{1.1}$$

其中，M 表示激发动力，是指一个人受到激励的强度；V 表示目标价值（效价），是指个人对某种成果的偏好程度；E 是期望值，是人们根据过去经验判断自己达到某种目标的可能性。如果一个人对目标价值或效用评价很高，但他根据以往的经验判断实现该目标的可能性微乎其微，那么他不会被激励去努力实现该目标；而如果某人判断实现某种目标的可能性很大，但是该结果对他而言没什么好处（即效用为零），他也不会被激励去努力实现该目标。甚至，如果这个人感觉该目标的实现对他而言是有害的（即效用为负），这个人就会千方百计地去回避这件事。

由此可见，如果管理者片面地提高目标价值，而不考虑实现该目标的可能性，则很可能没什么激励力。

弗罗姆还提出了人的期望模式，如图 1.5 所示。

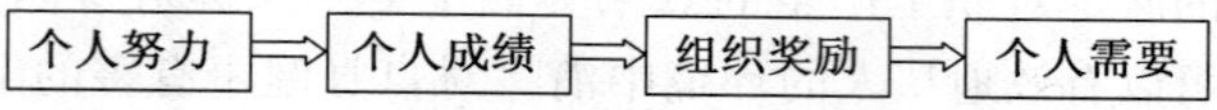

个人努力 ⟹ 个人成绩 ⟹ 组织奖励 ⟹ 个人需要

图 1.5　弗罗姆的期望模式

在该期望模式中，有三个箭头，代表了三个方面的关系，即个人努力和个人成绩之间的关系、个人成绩和组织奖励之间的关系、组织奖励和个人需要之间的关系。为了有效提高激励力，必须兼顾这三方面的关系。

此外，1965 年，是美国行为科学家亚当斯（J. S. Adams）提出了公平理论（又称社会比较理论）。该理论侧重于研究工资报酬分配的合理性、公平性及其对职工生产积极性的影响。

亚当斯认为，当一个人做出了成绩并取得了报酬以后，他不仅关心自己所得报酬的绝对量，而且关心自己所得报酬的相对量。因此，他要进行种种比较来确定自己所获报酬是否合理，比较的结果将直接影响今后工作的积极性。

一个人为了确定自己所获报酬是否合理，往往将自己获得的"报偿"（包括金钱、工作调动、深造的机会等）与自己的"投入"（包括所受教育、工作努力程度、消

耗的精力以及其他无形损耗等)的比值与组织内其他人作比较,即所谓的横向比较,如下式所示:

$$\frac{Q_P}{I_P} = \frac{Q_X}{I_X} \tag{1.2}$$

其中,Q_P 是对自己所获报酬的感觉;I_P 是对自己付出的感觉;Q_X 是对参照系所获报酬的感觉;I_X 是对参照系的付出的感觉。

只有当上式成立时,个人才会感觉是公平的。而当上式为不等式时,可能出现以下两种情况:(1)左边小于右边。在这种情况下,他可能要求增加自己的收入或减小自己今后的努力程度,以便使左边增大,使上式成立;或者他可能要求组织减少参照对象的收入或者让其增大努力程度以便使右边减小,使上式成立。此外,他还可能另外寻找他人作为参照系,以便达到心理上的平衡。(2)左边大于右边。在这种情况下,他可能在开始时自动多付出一些,使上式成立。但最后,他会重新"感觉"自己所获得的报酬和付出,会觉得他确实应当得到那么高的待遇,于是他的付出又会回到过去的水平了。

除了横向比较之外,人们也经常通过纵向比较来确定是否公平。纵向比较就是把自己目前投入与目前所获得报酬的比值,同自己过去的投入与过去所获报酬的比值进行比较,如下式所示:

$$\frac{Q_P}{I_P} = \frac{Q_h}{I_h} \tag{1.3}$$

其中,Q_P 是对自己现在所获报酬的感觉;I_P 是对自己现在付出的感觉;Q_h 是对自己过去所获报酬的感觉;I_h 是对自己过去的付出的感觉。

本章小结

管理是社会组织中,为了实现预期的目标,以人为中心进行的协调活动。有五个要点:(1)管理的目的是为了实现预期的目标;(2)管理的本质是协调;(3)协调必定产生在社会组织之中;(4)协调的中心是人;(5)协调的方法是多样的。

管理有计划、组织、人事、领导和控制五大职能。计划是指编制计划,包括选择任务、目标以及完成计划的行动的过程;组织是指建立一个经过策划的角色结构的过程;人事是指给组织结构设置的编制配备人员的过程;领导是指通过某些手段对员工施加影响,使他们的行为能够对组织和集体的目标作出贡献的过程;控制是指衡量和纠正下属人员的各种活动,从而保证事态的发展符合预定计划的要求的过程。

组织中的任何一个管理人员均有上述管理的五项职能,只是不同层次上的管理人员花在各种管理职能上的时间和精力不同。

企业具有如下特征:(1)企业是一个生产单位。(2)企业所生产的是通过产品市场出售的产品。(3)企业的目的是获取利润。

企业的存在有社会性和经济性两个目的。企业的边界取决于对交易成本与管理成本的权衡。企业的基本活动分为业务活动和管理活动两种。企业的基本类型有独资企业、合伙企业和公司企业三种。

亚当·斯密、罗伯特·欧文和查尔斯·巴贝奇是早期管理思想的代表人物。费雷德里克·泰勒开创了科学管理时代,被人们称为"科学管理之父"。同属科学管理时代的亨利·法约尔着重研究经营管理理论,被称为"现代经营管理理论之父"。法约尔提出的管理的十四条原则至今还有重要意义。美国哈佛大学心理学教授梅奥在"霍桑试验"的基础上创建了"人际关系学说",开创了行为科学管理时代。

思考题

1. 泰勒制面世已近一个世纪,并且诞生于西方文化背景下。在进入 21 世纪的今天,你认为泰勒制对于东方文化背景下的我国企业有什么指导意义?

2. 管理的 14 条原则中,你认为哪几条对我们仍然有指导意义? 哪些已经发生了变化或不适应中国文化?

3. 有人认为,管理就是"通过别人并和别人一道实现组织目标"。你如何理解这句话? 管理者又如何才能有效地做到这一点?

4. 将 XY 理论运用到大学课堂管理中是否有意义,为什么?

5. 如何理解"管理既是一门科学又是一门艺术"? 举例说明如何体现在实际管理工作中。

6. 经营和管理有什么联系和区别?

7. 对于组织中存在的非正式组织,你认为该如何对待?

8. 管理职能有哪些? 分别由谁执行?

9. 按照财产的组织形式和所承担的法律责任划分,企业有哪些基本类型? 如果你要创业,你倾向于采用何种类型,为什么?

10. 管理理论和实践的发展经历了哪几个主要阶段? 每个阶段都有什么重要特征?

选择题

1. 市场调节和企业调节是( )。
   (A) 资源配置的两种手段　　　　(B) 收入分配的两种手段
   (C) 商品销售的两种途径　　　　(D) 人员流动的两种途径

2. 下列不属于管理职能的是( )。
   (A) 预算　　　　　　　　　　　(B) 计划
   (C) 人事　　　　　　　　　　　(D) 控制

3. 在领导职能上需花相对多精力的是( )。
   (A) 班组长　　　　　　　　　　(B) 总经理
   (C) 董事长　　　　　　　　　　(D) 人事部管理人员

4. 高层管理人员需要具备相对多的( )。
   (A) 专业技能　　　　　　　　　(B) 概念技能
   (C) 人际交往技能　　　　　　　(D) 领导技能

5. 人类活动的依存性与下列哪一项有关?( )
   (A) 人类的每一项活动都有预期的目的
   (B) 人类社会存在着社会分工
   (C) 人类的知识不断积累,形成了体系
   (D) 以上都不对

6. 通过照明试验得出的结论是( )。
   (A) 工厂照明是影响员工效率的重要因素之一
   (B) 工厂照明不是影响员工效率的重要因素
   (C) 工厂照明是影响员工效率的因素之一
   (D) 工厂照明不是影响员工效率的因素之一

7. 将企业经营分为六方面职能的是( )。
   (A) 哈罗德·孔茨　　　　　　　(B) 泰勒
   (C) 法约尔　　　　　　　　　　(D) 巴贝奇

8. 车间里的非正式组织( )。
   (A) 严重地阻碍了工作效率的发挥
   (B) 一定程度上阻碍了工作效率的发挥
   (C) 促进了工作效率的发挥
   (D) 有时会严重影响工作效率的发挥

9. 对管理最准确的理解应该是(　　)。

(A) 对人员配置和组织结构所进行的整体安排

(B) 对财务经营状况的协调和控制

(C) 对经营行为的一种纪律约束

(D) 对管理对象进行的计划、组织、领导和控制的社会活动

10. 建筑在生产意义上的一系列企业活动为(　　)。

(A) 价值活动　　　　　　　　　(B) 商业活动

(C) 管理活动　　　　　　　　　(D) 作业活动

11. 企业存在的目的是(　　)。

(A) 经济性　　　　　　　　　　(B) 社会性

(C) 经济性或社会性　　　　　　(D) 经济性和社会性

12. 提出管理的十四条原则的是(　　)。

(A) 泰勒　　　　　　　　　　　(B) 巴贝奇

(C) 哈罗德·孔茨　　　　　　　(D) 法约尔

13. 在企业管理中,执行控制职责的是企业的(　　)。

(A) 高层主管人员　　　　　　　(B) 中层主管人员

(C) 基层主管人员　　　　　　　(D) 处于管理各层次的每一位主管人员

14. 资源配置有两种手段(　　)。

(A) 市场调节和价格调节　　　　(B) 企业调节和计划调节

(C) 市场调节和企业调节　　　　(D) 以上都不对

15. 企业的边界取决于(　　)。

(A) 劳动力供应状况　　　　　　(B) 产品需求状况

(C) 交易成本和管理成本的平衡　(D) 交易成本和市场价值的平衡

16. 下列属于管理职能的是(　　)。

(A) 预算　　　　　　　　　　　(B) 招聘

(C) 营销　　　　　　　　　　　(D) 计划

17. 下列不属于管理职能的是(　　)。

(A) 组织　　　　(B) 计划　　　　(C) 控制　　　　(D) 招聘

18. 与基层管理人员相比,高层管理人员不需要具备相对多的(　　)。

(A) 专业技能　　　　　　　　　(B) 概念技能

(C) 人际交往技能　　　　　　　(D) 领导技能

19. 著有《国富论》的是(　　)。

(A) 罗伯特·欧文　　　　　　　(B) 巴贝奇

(C) 亚当·斯密　　　　　　　　(D) 泰勒

20. 被称为科学管理之父的是（　　）。
　　（A）罗伯特·欧文　　　　　　　（B）巴贝奇
　　（C）泰勒　　　　　　　　　　　（D）亚当·斯密
21. 在企业管理中，担负计划职责的是企业的（　　）。
　　（A）高层管理人员　　　　　　　（B）中层管理人员
　　（C）基层管理人员　　　　　　　（D）处于管理各层次的每一位主管人员
22. 在企业管理中，担负领导职责的是企业的（　　）。
　　（A）高层管理人员　　　　　　　（B）中层管理人员
　　（C）基层管理人员　　　　　　　（D）处于管理各层次的每一位主管人员
23. 业务管理主要解决（　　）。
　　（A）组织作业的方向问题　　　　（B）部门作业的赢利性问题
　　（C）组织行为的效率问题　　　　（D）以上都不对

案例分析

布拉德利服装公司的人员激励

　　艾丽斯·约翰逊是布拉德利服装公司（女子服装和衣着用品的生产者）的人事经理，她刚从一个管理开发研究班回来，那个研究班对激励理论特别是马斯洛和赫茨伯格的理论相当关注。她为马斯洛的清晰的需要层次和赫茨伯格的激励因素和保健因素理论所折服，认为本公司可以立即实际运用它们。她欣赏这两种激励方法简单易用，并且觉得公司的工资和薪水水平在本行业中已是最好的了。她相信，公司应该将精力集中在赫茨伯格的激励因素上。

　　结果她说服了公司的执行委员会，着手制定了关于强调表彰、提升、更大的个人责任、成就并使工作更有挑战性等各种计划。计划运转了几个月之后，她迷惑了，发现结果并不如她所期望的那样。

　　服装设计人员对计划的反应好像并没有那么热情。有些人觉得他们已经有了一个挑战性工作了，超过销售定额已实现了他们的成就感，给他们的佣金支票就是对他们的表彰。并且对他们来说，所有这些计划都是浪费时间。裁剪员、缝纫工、熨衣工和包装工的感受是各色各样的。有些人随着新计划的实行而受到表扬，反应良好；但是另外一些人则认为是管理人员的诡计，要让他们更拼命工作而不增加任何工资。他们工会的企业代表同后面那些人的意见一致，也公开批评这些计划。

　　反应如此悬殊，约翰逊女士遭到公司最高层主管人员的不少批评，他们觉得被一个过度热心的人事经理欺骗了。在同该公司的管理顾问讨论这个问题时，该顾问对约翰逊女士的意见是:她把人的激励观念想像得过于简单了。

思考:

1. 你认为这个计划为什么会引起这么多的争议?

2. 为什么管理顾问说,约翰逊女士把人的激励观念想像得过于简单了? 请详细分析之。

3. 如果你是约翰逊女士,你会做些什么?

资料来源:http://www2.sjzue.edu.cn/jpkc/glx/Myweb/8-1.htm。

第 2 章　现代企业战略管理

本章关键词

战略(strategy)
战略管理(strategic management)
业务管理(business management)
战略分析(strategy analysis)
五力模型(five-forces model)
战略能力(strategy ability)

波士顿矩阵(BCG growth-share matrix)
SWOT 分析(SWOT analysis)
一般竞争战略(generic strategies)
多元化(diversification)
一体化(integration)
并购(buy out)

互联网资料

http://www.mhhe.com/dess2004
http://highered.mcgraw-hill.com/sites/0072443715/#
http://www.isc.hbs.edu/index.html
http://www.vcmc.net/forum

现在,西方管理大师们争相为"不具竞争力的"日本工业提供建议,他们的潜台词是"日本需要学习西方的管理方式"。战略管理大师迈克尔·波特在《日本还有竞争力吗?》中说,日本公司需要通过定位于利润、制定明确的战略和加强雇员激励来创造竞争优势,也就是接受西方的"战略性思维方式"。在美国《商业周刊》眼中,法国人卡洛斯·戈恩因拯救日产汽车公司Nissan 而成为"日本民族英雄",他的成功源于抛弃日本的传统做法——放弃按资历支付薪酬和升迁的日本方式、为员工提供股票期权和奖金、划分明确的责任并赋予经理直接管理权。

在上个世纪 80 年代,人们讨论日本企业管理的语气与现在完全不同。当时,日本被认为是世界上最具竞争力的工业强国,它的工厂以惊人的高效率生产着高质量的产品,大量的美国经理人飞越太平洋去丰田和索尼"朝圣"。1981 年出版的《日本企业管理艺术》是当时最畅销的商业书之一(其他几本也都是关于如何面对日本的挑战），当时最热门的管理时尚是精益生产、全面质量管理、连续改进和适时制造——也就是西方人眼中的日本企业管理方式。

资料来源：《经济观察报》。

在经济全球化、科学技术日新月异、新的经营方式不断涌现、信息交流过程发生根本性变革的超竞争环境下，越来越多的企业逐渐认识到战略管理的重要性。然而，人们对什么是企业战略，一个成功企业战略应具备哪些基本要素和特征，如何实施战略管理等并没有清晰和一致的认识，这在一定程度上限制了战略管理作为一种科学分析方法的应用。

战略管理作为一门新兴的管理学科，它是在第二次世界大战后社会环境复杂多变、市场竞争日趋激烈、企业经营难度加大的形势下产生和发展起来的，大约在20世纪70年代中期首先在美国形成。作为管理学科的分支，它集中研究一个组织如何制定和实施科学的发展战略，以保证自身的生存和持续发展。

作为管理基础课程的一部分，本章将首先介绍战略的概念和特征，然后将讨论战略管理的一般过程，企业进行战略分析的主要方面，企业战略方向的选择以及企业所经常采用的一般战略。

2.1 企业经营战略概述

2.1.1 企业经营战略的概念和特征

1. 企业经营战略的概念

企业战略作为一门学科是非常年轻的，但我们可以找到许多在军事上使用类似概念早期例子。我国伟大的军事家孙武早在公元前360年撰写的《孙子兵法》中就对战争战略有许多精辟的论述，这些有关战争的战略思想有许多被运用到今天的管理实践中。克劳塞维茨（Clausewitz，1780—1830）在其理论巨著《战争论》中指出："战略是为了达到战争的目的而对战斗的运用。"毛泽东在《中国革命战争的战略问题》中提出"战略问题是研究战争全局的规律性的东西"，"凡属带有要照顾各方面和各阶段的性质的，都是战争的全局。研究带全局性的战争指导规律，是战略学的任务"。尽管不同的军事家或战略学家对战略这一概念的表达有所不同,但主要含义是指"对战争全局的筹划和谋略"。

长期以来,虽然人们一直在争论军事战略原理对企业的普遍适用性,但是,越来越多的人认为军事战略对企业管理有重要的借鉴作用。不过,企业战略并不是一个简单的概念,也不能仅仅从某一方面能加以描述。换句话说,理解这一概念需要多维的视角,它不仅涉及企业所有的关键活动,如确定企业的未来方向和使命等,而且还需要根据环境的变化加以调整以有助于战略的实现。

综观这一领域的重要研究成果,我们可以看到企业战略主要有以下几种定义:

(1) 企业战略作为确定组织使命的手段,要明确组织的长期目标、活动程序和资源分配的优先级;

(2) 战略是一种事先的计划,是对未来行动方向的说明和要求;

(3) 企业战略是一种连续一致的决策模式;

(4) 战略是一种定位;

(5) 战略作为一种观念和意向;

......

综合以上几个定义并结合军事战略的内涵,我们认为"企业战略是指企业以未来为基点,为寻求和维持持久竞争优势而作出的有关全局的重大筹划和谋略"。在理解上述概念时,应该把握以下几个要点:

首先,企业应该把未来的生存和发展问题作为制定战略的出发点和归宿,也就是说,一个好的战略应有助于企业实现长期生存和发展的目标。而要做到这一点,企业不仅需要了解其所处行业的过去和现在,而且尤其需要关注行业内外环境因素将来发展变化的趋势,从而把握其未来。在政治、经济和其他外部环境因素发生跳跃性变化的时代,仅凭过去的经验和传统的分析方法已不能满足企业建立持久竞争优势的要求,失去对未来动态的充分估计和把握,企业将失去目标和方向。反之,则可能抓住有利的时机,建立起自己的竞争优势,从而加速获得发展。

其次,战略应为企业确定一个简单、一致和长期的目标。大量研究发现,无论对于个人、军队还是其他组织,其中成功者的一个重要特征就是始终不渝地追求一种目标,并为此付出不懈的努力。对于一个企业来说,这种目标不仅能指明未来的发展方向和引导资源的配置,而且有助于协调不同部门和个人之间的活动,增强组织的凝聚力。需要特别强调的是,企业战略所限定的目标应表明企业存在的合法性,并与主要利益相关者的期望保持一致。

第三,战略的实质是帮助企业建立和维持持久的竞争优势,这意味着战略不仅有助于管理人员处理可预见的事件,也要有助于他们处理突发和难以预见的事件。事实上,由于管理人员很难预料各种重要影响因素之间相互作用的方式和程度,也很难预料竞争对手的反应以及企业本身不得不调整战略的时机和方法,所以,战略应为企业提供若干个可以实现其目标的途径,以应付外部环境可能出现的例外情况。进一步说,正像军事战略一样,谋求"进可以攻,退可以守"的战略目标不应过分具体和数量化,有时可能仅仅表现为一种战略意向。

2. 企业经营战略的特征

（1）全局性。

经营战略具有全局性的特征。经营战略的全局性是指以企业全局为研究对象,来确定企业的总体目标,规定企业的总体行动,追求企业的总体效果。无论对于一个军队还是对于一个企业,总要遇到各种各样的情况,处理各种各样的问题,其中一些决策涉及整个组织范围,另外一些可能只与局部利益有关。在很多情况下,组织的总体利益和下层组织的局部利益并不完全一致,有时甚至是冲突的,这就要求领导者要善于运筹作出适当的决策。高层管理者,尤其是决策者切忌整天埋头于具体的经营性事物,而忽略了对企业大政方针和长远方向的考虑。此外,战略的全局性还意味着要妥善处理局部利益与整体利益的关系,在两者存在矛盾的情况下要"丢卒保车"。

（2）长期性与稳定性。

长期性,指企业战略的着眼点是企业的未来而不是现在,是为了谋求企业的长远利益而不是眼前利益。评价战略优劣的一个重要标准就是看其是否有助于实现组织的长期目标和保证长期利益的最大化。换句话说,战略更关注长远利益,而不是关注短期利益,这是与一般战术和业务计划的显著区别。例如,如果一个产品或项目尽管在短期内会赚些钱,但长期市场潜力不大,而且无助于提高企业的核心能力,甚至会造成长期严重亏损,从战略的角度看,这样的产品或项目就不应该上马。相反,若一个项目尽管短期内会造成一定亏损,但长期市场潜力巨大或适应技术发展的趋势,只要经营得当,将会获得长期稳定的收益,从战略的角度上看就应该上马。

为了实现企业的可持续发展战略,战略还应该具有相对稳定性。虽然战略需要根据环境的变化做适当调整,但这种调整不应过于频繁,尤其是不能朝令夕改,因为战略体现的是组织的长远利益,而这种目标的实现本身需要较长的时期,甚至要以牺牲短期利益为代价。因此,若战略不能保持相对稳定,不仅难以实现长期目标,而且会使为此付出的努力付之东流,造成的损失无法弥补。尤其会使组织成员感到失望,进而会使组织的凝聚力和效率下降。

（3）适应性。

战略不仅要有全局性、长期性和相对稳定性,而且要有较强的适应性。一个好的战略总是力求实现稳定性和适应性的统一,前者意味着战略在较长时期内保持相对稳定,能够稳定组织成员的情绪,增强他们的信心;而后者意味着所确定的战略目标既要简单明确,同时又不过分僵化和具体,保持适当的张力。也就是说,企业在制定战略时,应考虑建立资源缓冲地带,保证资源分配的灵活性,使战略本身具有一定的机动能力。这样当外部环境或内部因素发生变化时,就可以通过战术调整来适应这种变化,而不致做大的战略变更,保持整个组织的协调和行为的一致性。

2.1.2　企业的战略管理

1. 战略管理过程

战略管理有别于战略的概念,它是一种过程,它不仅决定组织将要采取的战略,还涉及战略的选择过程以及如何加以评价和实施。一般说来,战略管理包含三个关键要素:战略分析——了解组织所处的环境和相对竞争地位;战略选择——涉及对行为过程的模拟、评价和选择;战略实施——采取怎样的措施使战略发挥作用。

（1）战略分析。

战略分析要了解组织所处环境正在发生哪些变化;这些变化将给组织带来哪些影响,是给组织带来更多的发展机会,还是带来更多的威胁。对企业来说,上述环境不仅指宏观环境(如社会、经济、政治和技术等),还包括行业结构的特点、变化趋势等。战略分析还要了解组织所处的相对地位,具有哪些资源以及战略能力,正是它们决定了组织能够采取怎样的战略。此外,还需要了解与组织有关的个人和团体的价值观和期望是什么,对组织的愿望和要求是什么,在战略制定、评价和实施过程中会有哪些反应,这些反应又会对组织行为产生怎样的影响和制约。

（2）战略选择。

在对企业所处的外部环境和行业结构、企业自身的资源状况和能力以及利益相关者的期望和权力已经有了比较清楚的了解之后,接下来的任务是为企业选择一个合适的战略。战略选择是一个复杂的决策过程,它包括提出方案、评估方案、选择方案三个环节。

提出方案需要涉及产品和服务的开发方向,如进入哪一个类型的市场,以怎样的方式进入市场等等;在产品系列和服务方向确定以后,还要决定是通过内部开发还是外部收购来拓展这些业务。在做这些决策时,管理人员应该尽可能多地列出可供选择的方案,不要只考虑那些比较明显的方案。因为战略涉及的因素非常之多,而且这些因素的影响往往并不那么明显,因此,在战略选择过程中形成多种战略方案是一个首要的环节,它是战略评估的基础和前提。

提出多个战略方案以后,管理人员应根据一定的标准对它们进行评估,以决定哪种方案最有助于实现组织的目标。确切地说,首先要明确哪些方案能支持和加强企业的实力,并且能够克服企业的弱点;哪些方案能完全利用外部环境变化所带来的机会,而同时又使企业面临的威胁最小或者完全消除。事实上,战略评估过程不仅要保证所选战略的适用性,而且需要具有可行性和可接受性。前者意味着组织的资源和能力能够满足战略的要求,同时外界环境的干扰和阻碍是在可接受的限度内;后者意味着所选择的战略不致伤害利益相关者的利益,或者虽有这些障碍,但企业能够通过一定方式克服它们。

战略选择的最后步骤是在那些具有适用性、可行性和可接受性的方案中选择一种或几种战略。我们可以为这些战略排出一个优先级,同时明确它们适用的条件。在这一过程中需要明确的是:战略选择并不是一个完全理性的过程和纯逻辑的行为,它实际上是一个管理测评问题;在另外一些情况下,它可能是不同利益集团讨价还价的产物和不同观点的折中。实际上,即使没有人为因素的影响,由于信息的不完全性,所选择的所谓"最佳战略"事实上也不一定是最佳的,何况任何战略都免不了有这样或那样的缺陷。因此,战略选择本质上是一个对各种战略的比较和权衡,从而决定比较满意战略的过程。

（3）战略实施。

所谓战略实施就是将战略转化为行动。通过全面的战略分析选择一个好的战略固然重要,但同样重要的是通过切实可行的步骤和方法将战略转化为具体的可执行的行动。对于企业来说,战略实施主要涉及以下一些问题:如何在企业内部各部门和各层次间分配及使用现有的资源;为了实现企业目标,还需要获得哪些外部资源以及如何使用,是在各部门间平均分配还是重点支持某些项目;为了实现既定的战略目标,需要对组织机构作哪些调整;这种调整对各部门和有关人员产生怎样的影响;他们是支持还是反对这种变革;为了保证目标和任务的完成,管理人员需要掌握管理组织变革的技术和方法。

2. 战略管理与业务管理的关系

一般说来,业务管理者通过库存控制、利益分配和财务预算来提高组织的效益时,他所解决的是提高组织的效率问题。而战略管理主要解决组织行为的有效性问题,即更多地考虑组织的前途和方向性问题。

安索夫(H.I.Ansoff)认为:在进行战略管理时,管理者承担变革者的角色,富于冒险,具有解决发散型问题的能力,并且善于引导他人和整个组织探索新的未曾尝试的途径;而在进行业务管理时,管理者是变革的被动接受者,总是小心翼翼地避免冒险,习惯于按已有的或成熟的方法去解决收敛性问题,扮演的是协调者和控制者的角色。他们的领导才能与进行战略管理所要求的领导才能是不同的，他们所做的只是激励人们去提高和改善效率，而不是改变组织的方向。战略管理与业务管理的主要区别概括如表 2.1。

表 2.1　战略管理与业务管理

战　略　管　理	业　务　管　理
复杂性	日常性
非日常性	专业操作和经营
整个组织范围	小范围变革
重要事情	以资源为动力
重大变革	
以环境和期望为动力	

当然，战略管理与业务管理也存在不可割裂的联系。一方面，战略决策是业务决策的基础和前提，即业务决策的方向应与战略决策的方向一致；另一方面，小范围的日常变革及其效果也会对战略形成制约，而且战略管理要解决的问题也要靠日常的管理行为逐步实现。

3. 企业战略与长期计划

由于企业战略和长期计划都涉及企业的长远发展问题，即都要为企业确定总体目标，所以人们往往将两者混为一谈，其实两者之间存在着明显的差异。

首先，正像很多企业和组织目前的状况一样，很多组织在制订长期计划时根据的是现在或是过去的计划，甚至就是现在或过去的计划的简单延伸。换句话说，长期计划更多的是与过去或现在的状态有关，而企业战略则基于对将来趋势、数据和变化的预测，着眼于未来，因而更具前瞻性。

其次，战略和长期计划的制定过程有所不同，一般说来，制定长期计划时倾向于由下而上，而不是由上而下。主要由组织的中层而不是上层决策者来提出长期计划，而战略决策则由最高层来做并将信息传递给下层管理人员。

第三，企业在制定长期计划和战略时的心理状态并不完全相同，正像我国很多企业和组织的情况，制定长期计划时一般有一种危险的乐观情绪，容易少考虑一些不利因素，而多考虑有利因素，并且常常是在经营比较顺利或业绩比较理想的情况下制定一个长期计划。战略管理则既评价最好的情况，也估计最坏结果发生的可能性和其他实际情况，比较现实。

第四，企业战略与长期计划的构成形式不同，一个企业的长期计划往往是其组织计划的合并或折中。事实上，很多企业常常先由各部门或分部作出自己部门的长期计划，再将它们汇总成企业的长期计划，这样做虽然反映了各部门或分部的利益和要求，但却可能分散企业的资源，有损整个组织的利益；相反，战略是为整个组织提供一个清晰和严谨的发展方向,保证组织整体效益的最大化。

4. 企业实施战略管理的必要性

(1)战略对成功的影响。

在人类活动的多数领域,战略对成功都有重要的作用。无论我们考察战争、对弈、政治、体育还是企业,个人和组织的成功很少是简单的随机过程的结果。在资源和技巧方面的最初的优势并不是决定因素,而战略总是起着重要的作用。事实上,许多著名的案例中都包含一个共同的因素,即获胜方制订并实施了一个有效的战略,虽然有时并没有一个战略作为事先的计划而存在,或者并没有明确地说明它,但在多数情况下,获胜方总是在所角逐的领域对情况有比较清楚的了解和一致的方向,而且往往控制局势,使其向有利于自身的方向转化。在中外军事史上,借助高超的战略以少胜多、以弱胜强的范例也不胜枚举。

(2)战略对决策的支持作用。

如前所述,战略是关键的成功要素,为什么呢?因为它是大家一致关注的主题。正是这一主题给组织以方向和凝聚力。可以想见,即使在很小的企业内,每天也要作上百个决策,如从要不要给某一个特别顾客提供价格折扣到采用哪种方式寄送邮件,因此,试图考虑每一个决策的意义,从而使其最优化几乎是不可能的。在这种情况下,通过限制决策的范围和简化决策,战略可以为很多决策问题找到可以接受的解决方案。

(3)战略作为合作和交流的工具。

战略不仅有助于保持决策在时间上的一致性,而且也是大型组织中不同部门和个人之间保持决策一致的工具。事实上,公司计划和战略的发展部分是由于公司规模的扩大和复杂化。战略的重要作用之一就是为整个组织确定一个共同的方向。

(4)战略将增强组织的适应性和灵活性。

战略可以促使企业密切关注外部环境的变化,对影响企业经营的种种重要变化保持高度的警惕性,当一些问题发生时不致惊慌失措,而且还可以预防某些不利事件的发生。

(5)战略作为目标。

所谓目标是指企业在将来应该达到的地位。建立这种目标的目的不仅仅是引导战略制定的方向,而且也是为企业确立一个理想。这种理想体现了企业的价值观和员工的精神追求,从而增强他们的荣誉感和归属感。因此,战略的又一个重要作用是作为组织的目标或通向目标的桥梁。Gary Hamel 认为:一个杰出公司战略的最重要要素是他们所谓的"战略意向"。例如,英特尔(Intel)的战略意向是成为世界计算机行业的奠基石;本田的战略意向是变成第二个福特,成为汽车革新的领先者；NEC 的战略意向是将计算机和通信加以融合；可口可乐的战略意向是叫世界上每一个人都喝上可口可乐。

2.2　战略分析

战略分析的目的就是要了解组织所处环境正在发生哪些变化；这些变化将给组织带来哪些影响；是给组织带来更多的发展机会，还是带来更多的威胁。战略分析是企业战略管理过程的基础，大体可分为外部环境分析和内部环境分析，外部环境分析主要是进行宏观环境分析、行业结构分析，而内部环境分析主要是进行企业的资源、战略能力和市场地位分析，它们之间的关系如图 2.1 所示。

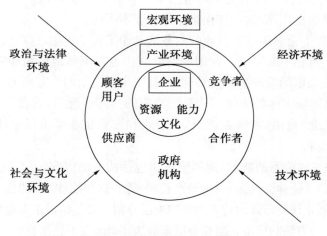

图 2.1　企业与环境关系示意图

2.2.1　宏观环境分析

任何一个组织，它的生存和发展都要受到其所在环境的影响和制约，而且一般说来，环境对组织的影响远远比组织对环境产生的影响要大。正因为如此，对一个组织来说更重要的是认识所在环境的特点并适应它的变化，而不是改变它。一般说来，宏观环境因素可以概括为政治与法律环境、经济环境、社会与文化环境和技术环境四个方面。从这四个方面对宏观环境的分析称为 PEST（political，economic，social，technological）分析。

1. 政治与法律环境

政治与法律环境是指一个国家或地区的政治制度、体制、方针政策、法律法规等方面，也包括一些重大活动和事件。这些因素常常制约、影响企业的经营行为，尤其是影响企业较长期的投资行为。

一个国家或地区政治与社会稳定是大多数企业顺利进行经营活动的基本前提，而战争、骚乱等往往会使企业经受萧条和倒闭的痛苦。一个国家和地区内发生的一些重大活动和事件也总是直接或间接地影响企业的经营计划和策略，而法律法规的变化可能直接鼓励和限制着某些商品的生产、销售和消费。

政治法律环境对企业的影响具有如下几个特点：

(1) 直接性。国家政治法律环境将直接影响着企业的经营状况。

(2) 难于预测性。对于企业来说，很难预测国家政治法律环境的变化趋势。

(3) 不可逆转性。政治法律环境因素一旦影响到企业，就会使企业发生十分迅速和明显的变化，而这一变化企业是驾驭不了的。

目前，世界上很多国家对企业的商务活动作了大量立法，这些法律对企业的影响和制约一直在不断增强。我国的商业立法也在不断地加强和完善，现已初步形成社会主义市场经济法律体系框架，其中主要包括四个方面的法律。

(1) 规范市场主体的法律。从我国当前的实际情况看，这部分法律主要是指规范国有企业，城镇、乡镇企业，私人企业和三资企业等市场主体的法律，如《乡镇企业法》等。

(2) 调整主体关系的法律，这部分法律包括两方面内容，一是统一市场的法律，如《公司法》、《证券交易法》、《房地产管理》等。这些法律用来保证市场主体间的平等关系，制止任何形式的行业垄断和地区分割。二是保证正当竞争的法律，即规定正当竞争的方法和反不正当竞争措施的法律，如《反不正当竞争法》等。

(3) 完善宏观调控的法律，如《预算法》、《商业银行法》、《物价法》以及各种税法等。

(4) 社会保障方面的法律，如《劳动保护法》、《保险法》等。

另外，我国每隔五年就要制订和实施一个"五年计划"，这些计划规定了国民经济和社会发展的主要奋斗目标、经济建设的指导方针、主要任务和战略布局，以及改革开放的主要任务和部署等。企业在考虑自己的战略计划时，必须适应国家和省市计划的要求，为实现国家和省市计划出力，才能得到政府的支持。

2. 经济环境

所谓经济环境是指构成企业生存和发展的社会经济状况和国家经济政策。社会经济状况包括经济要素的性质、水平、结构、变动趋势等多方面的内容，涉及国家、社会、市场及自然等多个领域。国家经济政策是国家履行经济管理职能，调控国家宏观经济水平、结构,实施国家经济发展战略的指导方针,因而对企业经济环境有着重要的影响。

企业的经济环境主要由社会经济结构、经济发展水平、经济体制和宏观经济政策等四个要素构成。

社会经济结构指国民经济中不同的经济成分、不同的产业部门以及社会再生产各个方面在组成国民经济整体时相互的适应性、量的比例及排列关联的状况。社会经济结构主要包括五方面的内容,即产业结构、分配结构、交换结构、消费结构、技术结构,其中最重要的是产业结构。

经济发展水平是指一个国家经济发展的规模、速度和所达到的水准。反映一个国家经济发展水平的常用指标有国民生产总值、国民收入、人均国民收入、经济发展速度、经济增长速度。

经济体制是指国家经济组织的形式。经济体制规定了国家与企业、企业与企业、企业与各经济部门的关系,并通过一定的管理手段和方法,调控或影响社会经济流动的范围、内容和方式等。

经济政策是指国家、政党制定的一定时期国家经济发展目标实现的战略与策略,它包括综合性的全国经济发展战略和产业政策、国民收入分配政策、价格政策、物资流通政策、金融货币政策、劳动工资政策、对外贸易政策等。

因此,企业的经济环境分析就是要对以上的各个要素进行分析,运用各种指标,以准确地分析宏观经济环境对企业的影响,从而制订出正确的企业经营战略。

3. 社会与文化环境

社会与文化环境包括一个国家或地区的社会性质、人们共享的价值观、人口状况、教育程度、风俗习惯、宗教信仰等各个方面。从影响企业战略制订的角度来看,社会与文化环境可分解为文化、人口两个方面。

(1) 人口环境。

人口因素对企业战略的制订有重大影响。例如,人口总数直接影响着社会生产总规模;人口的地理分布影响着企业的厂址选择;人口的性别比例和年龄结构在一定程度上决定了社会需求结构,进而影响社会供给结构和企业生产;人口的教育文化水平直接影响着企业的人力资源状况;家庭户数及其结构的变化与耐用消费品的需求和变化趋势密切相关,因而也就影响到耐用消费品的生产规模等。对人口因素的分析可以使用以下一些变量:离婚率,出生和死亡率,人口的平均寿命,人口的年龄和地区分布,人口在民族和性别上的比例变化,人口和地区在教育水平和生活方式上的差异等。目前世界上人口变化的主要趋向是:

① 世界人口迅速增长,意味着消费将继续增长,世界市场将继续扩大。在

我国,劳动就业压力将长期存在,同时,随着人口增长,耕地减少,我国农村剩余劳动力将向非农产业转移。

② 发达资本主义国家的出生率下降,儿童减少,这种趋向一方面对以儿童为目标市场的企业是一种环境威胁,另一方面年轻夫妇可以有更多的闲暇和收入用于旅游、在外用餐、文体活动等,因此可为相应的企业带来市场机会。

③ 许多国家人口趋于老龄化,我国也有这种趋势,老年人市场正在逐步扩大,老年人的消费能力也在逐渐增强,因此,企业应当认真研究老年人市场的问题。

④ 许多东方国家的家庭状况正在发生变化:家庭规模向小型化方向发展,几世同堂的大家庭大为减少。

⑤ 在西方国家,非家庭住户也在迅速增加,非家庭住户包括单身成年人住户,暂时同居户和集体住户。

(2) 文化环境。

文化环境对企业的影响是间接的,潜在的和持久的,文化的基本要素包括哲学、宗教、语言与文字、文学艺术等,它们共同构筑成文化系统,对企业文化有重大的影响。

① 哲学是文化的核心部分,在整个文化中起着主导作用。我国的传统哲学基本上由宇宙论、本体论、知识论、历史哲学及人生论(道德哲学)五个方面构成,它们以各种微妙的方式渗透到文化的各个方面,发挥着强大的作用。

② 宗教作为文化的一个侧面,在长期发展过程中与传统文化有密切的联系,在我国文化中,宗教所占的地位并不像西方那样显著,宗教情绪也不像西方那样强烈,但其作用仍不可忽视。

③ 语言文字和文化艺术是文化的具体表现,是社会现实生活的反映,它对企业职工的心理、人生观、价值观、性格、道德及审美观点的影响及导向是不容忽视的。

企业对文化环境的分析过程是企业文化建设的一个重要步骤,企业对文化环境分析的目的是要把社会文化内化为企业的内部文化,使企业的一切生产经营活动都符合环境文化的价值检验。另外,企业对文化的分析与关注最终要落实到对人的关注上,从而有效地激励员工,有效地为顾客服务。

4. 技术环境

像经济环境一样,技术环境变化对企业的生产和销售活动有直接而重大的影响,尤其是在面临原料、能源严重短缺的今天,技术往往成为决定人类命运和社会进步的关键所在,同时,技术水平及其产业化程度高低也是衡量一个国家和地区综合力量和发展水平的重要标志。如美国高技术产业在国内生产总值中的比重已达到 40%—60%。与经济因素不同的是,技术是一种创造性—破坏因素,或者说,当一种新技术给某一行业或某些企业带来增长的同时,可能对另一行业形成巨大的威胁。例如,晶体管的发明和生产严重危害了真空管行业;电视的出现使电影业受到沉重打击;高性能塑料和陶瓷材料的研制和开发严重削弱了钢铁业的获利能力。

技术的发明和进步不仅影响行业的生存和发展,而且也影响行业中多数企业的经营活动,因此,世界上成功的企业都非常关注新技术的变动情况。目前技术环境的变化主要有以下几个趋向:

(1)新技术和发明的范围不断加宽,特别在信息技术、生物技术、新材料、空间技术等几个领域的科技进步尤为迅速。

(2)理论成果转化为产品和产品更新的周期大大缩短。

(3)研究和开发费用急剧增加。

企业管理人员了解技术环境变化的目的在于加强与研究开发人员之间的联系,从而帮助他们注意市场对新技术和产品的需要,并采取积极措施应对技术发明所带来的影响。企业在进行技术环境分析时通常需要回答以下有关技术的关键性问题:

- 公司拥有的主要技术是什么?
- 公司现有技术可以有哪些应用?
- 公司应当考虑实施哪些技术应用?
- 上述技术中哪些是至关重要的? 为什么?
- 在各种应用中相互竞争的技术有哪些? 决定各种技术替代优势的因素是什么?
- 这些技术在未来可能会发生何种变化?
- 为实现企业目前经营目标需要增加哪些新技术?
- 公司进行技术资源投资的优先顺序是什么?
- 公司的技术及业务组合对企业经营战略的影响如何?

2.2.2　行业结构分析

我们知道,公司战略需要决定企业应该选择哪类经营业务,进入哪些领域或行业。为了作出这样的决策,企业必须准确评价不同行业的吸引力大小及由此决定的行业盈利潜力,并进而明确影响一个行业获利性的决定因素,只有这样,才能预测一个行业未来的获利性。此外,由于行业结构影响企业的竞争行为并决定了行业的获利性,所以,行业结构分析对于竞争战略的选择同样是重要的。

概括起来说,行业结构分析的目的在于:

（1）明确影响企业竞争行为和获利性的行业结构的主要特点，同时分析行业结构、竞争态势和获利水平之间的关系；

（2）根据行业回收投资的能力评价一个行业的吸引力；

（3）根据行业结构的变化趋势预测其未来获利能力的变化；

（4）帮助企业寻找和利用影响行业结构的机会以缓解企业之间的激烈竞争，并进而改善行业的获利性；

（5）深入分析行业的竞争态势和顾客需求的特点，以便明确一个行业的关键成功因素并创造和维持竞争优势。

美国哈佛大学商学院的教授迈克·波特在其 1980 年出版的《竞争战略》一书中提出了行业结构模型，即"五因素模型"或"五力模型"之后，这一模型被各国学者广泛关注和引用。按照波特的五因素模型，一个行业中的竞争，远不止仅在现有竞争对手之间进行，而是存在着五种基本的竞争力量，即潜在的进入者的威胁、替代品的威胁、购买者的讨价还价能力、供应商的讨价还价能力以及现有竞争对手之间的抗衡。我们可以把供应商和购买者的讨价还价看作是来自"纵向"的竞争，而将另外三种竞争力量看作是来自"横向"的竞争，如图 2.2 所示。

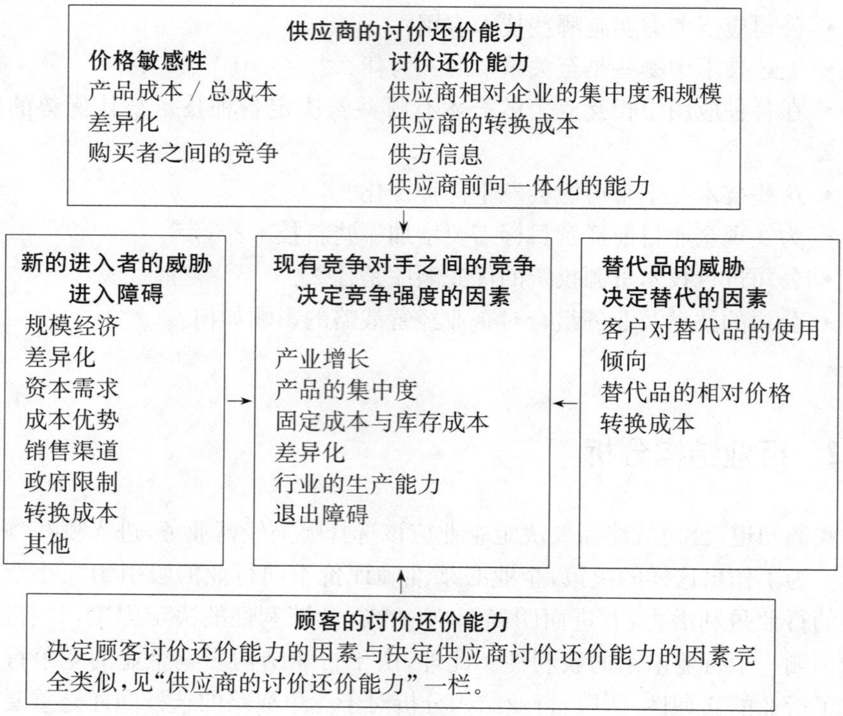

供应商的讨价还价能力

价格敏感性	讨价还价能力
产品成本／总成本	供应商相对企业的集中度和规模
差异化	供应商的转换成本
购买者之间的竞争	供方信息
	供应商前向一体化的能力

新的进入者的威胁
进入障碍
规模经济
差异化
资本需求
成本优势
销售渠道
政府限制
转换成本
其他

现有竞争对手之间的竞争
决定竞争强度的因素
产业增长
产品的集中度
固定成本与库存成本
差异化
行业的生产能力
退出障碍

替代品的威胁
决定替代的因素
客户对替代品的使用倾向
替代品的相对价格
转换成本

顾客的讨价还价能力
决定顾客讨价还价能力的因素与决定供应商讨价还价能力的因素完全类似，见"供应商的讨价还价能力"一栏。

图 2.2 五种竞争力量

这五种基本竞争力量的状况及其综合强度,决定着行业的竞争激烈程度,同时也决定了行业最终获利能力。对不同行业来说,由五种竞争力量决定了不同的竞争强度,而且会随着行业的发展而变化。下面将分别介绍这五个因素。

1. 新的进入者的威胁

毫无疑问,当某一行业,尤其是某一新兴行业能获得高额利润时,这不仅会刺激行业内现有的企业增加投资以提高生产能力,而且会吸引行业外企业进入该行业。甚至在同一行业内,当一个企业的某一产品或产品系列获利丰厚时,也会吸引其他企业的目光。无论什么时候,只要有新的对手进入你的企业所在的行业与现有企业争夺市场份额时,便可能会引起价格下降,并降低行业的利润率。从行业内现有企业的角度看,它们总是希望少一些新的进入者以维持既得的利益和相对优势的地位。如果可能,它们会设法阻止其他企业进入该行业,而要实现这一目标,首先需要明确新的进入者可能来自哪里,它们可能以哪些方式进入该行业。

对于行业内现有企业来说,当其某一产品或产品系列受到顾客的欢迎并获得高利润时,它同时也可能吸引行业内一些竞争者和行业外一些企业的目光。前者可以是生产完全相同产品的企业,也可以是生产其他产品系列的企业;后者既可能是与行业存在技术关联或市场关联的企业,也可能是完全没有任何联系的企业。无论什么时候,只要现有企业的产品有利可图而它们又具备相应的条件,以上几类企业都可能成为新的进入者。

从进入方式上看,新产品往往成为新的进入者向现有企业挑战的武器,尤其在当前产品存在某些方面的不足或者难以满足某些细分市场的特殊要求,或者现有产品虽然满足市场的要求,但技术变化带来的产品革新或发明能降低成本或增多功能的情况下。因此,企业管理人员必须全面了解行业内现有产品的状况,如技术含量,对其改进的可能性,它们满足顾客需要的程度等,尤其需要了解新产品的可能来源是什么,是来自产品的扩充和发展,还是来自产品的组合。在作这种分析时,企业的设计人员、销售人员和顾客都可能提供重要线索。

行业内两个企业的联合是又一种重要的进入方式,一种可能是两个企业所具有的资源,如技术、设备和人员具有很强的互补性,通过联合可以大大改善产品的技术先进性和可靠性,从而提高产品的竞争能力;另一种可能是两家企业生产的产品品种和规格相同,但产品组合的深度和宽度不够,而且缺少的产品项目正是现有企业盈利较多的产品,通过联合,一方面可以调整产品组合,另一方面可以提高规模经济效益。

行业内外两个企业的联合也可以对现有企业造成进入威胁。一般说来,行业外的企业可能是一家实力强大的公司,正在寻找新的市场机会,它们可以通过收购或兼并现有的一些企业进入这一行业,当然也可能通过开发新技术来与现有企业争夺市场。

无论对于哪种新进入者,企业管理人员都要分析其动向及其对市场结构的影响,尤其要关注以下问题:

- 新的进入者将退出新的产品市场吗?
- 每个新的进入者对现有的产品市场具有怎么样的影响?
- 现有的竞争者对新的进入者将如何反应?
- 目标顾客如何对新的进入者作出反应?
- 每个新的进入者具有哪些竞争优势和弱势?
- 企业应该对新的进入者采取怎么样的战略?

一个新进入者要进入一个行业与其他企业争夺市场份额,必将受到现有行业因素的影响,它们是新进入者必须克服的障碍。这些障碍的主要来源有:

(1)规模经济。

根据规模经济效应的原理,单位产品成本在一定时期内随着产量的增加而下降,然后稳定在一定水平上。单位产品成本达到最小值时所要求的最小产出称为最小有效规模,一旦现有企业的规模达到最小有效规模,那么,它就会迫使新的进入者作出选择,要么以大的生产规模进入并冒遭到现有企业强烈反击的风险;要么以小的生产规模进入,但要忍受产品成本高的劣势。见图2.3。

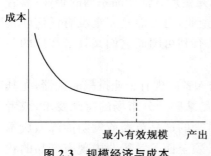

图 2.3　规模经济与成本

了解最小有效规模有助于新的进入者明确进入该行业所要求的生产规模和需投入的资金,但它们还需要了解与行业动态有关的其他信息,尤其需要知道最小有效规模占整体市场规模的比重,这一比例可以说明要以低成本进入该行业所要求的市场份额。

(2)资金需求。

如果生产某种产品需要投入大量的资金,或者因竞争需要而需大量投资,那么这种资金需求就是一种进入障碍。很显然,不同行业的资金密度不同,为实现规模经济生产所需的资金量也就不同,甚至有些行业永远不可能也没必要实现规模生产,但却投资巨大,如通信卫星行业等。某一行业对资金的需求越大,其进入障碍越高。正因为如此,那些资金密度很高的行业的企业数量要比资金密度低的日用品行业少得多。当然,这种资金需求不仅仅是指生产所需的资金,在研究和开发以及广告和促销方面的大量投资,对新进入者同样是一种进入障碍。

对资金的需求虽然主要是由产品特点和行业结构决定的,但企业也可通过适当的策略增加或减少一定时期内对资金的需求。例如,施乐公司开始阶段是出租复印机而不是直接销售复印机,因而大大增加了对流动资金的需求,并以此为障碍来阻止其他公司进入复印机行业。

（3）绝对成本优势。

不论规模经济大小,在所有产出水平上,现有企业可能都比新进入者更有成本优势,这种优势一般来源于领先一步的战略。通过较早地进入行业,现有企业可能已经获得了便宜的原材料,进入的时间越早,越能从经验或学习中获益。例如,在采油业,现有的石油公司对世界主要低成本原油的拥有权已对新进入者构成了障碍。再如,在小型汽油发动机行业,本田的经验曲线非常之低,以致新的进入者很难在成本上与其竞争。

（4）分销渠道优势。

产品或服务的差异化是否对潜在进入者构成障碍与最终消费者对产品的选择偏好有关。然而,对多数消费品生产厂家来说,最大的进入障碍可能是分销商对现有产品的偏好。一般说来,由于其分销力量有限,分销其他产品的固定成本较高以及对风险的厌恶,分销商往往不愿意经销新厂家的产品。为此,新进入者要想确保其产品进入市场,就必须通过压价,分担广告费用等方法使已有的理想的分销渠道接受其产品,或者花大力气建立新的销售网,所有这些方法都会降低其利润水平。很显然,一种产品的批发或零售渠道越少,现有企业对它们的控制越严,进入也就越困难。在某些行业或特定的地域,现有企业还可能通过老关系或高质量服务垄断了这些渠道。在我国,这种垄断也可能是行业保护的产物。有时这种进入障碍高得难以逾越,以致新进入者或者建立全新的分销网络,或者干脆放弃进入。

（5）转换成本障碍。

所谓转换成本是购买者将一个供应者的产品转换成使用另一个供应商的产品所支付的一次性成本,包括雇员再培训的成本,购置新的辅助设备的心理成本等。不同的行业和产品,购买者的总转换成本及其构成都有明显的差异。对于技术含量高和复杂的大型设备,总转换成本和购置辅助设备以及检测的费用就高;而对比较复杂的操作系统,雇员再培训费用可能成为转换成本的最主要部分。同样,当某种产品的效用或功能与使用者的操作水平与熟练程度有关并影响使用安全时,心理成本可能成为决定转换购买是否发生的关键因素。例如,在医院里,要改换通常使用的静脉注射器和有关器材,会受到负责注射的护士们的抵制,并且还需要在有关设备上追加新的投资。购买者的转换成本越高,新进入者进入现有行业的障碍也越高。因此,他们必须想方设法降低产品成本或提高产品的附加值以弥补购买者因转换成本过高而带来的损失。

除了以上 5 种主要的障碍来源外，政府的有关法律和政策限制、一些行业必需的特殊资产（如发明专利等）等等也是企业进入一个行业可能要面对的障碍。

2. 现有竞争对手之间的竞争

一般说来，为某一顾客群体服务的企业不止一个，企业实际上是在一群竞争对手的包围和制约下从事自己的经营活动。这些竞争对手不仅来自本国市场，而且也来自其他国家和地区。竞争不仅发生在行业内，行业外一些企业可能通过与行业内现有其他企业的联合而参与竞争。竞争对手之间的抗衡不仅决定了它们各自的市场地位，而且直接影响行业的获利能力，因此必须从各个方面对竞争对手进行分析。

竞争对手分析的内容相当广泛，大体包括以下几个方面，对这些问题的了解有助于识别竞争者并制定相应的变通战略。

（1）产品研究与开发。

了解竞争对手的产品研究和开发策略是否与其产品生命周期阶段相适应，无论从绝对意义上还是相对意义上讲都是重要的。在产品生命周期的早期，产品研究和开发具有较高的投资风险，同时竞争对手可能还没有想出顾客需要的特点是什么，因此，应着重分析其实验、制造和正确判断的能力。

随着行业渡过萌芽阶段，产量开始缓慢增加，这时应特别注意竞争对手研究与开发的规模，并与自己作对比。显然，对实力不同的企业，即使用于研究和开发的费用同样多，但对它们的冲击是大不相同的。如 IBM 公司和苹果公司虽然花同样多的钱来开发新型个人计算机，但它对 IBM 的影响可以说是微不足道的，而对苹果公司的销售和利润却有很大的影响。在产品生命周期的后期，产品的研究与开发对企业的影响更为复杂，所以应特别注意竞争对手是否正在重新设计产品以减少成本，是否正在扩大技术并服务于新的市场，以及是否正在对产品采取一定的修补措施以维持其竞争地位。

（2）制造过程。

可以根据成本、质量、灵活性和可靠性等变量来评价竞争对手所设计的制造过程的有效性。一般说来，在产品生命周期的早期，消费者选择的主要依据是质量和灵活性，而在成熟期则主要考虑产品的成本和可靠性。

（3）采购。

在外购品在总成本中占有很大比例的行业中，或者当供应商非常强大时，分析竞争者的购买方式是非常重要的。在作这种分析时，所需要了解的关键问题依赖于所购物品的性质。如对原材料来说，关键问题是竞争对手是否利用了长期合同、数量折扣和接近供应商，并因而减少了成本；对于劳动力，关键问题是竞

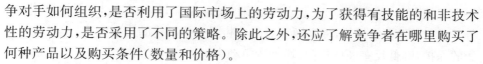

争对手如何组织,是否利用了国际市场上的劳动力,为了获得有技能的和非技术性的劳动力,是否采用了不同的策略。除此之外,还应了解竞争者在哪里购买了何种产品以及购买条件(数量和价格)。

(4)市场。

企业管理人员应该分析和评价竞争对手是如何选择目标市场和满足顾客需要的,同时要了解它们在细分市场上的销量、广告费用和促销手段等。尤其需要明确竞争对手主要的市场计划是什么,各种要素之间是否相适应。最后,还要了解竞争对手为了保持竞争优势,为目前和潜在的顾客做了些什么。

(5)销售渠道。

在技术比较稳定和适用性较好的成熟行业,销售渠道往往成为企业能否成功地进行经营的关键。在这些行业,必须细心地估价竞争对手的销售渠道的成本、规模和质量。在一些特殊行业,不仅要评价竞争对手的销售渠道对顾客需求的敏感性,而且要评价其零售商和销售人员的专业知识水平。

(6)服务。

应该细心地评价竞争对手在维修、服务、培训、零配件的适用性等方面为顾客提供优质服务的能力和意向,其中包括服务人员的数量和背景、服务项目的数量、服务人员和销售人员之间的关系,以及服务在竞争战略中的作用。

(7)财务管理。

对某些行业来说,良好的财务系统往往是获得竞争优势的关键。因此,企业管理人员应该分析竞争对手对现有资产的管理方式,并与本企业加以比较。

(8)个性和文化。

企业管理人员应该重视对竞争对手个性和文化的分析,这不仅有助于了解它的思维方式,而且有助于更好地预测其将来的动向和对企业所坚持的不同战略作出怎样的反应。例如,通过对竞争对手目标的分析,可以了解其特性和可能坚持的战略。一个承诺不解雇人员的企业在需求下降的市场上将难以实现低成本战略;一个追求高增长目标的企业在价格上很可能比强调利润的企业更富有进攻性。对竞争者个性和文化的分析还包括对其组织结构和管理人员的分析,如它的所有权、董事会的组成和主要管理者的个人情况等。主要管理者个人的经历对竞争对手的行为有重要的影响,他们往往倾向于采用自己在其他企业和业务活动中采用过的成功的战略和方法。

概括地说,对竞争对手的分析包括两个方面,其一是它的行为;其二是它的特性和文化。有关前者的事实和数据告诉企业竞争对手是否能够开展竞争,而后者则说明竞争对手喜欢如何竞争,它是企业努力分析竞争对手的最重要目标。

在许多情况下,合适的竞争对手将加强而不是削弱企业的竞争地位。选择

一个好的竞争对手有助于企业实现自身的战略目标,具体有以下几方面的作用:

(1)增强竞争优势,提高顾客对产品和服务差异化的辨别能力,提供成本方面的保护,降低反垄断的风险,增加竞争动力。

(2)改善当前的产业结构,增加产业需求,提供后备货源。

(3)协助市场开发,分担市场开发成本,加速技术标准化或合法化,改善产业形象。

(4)遏制进入,封锁合理进入的途径,作为一种显示进入困难的标志。

需要注意的是,只有好的竞争对手才会产生积极和肯定的影响,而坏的竞争对手则会严重破坏产业结构,并对企业造成重大的威胁。因此,企业必须识别两类不同的竞争对手,并采取相应的策略。

一般说来,好的竞争对手与本企业相比,实力较差,而且它们知道自己的劣势和应遵守的竞争规则,对自己在市场中的相对地位有比较清醒的认识,同时要求适度而不是过高的市场份额和利益。因此,这些企业不会制定冒险和侵略性的市场占有计划,也不会作出与其实力和地位不相称的价格决策,如发动价格战等。简言之,好的竞争对手能够审时度势,并甘当配角,它们实际上不是竞争对手,而是合作伙伴。

事实上,没有哪一个竞争对手能完全符合上述条件,也几乎没有哪家企业不希望谋求更大的利益和有利的市场地位,而且竞争对手的目标、战略和能力会随着环境的变化和其高层管理者的更迭而变化。昨天是好的竞争对手,可能明天就变为差的竞争对手,而过去的对手可能成为今天的同盟者,这给企业的识别工作带来了很大的困难,但这并不妨碍企业通过冷静的分析来识别它们。事实上,企业,尤其是处于领先地位的企业可以通过正确的战略来影响竞争对手的行为和思考方式,从而改善产业结构,并维持持久的竞争优势。例如,通过向好的竞争对手颁发技术许可证,一方面可以扩大产业需求,另一方面又可遏制更具有威胁性的竞争对手;在与竞争对手争夺市场时,不仅要给好的竞争对手保留适当的利益,而且不要轻易把差的竞争对手赶向绝境,以致给自己造成更大的隐患。

3. 替代品的威胁

大多数产品都可以找到替代品,因而几乎所有产业都面临被替代的威胁,有些替代是由经济因素引起的,如人们用塑料替代金属、用铝合金替代不锈钢等;有些替代是由原材料短缺引起的,如用各种化学纤维替代棉麻等;还有些替代是技术进步的结果,如用晶体管取代真空管、液晶显示器替代显像管显示器等。当然,在更多情况下,替代是由于上述原因综合作用的结果。由于替代的威胁限制了原有产品价格的上升空间,所以替代是决定行业利润率的五个竞争作用力之一。

虽然替代品是广泛存在的,但对不同的行业、不同的产品的影响程度并不相同。当一个行业只有少数几家企业且市场范围有限或难以迅速增加供给时,替代品的影响更加突出,因为在这种情况下,企业通常希望通过涨价来实现利润的自然增长,但替代品的存在却限制了价格的上扬和利润增长。

(1)辨识替代品。

在最简单的替代形式,一种产品替代另一种产品是在同一买方的价值链中实现相同或相似的功能。如用陶瓷发动机零件替代金属零件,用洗衣机中的塑料桶替代铝合金桶,用复合地板替代实木地板等。即使在这种简单的替代中,重要的是要确定替代产品所实现的功能。例如,普通信函与电子信箱传输信息的方式完全不同,但却是实现了相同的功能,而且随着信息化过程的加快,电子信箱可能成为普通信函最重要的替代品。实际上,由于普通信函实现的一般性功能是信息传输,因此,除电子信箱外,电话、电报也都是它的替代品。一般说来,产品的功能越具一般性,其潜在替代品的数目一般就越多。

在较为复杂一些的替代品中,替代品实现的功能与现有产品不尽相同,有的替代品实现的功能更多一些,有的更少一些。例如,冷暖空调器既可制冷又可制热,而传统的暖气设备只可用于升温,因而空调器既是暖气设备的替代品,同时也是电风扇的替代品。打字机实现的功能只是文字处理机功能的一部分,在个人计算机功能中所占的比例更小,但无论如何它却可以部分替代这两类产品。因此,在辨识替代品时,不仅必须注意那些在完成现有产品功能之外还有别的用途的产品,而且还要注意那些能够完成现有产品主要功能的产品。在很多情况下,以上两类替代品往往比单纯实现相同功能的替代品更具有威胁,在现有产品质量较高或价格较低的情况下尤其如此。

(2)替代和反替代战略。

既然替代品对现有企业存在着竞争压力,现有企业就应该制定相应的反替代战略。第一,针对替代品的威胁,行业内的现有企业最好采取集体的反击行为。第二,通过降低成本或改进产品性能等措施来降低产品的相对价值/价格比。第三,通过各种办法来提高顾客的转换成本。第四,为企业的产品寻找不受替代品影响的新用途,尤其是替代品实现的功能比较单一的时候。第五,将目标转向最少受替代威胁的细分市场。第六,当替代品与企业产品之间存在很强的关联性时,不妨进入替代品的产业,以获取关联优势。这些关联可以是共同的销售渠道和买方等。最后,当整个行业面临因技术进步等环境变化所带来的替代威胁时,寻求与替代品的共存与联合可能是更明智的策略。

4. 供应商的讨价还价能力

供应商是向企业及其竞争对手供应各种所需资源的企业和个人。按照与供应商的对抗程度,可以把供应商分为两类:作为竞争对手的供应商和作为合作伙伴的供应商。

（1）作为竞争对手的供应商。

一般说来,对供应商的管理意味着实现输入成本的最优化,也就是说,企业主要关心原料的价格和数量,并设法维持一种强有力的与供应商讨价还价的能力。把供应商视为竞争对手实际上就是倡导这样一种原则,即尽可能地削弱它们讨价还价的能力以获得更大的收益。在以下情况下,供应商具有较强的讨价还价能力:

① 原料或零配件由少数几家企业所控制,供应商的集中程度高于购买者的集中程度。

② 原材料或零配件没有替代品,购买者为维持经营只好被动接受价格和其他条件。

③ 购买者所购数量只占其供应商所销售数量的很小比例。

④ 购买者的产品质量对供应商所提供的原材料的依赖性很强。

针对这些情况,企业可以采取以下相应措施来维持与供应商的关系,在维护自己利益的同时保证原材料的有效供应。

① 开发多个供应商,减少对任何一个单一供应商的过分依赖。

② 积极地寻找替代品,减弱对原先供应商的依赖程度。

③ 选择一些相对小一些的供应商,使企业的购买数量占其供应商销售的较大比重,增加供应商对企业的依赖性,从而提高企业讨价还价的能力。

（2）作为合作伙伴的供应商。

企业把供应商作为竞争对手来对待往往会引起一些消极的后果。为了获得原材料或者其他货物的稳定供应、维护质量的一致性以及与供应商长期而灵活的关系,企业最好将供应商作为自己的伙伴,并在此基础上考虑自己的经营活动。这种管理模式的主要特点是更多地采用和谈而不是讨价还价的方式。为实现这一目标,可以考虑以下几种方案:

① 与供应商签署长期合同,而不是采用间断式的购买方式,它可能带来的优势是使供应商拒绝向其他竞争者提供货物。此外,签署长期合同也有助于企业更好地对库存、运输、供货的数量、组合以及供应商的地位进行规划,而这些正是战略管理所需要的。在许多情况下,供应商实际上也喜欢签署长期合同。

② 说服供应商积极地接近顾客,尤其是当企业处于下游生产过程,也就是更接近于终端用户时。让供应商更多地了解顾客是有益的,它有助于供应商更好地为企业提供服务。

③ 分担供应商的风险。例如,企业可以与供应商密切协作以改进原料、制

造工艺和质量,并以此降低供应商的成本。在特殊情况下,企业甚至可以向供应商投资以促进其对新技术的采用。在必要的情况下,企业也可以与供应商联合或合资,并通过共同研究和开发来进入新的市场。

5. 顾客的讨价还价能力

顾客是企业产品或服务的购买者,是企业服务的对象。顾客可以是个人、家庭,也可以是各种组织机构,包括政府部门。它们可能与企业同在一个国家,也可能在其他国家和地区。限制顾客的讨价还价能力和分析他们的购买行为及特点是企业成功经营的基础和前提。

(1) 顾客的讨价还价能力。

对于一个企业来说,最令其不安的莫过于顾客采取了企业所不期望的行为,如许多顾客突然开始购买竞争对手的产品,或要求该企业提供更好的服务或更低的价格等。实际上,顾客采取何种行为与其讨价还价能力有很大的关系。在以下几种情况下,顾客具有较强的讨价还价能力。

① 顾客的数量小,规模大,即顾客非常集中。

② 顾客的转换成本较低,比较容易找到其他供应商或替代品。

③ 顾客所购买的产品是标准化产品,而且对价格非常敏感。

④ 顾客充分了解产品的制造过程、成本和价格等,甚至了解供应商与其他竞争对手交易的时间和条件。

(2) 顾客的购买行为和特性分析。

针对上面所分析的影响顾客讨价还价能力的因素,企业应该作出怎样的反应,以避免冒失去最好顾客的风险呢? 答案是作一个妥善的计划,尽力去满足顾客的要求以赢回失去的或可能会失去的顾客。顾客分析的目的便在于了解顾客为什么选择某一个产品或服务:是因为价格低、质量高、快速送货、可靠的服务、有趣的广告,还是推销人员的能干? 如果企业不知道哪些东西吸引顾客,以及顾客的选择将来可能如何变化,那么,企业最终将会失去市场上的优势地位。顾客分析的主要步骤如下:

第一,确定分析的目的。首先要收集有关顾客的全面信息,并仔细地加以研究,不能把顾客分析简单地作为一种短期的应急事务;其次,要把分析结果与实际的决策过程相结合。

第二,明确企业的顾客。在这里,最重要的是了解产品对用户的最终适用性,顾客的购买方法,顾客的统计学特点以及其他一些需求特征等。

第三,明确企业需要在哪些方面增进对顾客的了解。一旦初步选定了所要服务的顾客,下一步就是仔细地考察企业在对顾客的认识上仍存在着哪些空白,要重点考察这些问题:产品满足了顾客的哪些要求? 顾客还有哪些需求未得到满足？顾客对产品和技术的熟悉程度如何？谁是购买决定者与参与者？顾客的购买标准是什么？顾客群体的范围和增长程度？

第四，决定由谁分析以及如何分析所收集的信息。在这一过程中，至关重要的是将有关信息在企业各部门内广泛交流，同时要求市场、销售和研究开发部门的管理人员明确顾客分析的特殊意义，以及他们各自将要采取的新的行动。企业高层管理人员应该判断企业的计划是否真正符合顾客的需要。

总之，顾客分析的目的在于帮助企业作一些实际的决策，而不是将一大堆数据和报告束之高阁。

2.2.3　企业的资源、战略能力和市场地位分析

在面对同样的外部环境的时候，即使处在同一行业内的企业采取的战略和经营行为也有很大的差异。即是说，企业究竟采取怎样的战略，不仅取决于外部环境和所在的行业结构，而且还与企业的内部环境——资源、能力和市场地位有非常密切的关系。从 20 世纪 80 年代后期开始，人们将注意力更多地集中在企业的资源和能力上，并研究其作为战略基础的重要作用，认为企业本身的资源和能力才是决定其获利能力的主要因素。

1. 企业的资源

事实上，无论企业大小，都有多种资源，总的来讲可以分为三种资源：有形资产、无形资产和人力资源。这些资源各有不同的特点和作用，不同行业的企业资源构成也有很大的差异。这些资源能否产生竞争优势，取决于它们能否形成一种综合能力。

（1）有形资产。

有形资产是比较容易确认和评估的一类资产，一般可以从企业的财务报表上查到。但从战略的角度看，资产负债表上所反映的资产价值是模糊的，有时甚至是一种错误的指示，这是因为过去所做的成本报价并不能真实地反映某项资产的市场价值。

在评估有形资产的战略价值时，必须注意以下两个关键问题。

第一，是否有机会更经济地利用财务资源、库存和固定资产，即能否用较少的有形资产获得同样的产品或用同样的资源获得更大的产出。

第二，怎样才能使现有资源更有效地发挥作用。事实上，企业可以通过多种方法增加有形资产的回报率，如采用先进的技术和工艺，以增加资源的利用率，通过与其他企业的联合，尤其是与供应商和客户的联合，充分地利用资源。当

然,企业也可以把有形资产卖给能利用这些资产获利的公司。实际上,由于不同的公司掌握的技术不同,人员构成和素质也有很大差异,因此它们对有形资产的利用能力也是不同的。换句话说,同样的有形资产在不同能力的公司中表现出不同的战略价值。

（2）无形资产。

资产负债表上标明的有形资产一般可以从市场上直接获得,可以用货币加以直接度量,并可以直接转化为货币。相反,无形资产是企业不可能从市场上直接获得,不能用货币直接度量、也不能直接转化为货币的那一类经营资产,如企业的经营能力、技术诀窍和企业形象等。无形资产往往是企业在长期的经营实践中逐步积累起来的,虽然不能直接转化为货币,但却同样能给企业带来效益,因此同样具有价值。

在产品质量和服务对潜在的顾客利益的影响并不明显的行业,企业信誉知名度往往是最重要的资源。一般来说,信誉和知名度往往与公司联系在一起,有时也与特定的品牌有关。例如,在软饮料行业,可口可乐和百事可乐是世界上信誉和知名度很高的两家公司,这种巨大的无形资产已成为它们最重要的竞争资源。信誉和知名度高的企业,不仅其产品和服务容易被广大消费者接受,在同样的质量下还可以卖出较好的价格,而且可以在融资、借贷方面得到方便和优惠。

另一类重要的无形资产是技术,包括其先进性、独创性和独占性。企业所具有的技术能否成为重要的无形资产,除与其先进性和独创性有关外,还与其是否易于转移有密切的关系。如果某项技术易于被模仿,或者主要由某个人所掌握,而这个人又很容易流动,那么,该项技术的战略价值将大大降低。相反,如果某项技术很难被模仿,或者与其他技术方法一起使用才能发挥应有的作用,而这些其他技术方法又掌握在多人手中,那么,该项技术作为一种无形资产的战略价值就高得多。

（3）人力资源。

一个组织最重要的资源是人力资源。所谓人力资源主要是指组织成员向组织提供的技能、知识以及推理和决策能力。我们通常把这些能力称为人力资本。实际上,确认和评价一个企业或组织人力资本的价值是一项困难和复杂的工作,这是因为人们常常根据他们的工作业绩、经验和资历来评价个人的技巧和能力。然而,个人能力能否充分发挥作用还取决于他所在的工作小组的状况。有时,很难直接评价个人对组织业绩的贡献。因此,企业常常通过间接的方式来评价个人的业绩,如考察个人的工作时间、热情、职业习惯和态度等。在环境迅速变化的条件下,如果一个企业想要适应这种变化,并利用新的机会求得发展,更重要的不是考察其雇员过去或现在具有怎样的能力和业绩,而是评估他们是否具有挑战未来的信心、知识和能力。换句话说，一个企业的能力不仅取决于其拥有的资源数量，而且更重要的是取决于它是否具有将各种资源整合的能力。在大多数情况下，一个具有创造性和内聚力文化的企业更具有竞争优势，在这样的企业里，管理人员和企业员工分享共同的理念和价值观。

2. 企业的能力

具备一定的物质资源是企业开展经营活动的基础和前提，但资源本身并不能创造价值。资源的利用效率在很大程度上取决于企业将它们整合的能力，这种能力是指在整个价值链活动中使资源不断增值的能力，也就是我们这里所讲的企业的能力。

（1）价值链分析。

为了评价企业的能力，需要对组织活动进行分类。波特把企业的活动分为两类，一类是基本活动，这部分活动直接与顾客发生各种各样的联系；另一类是支持性活动，主要体现为一种内部过程。

企业的基本活动主要包括以下几类活动：

① 内部后勤。内部后勤包括资源接收、储存和分配活动，也包括材料处理、库存控制和运输等。

② 生产运营。这一活动过程将各种输入转化为最终的产品和服务，如制造、工艺调整和测试等。

③ 外部后勤。外部后勤包括产品接受、储藏和分销活动。

④ 营销和销售。主要包括消费行为研究、广告和促销等。

⑤ 商务支持和顾客服务。这项基本活动包括安装、维修、培训和提供备件等。

支持性活动可以分为以下几个方面：

① 基础性活动。主要包括计划、财务和质量控制以及法律服务等。

② 技术活动。实际上，一切价值增值活动都含有技术这个要素。一个企业的技术水平如何直接关系到产品的功能、质量以及资源的利用效率。

③ 人力资源管理与开发。表面上看，人力资源的开发与管理是一项长期性的任务，并不直接参与价值增值过程。但实际上，这是一项非常重要的活动，因为所有其他活动都是由人来完成的。这部分活动主要包括人员的招聘、选拔、培训、补偿和激励等。

事实上，在大多数行业，很少有哪一个企业能单独完成从产品设计到分销的全部价值活动，总要进行一定程度的专业化分工。换句话说，任何一个企业都是创造产品和服务的价值系统的一部分。随着世界经济全球化、一体化过程的加快，这一特点将更为突出。因此，在了解价值是怎样产生时，不仅要考察组织的

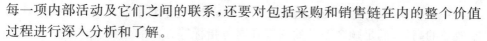

每一项内部活动及它们之间的联系,还要对包括采购和销售链在内的整个价值过程进行深入分析和了解。

(2)资源的使用和控制能力。

价值链分析帮助我们认识和了解企业资源的增值过程,但仅此还不能说明企业之间在能力上的差别,尤其不能说明同一行业内相同或类似规模的企业为什么盈利能力会有很大的差别,因此,必须对企业的资源使用和控制能力进行评估。

在评估企业的资源使用和控制能力时,经常使用的标准是效率、有效性和一些财务指标,下面就此作些分析。

① 成本效率分析。

对很多企业,尤其是采用低成本战略的企业,或者是生产某些低档产品以满足顾客基本需要的企业,能否获得成本效率往往是其能否成功的关键。因此,对于这样的企业,应该着重地考察这样一些问题:是否可以通过规模生产和分销来大幅度降低成本? 能否通过与供应商的良好合作或者削弱其讨价还价能力来降低供应成本? 生产和工艺流程是否合理? 是否通过提高市场占有率和更多的销量使成本下降了,即是否有效地利用了经验曲线效应?

② 有效性分析。

我们不仅要考察资源利用的效率,还要考察其有效性,因为企业对资源的使用和控制能力不仅表现在其能否通过一系列价值活动来提高组织的成本效率,而且与其产品或服务满足客户需求的程度密切相关。在作有效性分析时,必须考察这样一些问题:产品或服务的功能和特性与客户的要求匹配程度如何? 为提供这些特殊功能或特性所增加的成本能够由客户补偿? 企业所提供的商务支持活动和顾客服务是否与客户的要求相符? 它们是否能为产品或服务增加价值? 在售前、销售中和售后,与客户建立的交流和关系是否可以为企业增加价值? 如果能增值,主要体现在哪些方面? 是稳定了与客户的关系,还是减少了交易费用,或者节约了市场开发成本?

③ 财务分析。

企业对资源的使用和控制能力在很多情况下可以通过财务指标反映出来。然而,如何衡量一个企业或组织的财务状况是一项困难的工作,因为不同的利益相关者对企业有不同的期望,满足一方的要求可能伤害了另一方的利益,因此,管理人员必须善于在不同期望下调度和使用资源,并使资源配置大体均衡,反映在财务指标上就是要有比较高的每股收益和市盈率,以及一个合适的负债比率和利息收益率。

(3)比较分析。

一个企业，只有通过与其他企业，尤其是主要竞争对手的比较才能确定其成本效益的高低、满足顾客需求的程度和财务指标等方面的优劣。在评估它们本身的资源和能力时，很多企业常常陶醉于过去的成就和对将来的不切实际的幻想中，甚至认为自己就是世界市场的领先者，从而招致经营的失败。因此，在作资源和能力评估时，必须建立一个能度量企业业绩的比较标准，具体可分为以下几个步骤：

① 明确需要进一步改善的业务活动或职能。

② 明确哪家公司在上述业务活动或职能上是世界上领先的公司。

③ 与上述领先的公司保持接触，通过参观和调查了解它们为什么会做得那么好。

④ 通过学习，重新确定目标，并重新设计价值活动过程，同时改变人们对每项职能或活动的预期。

除与其他企业对比外，企业还可以通过历史分析来考察组织的资源状况，如与前几年相比有了哪些重大的变化，财务指标是在向好的方向转化还是在继续恶化，成本效率是提高了还是降低了，顾客对企业产品的满意度是在提高还是在下降。这种历史分析虽然不能直接反映企业的相对资源状况和能力，但仍有益于企业正确认识本身所发生的变化及对未来可能的影响。

3. 企业的资源、能力与竞争优势

前面我们讨论了企业资源和能力的类型及其评价方法，企业还必须进一步明确的是怎样才能把企业的资源和能力转化为竞争优势。换句话说，企业必须明确哪些条件下它所具有的资源和能力可以超过竞争对手，并进而增加其盈利潜力。

（1）竞争优势大小与资源和能力的关系。一项资源或能力要成为竞争优势必须满足两个条件：第一，这种资源和能力必须是稀缺的。如果在行业内很容易得到这类资源和能力，那么，它们将成为参与竞争的先决条件，而不会成为竞争优势的来源。例如，在汽车行业，日本丰田汽车公司和一部分其他日本汽车生产商在制造过程中均实行全面质量管理，在20世纪80年代曾使这些公司拥有很大的竞争优势。但到90年代早期，随着全面质量管理在全行业范围内的扩散，这种能力不再成为一种明显的竞争优势。第二，这种资源和能力必须与行业的关键成功因素相联系。换句话说，它们应该为顾客创造可感知的价值。例如，在出版业，许多国家级出版社有较长的历史和信誉，过去曾给它们带来很大的竞争优势，因为过去读者更关注价格和印刷质量，而现在它们的竞争优势正在逐渐丧失，因为读者的注意力已经转向内容的新颖性和实用性。在饮食业和食品加工业，国营企业拥有的资源和能力一直是它们的优势所在，但现在这种状况也已发生了很大的变化,这是因为许多消费者,尤其是集团消费的注意力由价格转向食品结构和服务水平。而后者正是国营企业所欠缺的。

(2)竞争优势与资源和能力的适用性之间的关系。

毫无疑问,人们总是认为资源和能力的所有者会取得相应的回报。而实际上,所有权常常是一个模糊的概念。名义上讲,机械设备、品牌或专利等都归收购或开发这些资源的企业所有。但是,许多资产权,尤其是技术产权很难明确其归属。这是因为:第一,企业的技术与个人的人力资本之间的界限并不清晰;第二,雇用合同仅仅部分地说明了企业从雇员那里买到了什么。而实际上,这种雇用合同远远不能说明雇员所拥有的知识与技能。事实上,当涉及技术与专有知识时,人们很难确定哪些东西归个人,哪些东西归企业。当某个技术水平较高的人因某种原因离开原来的企业时,他不仅带走了所拥有的知识和专长,而且还可能带走该企业的商业秘密。这些人离开后既可能受聘于竞争对手,也可能自己办企业。无论出现哪种情况,都会削弱原来他所在企业的竞争地位。

就组织能力而言,当这种能力的形成依赖于雇员的技巧和知识,而后者又以组织为其存在基础时,评价组织能力的适用性问题变得尤其困难。事实上,企业对某种能力的控制程度以及企业与雇员个人之间权力的均衡状况,在很大程度上取决于个人技能与组织之间的关系。个人的技能和知识越依赖于企业整体和信誉,企业对雇员控制的能力就越强,同时从组织能力上获得的回报也就越高。

当很难确定某些资源和能力的所有权时,企业和其雇员之间的利益分配在很大程度上取决于两者的相对讨价还价能力。如果雇员个人对劳动生产率的贡献很容易明确,且雇员本人很容易流动,同时其技能在其他企业同样可以发挥作用,那么,雇员在利益分配上就会处在较强的讨价还价地位。

4. 市场份额和市场地位分析

一个企业的总体实力强,并不意味着它在每个方面都优于竞争对手,而一般情况下企业生产和经营的产品都不止一个或两个,总有一些好的产品项目,同时不可避免地也有一些差的产品项目。因此,有必要对企业产品组合的每一产品项目进行分析,以便根据它们各自的相对市场份额和市场地位采取相应的策略。

(1)市场份额分析。

在很多情况下,市场竞争表现为市场份额之争。一般说来,具有较高市场份额的企业往往获利也较多。如 IBM 在计算机主机、麦当劳在快餐店和可口可乐在软饮料行业都享有最高的市场份额,因而有可观的利润。

一个企业的市场份额的高低除了与该企业在行业中的竞争实力有关外,还与该市场的定义有关。例如,如果皇冠密封公司(Crown Cork & Seal Co.)把其市场定义为整个容器市场,那么,它仅占有很低的市场份额。但是,如果将其市场仅限定为金属容器市场,那么,它就占据了很大的市场份额。很显然,皇冠密封公司在两类容器市场的相对地位是不同的,因而其战略着眼点也会不同。

了解市场份额是一项重要的任务,但企业更关心的是其能否扩大自己的市场份额。很明显,并不是所有市场都能出现增加市场份额的机会。一般说来,在下述几种情况下企业比较容易显著地增加其市场份额。

① 整体市场迅速增长。在整体市场迅速增长的情况下,企业有更多的机会增加市场份额,因为一些竞争对手可能缺少资源条件或能力来与快速增长的市场保持同步。

② 技术,社会价值观和法律环境的进步。

③ 有利的竞争条件。

(2) 相对市场地位分析。

波士顿公司(BCG)的成长—份额矩阵,又称波士顿矩阵,由美国波士顿咨询公司于 1970 年首创,后来在许多国家传播,并得以不断发展和完善。该矩阵方法是按每种产品或业务的销售增长率(企业前后两年销售总量或总额之比)和相对市场份额(本企业产品市场份额与该产品主要竞争对手的市场份额之比)将企业的产品分为四种类型,根据它们在矩阵中的位置而采取相应的策略,如图 2.4 所示。

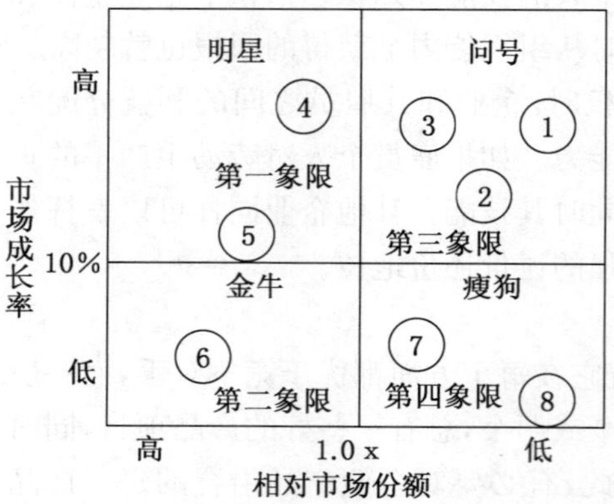

图 2.4 波士顿矩阵

在波士顿矩阵中,水平方向衡量企业在某种产品(或业务)上的相对市场份额,垂直方向衡量该业务的市场成长率。图 2.4 中,水平方向从左到右表示相对市场份额由高到低变化,其中的 x 为企业的该种产品或业务的最大竞争对手的市场份额。因此,1.0x 表示本企业与最大竞争对手的市场份额相当(或并列第一),在1.0x左边表示本企业的市场份额在行业中列第一,在右边表示不是第一。市场成长率以 10% 为基准或分界线(可以根据行业状况等确定),相对市场份额以 1.0x 为基准或分界线,我们将波士顿矩阵分为四个象限(分别记为一、二、三、四象限),图中每一点分别对应于不同的相对市场份额和销售增长率。采用该矩阵分析产品组合时,首先计算企业每种产品的相对市场份额和销售增长率,然后将产品定位在矩阵图中的相应位置,并且以大小不等的圆圈表示出每种产品当年的市场销售量,以便于对各种产品当年获利情况进行对比。

第一象限中的产品,相对市场份额和销售增长率都高,通常被形象地称为"明星"产品。这类产品既有发展潜力,生产该产品的企业又有竞争能力。这类产品是高速成长市场中的领先者,是企业的重点品种项目,应多投资促其发展。

第二象限的产品相对市场份额高,但销售增长率低,通常被形象地称为"金牛"产品。这类产品之所以称为"金牛",是因为它为企业带来了大量的现金收入。由于市场增长率低,企业不必大量投资,同时也由于该类产品是市场领先者,所以具有规模经济和高利润率的优势。企业常常用它的"金牛"类产品的收入支付账款和支持"明星"类、"问号"类和"瘦狗"类产品(这三类产品往往需要大量的现金)。另一方面,金牛类产品可能已进入生命周期的饱和期,或属于衰退行业的产品,所以应设法维持,或稳定其生产,以便获取尽可能多的利润。

第三象限中的产品市场份额低,而销售增长率高,常被称为"问号"类产品。一般说来,企业的大多数产品都要经历这一阶段,即企业力图进入一个高速成长的市场,但其中已有一个市场领先者。"问号"类产品要求投入大量现金以增加厂房、设备和人员,从而满足迅速成长的市场需要。此外,它还要追赶领先者,在确定"问号"类产品的发展策略时必须小心谨慎,必须在对它进行大量投资和及时放弃之间作出明智的选择。

第四象限中的产品的相对市场份额和销售增长率都低,称为"瘦狗"类产品。此类产品既无市场潜力可挖,又缺少竞争力,可能是衰退期产品,或有其他问题难以进入成长期,应采取收缩和淘汰策略。

把各种产品在波士顿矩阵图上定位后,企业就可以进一步确定其业务组合是否合理。一个失衡的业务组合就是因"瘦狗"类产品或"问号"类产品太多,而"明星"类和"金牛"类产品较少。

企业下一步的工作就是为每个产品确定目标和策略,并决定它需要何种支持。企业可以采取四种不同的策略。

① 发展策略。采用这种策略的目的是扩大产品的市场份额,甚至不惜放弃近期收入来达到这一目标。这一策略特别适用于"问号"类产品,如果它们要成为"明星"类产品,其市场份额必须有较大的增长。发展策略也适用于"明星"类产品。

② 维持策略。采用这种策略的目的是为了保持产品的市场份额,这一策略适用于强大的"金牛"类产品,因为这类产品能够为企业挣得大量的现金。

③ 收获策略。采用这种策略的目的在于增加短期现金收入,而不考虑长期影响。这一策略适用于处境不佳的"金牛"类产品,这种产品前景暗淡,而又需要从它身上获得大量现金收入。收获策略也适用于"问号"类和"瘦狗"类产品。

④ 放弃策略。采用这种策略的目的在于出售或清理某些产品,以便把资源转移到更有潜力的领域。它适用于"瘦狗"类和"问号"类产品,因为这些产品常常是赔钱货。

值得注意的是,随着时间的推移,一个产品在成长—份额矩阵中的位置也会发生变化。成功的产品都有一个完整的生命周期。它们从"问号"类开始,转向"明星"类,然后成为"金牛"类,最终成为"瘦狗"类,从而走向生命周期的终点。因此,一个企业不能仅仅注意其产品在成长—份额矩阵图上现有的位置,还要注意它变化着的位置。对每一项产品,都应该回顾它去年、前年甚至更久以前所处的位置,还要展望明年、后年甚至更远的年份大概将处的位置。如果某项产品的预期轨迹不太令人满意,企业就应该调整其战略。

5. SWOT 分析

SWOT 分析是把企业内外环境所形成的优势(strengths)、劣势(weaknesses)、机会(opportunities)和威胁(threats)四个方面的情况,结合起来进行分析,以寻找制定适合本企业实际情况的经营战略和策略的方法。一般地,优劣势分析主要是着眼于企业自身的实力及其与竞争对手的比较,而机会和威胁分析将注意力放在外部环境的变化及其对企业的可能影响上。由于同样的外部环境的变化给具有不同资源和能力的企业带来的机会与威胁可能完全不同,因此,两者之间又有紧密的联系,这也是我们将它们综合在一起的原因。

表 2.2 列出了在 SWOT 分析中一般所需要考虑的因素。

表 2.2　SWOT 分析因素表

	潜在外部威胁(T)	潜在外部机会(O)
外部环境	市场增长较慢 竞争压力增大 不利的政府政策 新的竞争者进入行业 替代产品销售额正在逐步上升 用户讨价还价能力增强 用户需要与爱好逐步转变 通货膨胀递增及其他	纵向一体化 市场增长迅速 可以增加互补产品 能争取到新的用户群 有进入新市场或市场面的可能 有能力进入更好的企业集团 在同行业中竞争业绩优良 扩展产品线满足用户需要及其他
	潜在内部优势(S)	潜在内部劣势(W)
内部条件	产权技术 成本优势 竞争优势 特殊能力 产品创新	竞争劣势 设备老化 战略方向不同 竞争地位恶化 产品线范围太窄

续表

	潜在内部优势(S)	潜在内部劣势(W)
	具有规模经济 良好的财务资源 高素质的管理人员 公认的行业领先者 买主的良好印象 适应力强的经营战略 其他	技术开发滞后 营销水平低于同行业其他企业 管理不善 战略实施的历史记录不佳 不明原因导致的利润率下降 资金拮据 相对于竞争对手的高成本及其他

SWOT 分析还可以作为选择和制订战略的一种方法,因为它提供了四种战略,即 SO 战略、WO 战略、ST 战略和 WT 战略,如表 2.3 所示。

表 2.3　SWOT 组合战略表

	内部优势(S)	内部劣势(W)
外部机会(O)	SO 战略: 依靠内部优势 利用外部机会	WO 战略: 利用外部机会 克服内部劣势
外部威胁(T)	ST 战略: 依靠内部优势 回避外部威胁	WT 战略: 减少内部劣势 回避外部威胁

SO 战略就是依靠内部优势去抓住外部机会的战略。如一个资源雄厚(内在优势)的企业发现某一国际市场未饱和(外在机会),那么它就应该采取 SO 战略去开拓这一国际市场。

WO 战略是利用外部机会来改进内部弱点的战略。如一个面对计算机服务需求增长的企业(外在机会),却十分缺乏技术专家(内在劣势),那么就应该采用 WO 战略培养、招聘技术专家,或购入一个高技术的计算机公司。

ST 战略就是利用企业的优势,去避免或减轻外部威胁的打击。如一个企业的销售渠道(内在优势)很多,但是由于各种限制又不允许它经营其他商品(外在威胁),那么就应该采取 ST 战略,走集中型、多样化的道路。

WT 战略就是直接克服内部弱点和避免外部威胁的战略。如一个商品质量差(内在劣势),供应渠道不可靠(外在威胁)的企业应该采取 WT 战略,强化企业管理,提高产品质量,稳定供应渠道,或走联合、合并之路以谋求生存和发展。

最后强调一点,一个企业仅仅能够识别环境带来哪些机会和威胁是不够的,还必须具有对这些机会和威胁作出迅速反应的能力,对那些持续时间短的重大机会或比较突然的威胁,企业必须作出快速的反应和果断的决策,而要做到这一点，就必须拥有很强的核心能力。

2.3 企业战略

2.3.1 企业的战略方向

就像每个产品线或事业部必须遵循一个经营战略以改进竞争地位一样，每个公司也必须决定成长方向。为此，必须回答以下三个问题：

- 我们是扩张还是收缩目前的运营，还是维持不变？
- 我们是集中于当前产业，还是通过多元化进入其他产业？
- 如果我们要成长、要扩张，是采取内部开发，还是通过收购、合并或合资等手段从外部获取？

公司战略方向包括以下三类一般成长方向（有时也称为大战略）：

- 成长战略：扩展公司活动；
- 稳定战略：不改变公司现有活动；
- 收缩战略：压缩公司活动水平。

1. 稳定型战略

（1）稳定型战略的概念特征。

稳定型战略是指在内外环境的约束下，企业准备在战略规划期使企业的资源分配和经营状况基本保持在目前状态和水平上的战略。按照稳定型战略，企业目前所遵循的经营方向及其正在从事经营的产品和面向的市场领域，企业在其经营领域内所达到的产销规模和市场地位都大致不变或以较小的幅度增长或减少。

从企业经营风险的角度来说，稳定型战略的风险是相对较小的，对于那些曾经成功地在一个处于上升趋势的行业和一个变化不大的环境中活动的企业尤其有效。由于稳定型战略从本质上追求的是在过去经营状况基础上的稳定，因而它具有如下特征：

① 企业对过去的经营业绩表示满意，决定追求既定的或与过去相似的经营目标。例如，企业过去的经营目标是在行业竞争中处于市场领先者的地位，稳定型战略意味着在今后的一段时期里依然将这一目标作为企业的经营目标。

② 企业战略规划期内所追求的绩效按大体的比例递增。与增长性战略不同，这里提到的大体的增长是一种常规意义上的增长，而非大规模的和非常迅猛的发展。例如，稳定型增长可以指在市场占有率保持不变的情况下，随着总的市

场容量的增长，企业的销售额的增长，而这种情况并不能算大规模的增长战略。实行稳定型战略的企业，总是在市场占有率、产销规模或总体利润水平上保持现状或略有增加，从而稳定和巩固企业现有的竞争地位。

③ 企业准备以过去相同的或基本相同的产品或劳务服务于社会，这意味着企业在产品的创新上较少。

从以上特征可以看出，稳定型战略主要依据前期战略。它坚持前期战略对产品和市场领域的选择，它以前期战略所达到的目标为本期希望达到的目标。因而，实行稳定型战略的前提条件是企业过去的战略是成功的。对于大多数企业来说，稳定型增长战略也许是最有效的战略。

（2）稳定型战略的优缺点。

稳定型战略的优点为：

① 企业的经营风险相对较小。由于企业基本维持原有的产品和市场领域，从而可以利用原有的生产领域、渠道，避免开发新产品核心市场的巨大的资金投入、激烈的竞争抗衡和开发失败的巨大风险。

② 能避免因战略改变而导致的资源分配困难。由于经营领域主要与过去大致相同，因而稳定战略不必考虑原有资源的增量或存量的调整，相对于其他战略态势来说，显然要容易得多。

③ 能避免因发展过快而导致的弊端。在行业迅速发展的时期，许多企业无法看到潜伏的危机而盲目发展，结果造成资源的巨大浪费。

④ 能给企业一个较好的修整期，使企业积聚更多的能量，以便为今后的发展作好准备。从这个意义上说，适时的稳定型战略是增长性战略的一个必要的酝酿阶段。

但是，稳定型战略也有不少缺陷：

① 稳定型战略的执行是以市场需求、竞争格局等内外条件基本稳定为前提的。一旦企业的这一判断没有得到验证，就会打破战略目标、外部环境、企业实力之间的平衡，使企业陷入困境。因此，如果环境预测有问题的话，稳定型战略也会有问题。

② 特定细分市场的稳定型战略也会有较大的风险。由于企业资源不够，企业会在部分市场上采用竞争战略，这样做实际上是将资源重点配置在这几个细分市场上，因而如果对这几个细分市场把握不准，企业可能会更加被动。

③ 稳定型战略也会使企业的风险意识减弱，甚至形成害怕风险、回避风险的文化，这就会大大降低企业对风险的敏感性、适应性和冒风险的勇气，从而增加了风险的危害性和严重性。

稳定型战略的优点和缺点都是相对的，企业在具体的执行过程中必须权衡利弊,准确估计风险和收益,并采取合适的风险防范措施。只有这样,才能保证稳定型战略的优点的充分发挥。

（3）稳定型战略的适用条件。

采取稳定型战略的企业,一般处在市场需求及行业结构稳定或者较小动荡的外部环境中,因而企业所面临的竞争挑战和发展机会都相对较少。但是,有些企业在市场需求以较大的幅度增长或是外部环境提供了较多的发展机遇的情况下也会采取稳定型战略。这些企业一般来说是由于资源状况不足以使其抓住新的发展机会,而不得不采用相对保守的稳定性战略态势。

2. 增长型战略

（1）增长型战略的概念特征。

从企业发展的角度来看,任何成功的企业都应当经历长短不一的增长型战略的实施期,因为从本质上说只有增长型战略才能不断地扩大企业规模,使企业从竞争力弱的小企业发展成为实力雄厚的大企业。

与其他类型的战略态势相比,增长型战略具有以下特征:

① 实施增长型战略的企业不一定比整个经济增长速度快,但它们往往比其产品所在的市场增长得快。市场占有率的增长是衡量增长的一个重要指标,增长型战略的体现不仅应当有绝对市场份额的增加,更应有在市场总容量增长的基础上相对份额的增加。

② 实施增长型战略的企业往往可以取得超过社会平均利润率的利润水平。由于发展速度较快,这些企业更容易获得较好的规模经济效益,从而降低生产成本,获得超额的利润。

③ 采用增长型战略态势的企业倾向于采用非价格的手段同竞争对手抗衡。由于采用了增长型战略的企业不仅仅在开发市场上下工夫,而且在新产品开发、管理模式上都力求具有竞争优势,因而企业不会把损伤自己的价格战作为其竞争优势,而一般来说总是以相对更为创新的产品和劳务以及管理上的高效率作为其竞争手段。

④ 增长型战略鼓励企业的发展立足于创新。这些企业常常通过开发新产品、新市场、新工艺和就产品的新用途,把握更多的发展机会,谋求更大的风险回报。

⑤ 与简单地适应外部条件不同,采用增长型战略的企业倾向于通过创造以前本身并不存在的某物或对某物的需求来改变外部环境并使之适合自身。这种去引导或创造合适的环境的举动是由其发展的特性决定的:要真正实现既定的发展目标,势必要有特定的合适的外部环境,被动适应环境显然不一定有帮助。

（2）增长型战略的利弊分析。

增长型战略的优点是：

① 企业可以通过发展扩大自身价值，这体现了经过扩张后的公司市场份额和绝对财富的增加。这种价值既可以成为企业职工的一种荣誉，又可以成为企业进一步发展的动力。

② 企业能通过不断变革来创造更高的生产经营效率与效益。由于增长型发展，企业可以获得过去不能获得的崭新机会，避免企业组织的老化，使企业总是充满生机和活力。

③ 增长型战略能保持企业的竞争实力，实现特定的竞争优势。如果竞争对手都采取增长型战略，而该企业还在采取稳定或紧缩型战略，那么其竞争对手就很有可能在未来实现竞争优势。

增长型战略的缺点是：

① 在采用增长型战略获得初期的效果后，很可能导致盲目的发展和为了发展而发展的情况，从而破坏企业的资源平衡。要克服这一弊端，要求企业在作每一个战略态势决策之前都必须重新审视和分析企业的内外部环境，判断企业的资源状况和外部机会。

② 过快的发展很可能降低企业的综合素质，使企业的应变能力表面上虽然不错，而实质上却出现内部危机和混乱。这主要是由于企业新增机构、设备、人员太多而未能形成一个有机的相互协调的系统所引起的。针对这一问题，企业可以考虑设立一个战略管理的临时性机构，负责统筹和管理扩张后企业内部各部门、人员之间的协调，在各方面的因素都融合在一起后，再考虑取消这一机构。

③ 增长型战略很可能使企业管理者更多地注重投资结构、收益率、市场占有率、企业的组织结构等问题，而忽视产品的服务或质量，重视宏观发展而忽视微观问题，因而不能使企业达到最佳状态。克服这一弊端，需要企业管理者对增长型战略有一个正确而全面的理解，要意识到企业的战略态势是企业战略体系中的一个部分，因而在实施过程中必须通盘考虑。

3. 紧缩型战略

（1）紧缩型战略的概念和特点。

所谓紧缩型战略是指企业从目前的战略经营领域和基础水平收缩和撤退，且偏离起点战略较大的一种经营战略。与稳定型战略和增长型战略相比，紧缩型战略是一种消极的发展战略。一般地，企业实施紧缩型战略只是短期的，其根本目的是使企业挨过"风暴"后再转向其他的战略选择。有时，只有采取收缩和撤退的措施，才能抵御竞争对手的进攻，避开环境的威胁并迅速地实现自身资源的最优配置。可以说，紧缩型战略是一种以退为进的战略。

与此相适应，紧缩型战略有以下特征：

① 对企业现有的产品和市场领域实行收缩、调整和撤退战略,比如放弃某些市场和某些产品线系列。因而从企业的规模来看是在缩小的,同时一些效益指标,比如利润率和市场占有率等,都会有较为明显的下降。

② 对企业资源的运用采取较为严格的控制并尽量削减各项费用支出,往往只投入最低限度的经营资源,因而紧缩型战略的实施过程往往会伴随着大量的裁员,一些奢侈品和大额资产的暂停购买等等。

③ 紧缩型战略具有明显的短期性。与稳定和发展两种战略相比,紧缩型战略具有明显的过渡性,其根本目的并不在于长期节约开支,停止发展,而是为今后的发展积蓄力量。

(2) 紧缩型战略的利弊分析。

紧缩型战略的优点有:

① 能帮助企业在外部环境恶劣的情况下,节约开支和费用,顺利地渡过面临的不利处境。

② 能在企业经营不善的情况下最大限度地降低损失。在许多情况下,盲目而且顽固地坚持经营无可挽回的事业,而不是明智地采用紧缩型战略,会给企业带来致命的打击。

③ 能帮助企业更好地实现资产的最优组合。如果不采用紧缩型战略,企业在面临一个新的机遇时,只能运用现有的剩余资源进行投资,这样做势必会影响企业在这一领域发展的前景,相反,采取适当的紧缩型战略,企业往往可以将资源从不良运作处转移出来,从而实现企业长远利益的最大化。

与上述优点相比,紧缩型战略也会给企业带来一些不利之处。

① 实行紧缩型战略的尺度较难把握,如果盲目使用紧缩型战略,可能会扼杀具有发展前途的业务和市场,使企业的总体利益受到伤害。

② 一般来说实施紧缩型战略会引起企业内外部人员的不满,从而引起员工情绪低落,因为实施紧缩型战略常常意味着不同程度的裁员和减薪,而且实施紧缩型战略在某些管理人员看来意味着工作的失败。

(3) 紧缩型战略的适用性。

采用紧缩型战略的企业可能是出于不同的动机。从这些动机来看,有三种类型的紧缩型战略:适应性紧缩战略、失败性紧缩战略、调整性紧缩战略。下面分别论述一下这三类不同动机的紧缩型战略的适用性。

适应性紧缩战略是企业为了适应外界环境而采取的一种战略。这种外界环境包括经济衰退、产业进入衰退期、对企业的产品或服务的需求减小等。在这些情况下,企业可以采取适应性紧缩战略来渡过危机,以求发展。因此,适应性战略的使用条件就是企业预测到或已经感知到了外界环境对企业经营的不利性,并且企业认为采用稳定型战略尚不足以使企业顺利渡过这个不利的外部环境。如果企业可以同时采用稳定型战略和紧缩型战略，并且两者都能使企业避开外界威胁，为今后发展创造条件的话，企业应当尽量采用稳定型战略，因为它的冲击力要小得多，因而对企业可能造成的伤害就要小得多。

失败性紧缩战略是指企业由于经营失误造成企业竞争地位虚弱、经营状况恶化，只有采用紧缩型战略才能最大限度地减少损失，保存企业实力的一种战略。失败性紧缩战略的使用条件是企业出现重大的问题，如产品滞销、财务状况恶化等情况。这里就涉及一个"度"的问题，即究竟在出现何种严重程度的经营问题时才考虑实施这种紧缩型战略？要回答这一问题，需要对企业的市场、财务、组织机构等方面作一个全面估计，认真比较实施紧缩型战略的机会成本，经过细致的成本-收益分析，最后才能下结论。

调整型紧缩战略的动机既不是经济衰退，也不是经营的失误，而是为了谋求更好的发展机会，使有限的资源分配到更有效的使用场合。因而，调整型紧缩战略的适用条件是企业存在一个回报更高的资源配置点。为此，需要比较的是企业目前的业务单位和实施紧缩型战略后的资源投入的业务单位。在存在着较为明显的回报差距的情况下，可以考虑采用调整型紧缩战略。

4. 混合型战略

（1）混合型战略的概念特征。

混合型战略是稳定型战略、增长型战略和紧缩型战略的组合。事实上，许多有一定规模的企业实行的并不只是一种战略，从长期来看是多种战略的结合使用。

从采用情况来看，一般是较大型的企业采用混合型战略较多。因为大型企业相对来说拥有较多的战略业务单位，这些业务单位很可能分布在完全不同的行业和产业群中，它们所面临的外界环境、所需要的资源条件等各不相同，因而若对所有的战略业务单位都采用统一的战略，就有可能导致由于战略与具体的战略业务单位不适应而导致企业的总体效益受到伤害。所以，可以说混合型战略是大型企业在特定的历史阶段的必然选择。

在某些时候，混合型战略也是战略选择中不得不采取的一种方案。例如，企业遇到了一个较为景气的行业前景和比较旺盛的消费者需求，因而打算在这一领域采取增长型战略。但如果这时企业的财务资源并不是很充分的话，可能无法实施单纯的增长型战略。此时，就可以选择部分相对不令人满意的战略业务单位，对它们实施抽资或转向战略，以此来保证另一战略业务单位实施增长型战略所需的充分资源。由此，企业从单纯的增长型战略转变成了混合型战略。

2.3.2 一般竞争战略

竞争战略主要涉及如何在所选定的行业或领域内与对手展开有效的竞争，即主要解决竞争手段问题。我们可以将这一层次的战略看作是一般战略或基本战略，它是企业赖以生存和与竞争对手争夺市场的基本工具。一般竞争战略主要包括：成本领先战略、差异化战略、集中战略。

1. 成本领先战略

（1）成本领先战略的概念。

所谓成本领先战略，是指企业通过在内部加强成本控制，在研究开发、生产、销售、服务和广告等领域内把成本降低到最低限度，成为行业中的成本领先者的战略。成本领先战略也称作低成本战略。采用成本领先战略意味着企业可以通过其低成本地位来获得持久的竞争优势，从而成为行业中的高水平经营者。它与一般的削价竞争并不相同，后者往往以牺牲企业利润为代价，有时甚至亏本运营。

（2）成本领先战略的优势。

一旦企业在行业范围内取得成本领先地位，那么，它将拥有下述几个优势，或者说，成本领先战略将给企业带来下述相应的战略益处。

① 形成进入障碍。企业的生产经营成本低，便为行业的潜在进入者设置了较高的进入障碍。那些生产技术尚不成熟、经营上缺乏规模经济的企业都很难进入此行业。

② 增强企业的讨价还价的能力。企业的成本低，可以使自己应付投入费用的增长，提高企业与供应者的讨价还价的能力，降低投入因素变化所产生的影响。同时，企业成本低，可以提高自己对购买者的讨价还价能力，对抗强有力的购买者。

③ 降低替代品的威胁。企业的成本低，在遇到竞争者竞争时，仍旧可以凭借其低成本的产品和服务吸引大量的顾客，降低或缓解替代品的威胁，使自己处于有利的竞争地位。

④ 保持领先的竞争地位。当企业与行业内的竞争对手进行价格战时，由于企业的成本低，可以在竞争对手毫无利润的水平上保持盈利，从而扩大市场份额，保持绝对竞争优势的地位。

总之，企业采用成本领先战略可以使企业有效地面对行业中的五种竞争力量，以其低成本的优势，获得高于行业平均水平的利润。正是由于成本领先战略具有上述明显的优势,因而历史上战略分析都将成本领先作为获得竞争优势的重要基础。对成本优势的这种强调,反映了人们将价格作为企业之间竞争的主要工具的倾向,这是因为价格竞争能力最终取决于成本效率,同时也反映了一些大公司在战略选择上的偏好。在 20 世纪的大部分年代,许多大公司主要通过成批生产和大规模分销来实现规模经济,进而谋求成本领先地位。而在 90 年代,一些大公司将其注意力转移到通过重构、削减规模等来取得成本效率。在这一时期,这些大公司试图获得的是动态的而不是静态的成本优势。

(3) 实现成本优势的途径。

要获得成本优势,公司价值链上的累积成本必须低于竞争对手的累积成本。达到这个目的有两个途径:一是控制成本驱动因素,二是改造公司的价值链,省略或跨越一些高成本的价值链活动。

从控制成本因素方面来讲,具体的实现途径主要有:

① 实现规模经济。价值链上某项具体活动常常会受到规模经济或规模不经济的约束。如果某项活动的开展,大规模比小规模的成本更低,以及如果公司能够将某些成本如研究与开发费用,分配到更大的销售量之上,那么,就可以获得规模经济。

② 充分利用生产能力。从长期的角度看,企业可以根据产出的变化,即市场需求的变化来调节它们的生产规模和能力。但在较短的时期内,企业的生产能力却基本上是固定的,市场需求的变化往往伴随着生产能力利用率的变化。在需求下降期间,生产能力过剩;而在需求达到峰值时,只有通过加班和减少维修来增加产量。而当生产能力过剩时,固定成本必然要分摊在较少的产出上。在诸如化工和钢铁等资金密集型行业,生产能力过剩将显著增加单位产品的成本。在这些行业中,能否充分利用生产能力将成为能否取得成本优势的关键。同样,在衰退行业和需求经常有很大波动的行业,调整生产能力以适应需求变化的能力是取得成本优势的关键。

③ 关键资源的投入成本。开展价值链活动的成本部分取决于公司购买关键的资源投入所支付的成本。对于从供应商那里购买的投入或价值链活动中所消耗的资源,各个竞争厂商所承担的成本并不完全相同。一家公司对外购投入的成本的管理通常是一个很重要的成本驱动因素。

④ 与公司中或行业价值链中其他活动的联系。如果一项活动的成本受到另一项活动的影响,那么,在确保相关的活动以一种协调合作的方式开展的情况下,就可以降低成本。例如,当一个公司的质量控制成本或材料库存成本同供应商的活动相关的时候,就可以通过下面一些同关键的供应商合作的方式来降低成本:零配件的设计、质量保证程序、及时送货,以及一体化材料供应等。新产品

的开发成本常常由于涉及某特定任务的职能部门力量(有时也许还可以包括供应商和重要的客户代表)在以下这些方面的合作而得到降低:研究与开发、产品设计、制造设计、市场运作。又如,同前向渠道的联系往往集中在仓库的位置、材料的处理、出厂装运,以及包装等。这里给我们的经验和原则就是有效的、协调的、互相联系的活动具有降低成本的潜力。

从改造价值链的结构方面来讲,具体的实现途径主要有:

① 简化产品设计,利用计算机辅助设计技术,减少零部件,将各种模型和款式的零配件标准化,转向"易于制造"的设计方式。

② 削减产品或服务的附加,只提供基本无附加的产品或服务,从而削减多用途的特色和选择。

③ 转向更简单的、资本密集度更低的、或者更简便、更灵活的技术过程(计算机辅助设计和制造,既能够包容低成本效率,又能够包容产品定制性的柔性制造系统)。

④ 寻找各种途径来避免使用高成本的原材料和零部件。

⑤ 使用"直接到达最终用户"的营销和销售策略,从而削减批发商和零售商通常很高的成本费用和利润。

⑥ 将各种设施重新布置在更靠近供应商和消费者的地方,以减少入厂和出厂成本。

⑦ 抛弃那种"针对每一个人"的经营方式,将核心集中在有限的产品或服务之上,以满足目标购买者特殊的、但是却很重要的需求,以消除产品或服务中的各种变形所带来的活动和成本。

⑧ 利用电子通信技术减少笔头工作,减少打印和复印成本,通过电子邮件加快通信,通过使用电视会议减少差旅成本,通过公司的内部网络来传播信息,通过网址和网页同顾客建立联系。

有时,公司也可以通过建立全新的价值链体系,或者通过重组现行的价值链,剔除那些创造极少价值而成本高昂的价值链活动,获得巨大的成本优势。

(4) 成本领先战略的风险。

虽然成本领先可以给企业带来竞争优势,但采用这种战略也将面临一定的风险。

首先,技术的迅速变化可能使过去用于扩大生产规模的投资或大型设备失效。例如,晶体管的发明和投产使原来大规模生产电子管的企业蒙受重大经济损失。同样,一种新型工艺的出现可能导致原有工艺的无效。

其次,由于实施成本领先战略,高层管理人员或营销人员可能将注意力过多地集中在成本的控制上,以致无法看到消费者选择偏好的变化。

第三，为降低成本而采用的大规模生产技术和设备过于专一化，适应性差。在稳定的环境下，技术和设备的专一化也许不致引起多大的问题。但在动态环境下，大规模的工厂和企业往往比小企业更难适应需求的波动、产品结构和技术的变化。随着商业环境的日益动荡，企业应该由强调静态效率转向强调动态适应性。

第四，当大企业和工厂通过大规模生产来降低成本时，人员的激励和部门之间的合作问题往往成为重要的制约因素。这些大企业往往会产生劳动关系紧张的情况，增加监督成本和浪费。

最后，需要强调的是，成本领先的战略逻辑要求企业就是成本领先者。如果没有一个企业能取得成本领先地位，并且"劝阻"其他企业放弃它们的成本领先战略，那么正如我国很多行业发生价格战的例子一样，众多企业同时追逐成本领先，对盈利能力和产业结构造成的后果将是灾难性的。所以，成本领先是一种格外依赖于先发制人策略的战略。

2. 差异化战略

（1）差异化战略的概念。

所谓差异化战略是指提供与众不同的产品和服务，满足顾客特殊的需求，形成竞争优势的战略。企业形成这种战略主要是依靠产品和服务的特色，而不是产品和服务的成本。但是应该注意，差别化战略不是讲企业可以忽略成本，只是强调这时的战略目标不是成本问题而已。

差异化战略是企业广泛采用的一种战略，它可以很好地防御行业中的五种竞争力量，以获得超过行业平均水平的利润。事实上，一个企业将其产品或服务差异化的机会几乎是无限的，因为每个企业都有自己的特点，因而存在很多差异化的机会。当然，一个企业能否将其产品和服务差异化，还与产品的特性有密切的关系。

虽然企业可以通过各种方法实现产品和服务的差异化，但这并不意味着所有的差异化都能为顾客创造价值。差异化的目的是为了增加竞争力和盈利，因此，必须分析顾客需要哪种差异化，这种差异化所创造的价值是否超过因为实施差别化所增加的成本。换句话说，企业必须了解顾客的需要和选择偏好，并以此作为差异化的基础。由于差异化战略的目的在于创造产品和服务的独特性，因此，很难通过一种简单的标准程序和方法获得差异化优势，但这并不意味着在追求差异化优势时科学的系统分析是无效的。毫无疑问，为了保证差异化的有效性，必须注意两个方面：第一，企业必须了解自己拥有的资源和能力，及其是否能创造出独特的产品；第二，从需求的角度看，必须深入了解顾客的需要和选择偏好。企业所能提供的独特性与顾客需要的吻合是取得差异化优势的基础和前提。

（2）差异化战略的优势和风险。

差异化战略的优势主要表现在：

① 形成进入障碍。由于产品的特色，顾客对产品或服务具有很高的忠实程度，从而使该产品和服务具有强有力的进入障碍。潜在的进入者要与该企业竞争，则需要克服这种产品的独特性。

② 降低顾客敏感程度。由于差别化，顾客对该产品或服务具有某种程度的忠实度。当这种产品的价格发生变化时，顾客对价格的敏感程度不高。生产该产品的企业便可以运用产品差别化的战略，在行业的竞争中形成一个隔离带，避免受到竞争者的伤害。

③ 增强讨价还价的能力。产品差别化战略可以为企业带来较高的边际收益，降低企业的总成本，增强企业对供应者的讨价还价的能力。同时，由于购买者别无他选，对价格的敏感程度又低，企业可以运用这一战略削弱购买者的讨价还价的能力。

④ 防止替代品的威胁。企业的产品或服务具有特色，能够赢得顾客的信任，便可以在与替代品的较量中比同类企业处于更有利的地位。

企业在实施差别化战略时，面临两种主要的风险：一是企业没有能够形成适当的差别化；二是在竞争对手的模仿和进攻下，行业的条件又发生了变化时，企业不能保持差别化，这第二种风险经常发生。企业在保持差别化上，普遍存在着如下四种威胁：

① 企业形成产品差别化的成本过高，大多数购买者难以承受产品的价格，企业也就难以盈利。竞争对手的产品价格降得很低时，企业即使控制其成本水平，购买者也会不愿意为具有差别化的产品支付较高的价格。

② 竞争对手推出相似的产品，降低产品差别化的特色。

③ 竞争对手推出更有差别化的产品，使得企业的原有购买者转向了竞争对手的市场。

④ 购买者不再需要本企业赖以生存的那些产品差别化的因素。例如，经过一段时间的销售，产品质量不断地提高，顾客对电视机、录放机等家用电器的价格越来越敏感，这些产品差别化的重要性就降低了。

（3）实现差异化战略的途径。

① 有形差异化。

实现差异化战略的第一个途径，是从有形的方面对产品和服务实行差异化。很多产品差异化的潜力部分是由其物理特点决定的。对于那些技术比较简单，或者满足的是顾客的简单需要，以及必须满足特定技术标准的产品，差异化机会主要受技术和市场因素的影响。而对那些比较复杂,或者需要满足顾客的复杂需要,以及不必满足严格的标准的产品,将存在更多的差异化机会。

有形差异化主要涉及产品和服务的可见的特点,这些特点对顾客的偏好和选择过程有影响。通常,这些包括产品的尺寸、形状、颜色、体积、所用材料及所涉及的技术。此外,有形差异化还包括产品或服务在可靠性、一致性、口味、速度、耐用性和安全性上的差异。实际上,延伸产品的差异也是有形差异化的重要来源,这些延伸产品包括售前售后服务、交货的速度、交货方式的适用性,以及将来对产品进行更新换代的能力等。对于一般消费品,以上差异化因素直接决定了顾客从产品中获得的利益。而对生产资料而言,上述差异化因素影响的是购买型企业在其业务领域赚钱的能力。因此,当这些因素降低购买型企业的成本或增强其差异化的能力时,它们将成为差异化的重要来源。

② 无形差异化。

当顾客感觉产品或服务的价值并不取决于其有形的特性时,企业可以通过无形差异化来取得竞争优势。实际上,顾客仅仅通过可见的产品特性或性能标准选择的产品数量是非常有限的,社会因素、感情因素以及心理因素都将影响人们对产品或服务的选择。对于一般消费品,人们对专有性、个性化和安全性的追求往往是强有力的刺激因素。当某种产品或服务是为了满足顾客的较复杂的需求时,差异化的关键在于企业产品的整体形象,这一点对那些质量和性能在购买时难以度量的"经验"产品或服务尤其重要,如化妆品、医疗服务或教育等。换句话说,差异化不仅与产品的物理特性有关,而且可以扩展到产品或服务的很多方面,只要提供的差异能为顾客创造相应的价值就会有差异化。

③ 维持差异化优势。

虽然传统的战略分析一直将取得成本领先地位作为建立相对竞争优势的基础,但实际上,维持成本领先地位比维持差异化优势更为困难。随着国际贸易和国际投资的增长,一些发达国家原来靠成本领先取得竞争优势的企业都已面临来自新兴工业化国家和地区的竞争对手的严峻挑战。同样,我国沿海地区和国有大中型企业中原来靠成本优势占领市场的企业,现在也不得不面对西部地区的乡镇企业和私有企业的严峻挑战,因为后者可以买到更廉价的原材料以及大量节约劳动成本等。相反,通过加大研究与开发的力度,潜心研究顾客消费需求的特点,维持企业创造独特产品的能力来维持差异化优势,可能是一种更有效的方法,尤其是在竞争不断加剧、人们的生活水准越来越高、同时更加追求多样化和个性化的经济和社会环境下。

3. 集中战略

(1) 集中战略的概念。

所谓集中战略是将目标集中在特定的顾客或某一特定地理区域上,即在行业内很小的竞争范围内建立独特的竞争优势。与成本领先战略和差异化战略不同的是,集中战略不在于达到全行业范围内的目标,而是围绕一个特定的目标开展经营和服务。采用集中战略的逻辑依据是:该企业能比其竞争对手更有效地为其狭隘的顾客群体服务。即该企业或由于更好地满足其特定目标的需要而取得产品差异,或能在为目标顾客的服务过程中降低成本,或两者兼而有之。从总体市场上看,也许集中战略并未取得成本领先或差异化优势,但它确实在较窄的市场范围内取得了上述一种或两种地位。

与前两种一般战略一样,集中战略也是企业,尤其是实力和技术并不很强的中小企业广泛使用的一种战略。例如,一个轴承厂可以专门生产供农村畜力车使用的小型轴承;一个服装公司可以专门为购买力水平较低的老年人生产特殊服装。

(2)集中战略的时机与风险。

满足下列一些条件时,不管是以低成本为基础的集中战略还是以差异化为基础的集中战略都会变得有吸引力:

- 目标市场足够大,可以盈利;
- 小市场具有很好的成长潜力;
- 小市场不是主要竞争厂商成功的关键;
- 采取集中战略的公司拥有有效服务目标小市场的资源和能力;
- 采取集中战略的公司凭借其建立起来的顾客商誉和公司服务来防御行业中的竞争者。

集中战略往往在下列情况下能够取得最好的效果:

① 定位于多细分市场的竞争厂商很难满足目标小市场的专业或特殊需求,或者如果满足这个市场的专业化需求,代价往往极其昂贵;

② 没有其他竞争厂商在相同的目标细分市场上进行专业化经营;

③ 一家公司没有足够的资源和能力进入整个市场中更多的细分市场,整个行业中有很多的小市场和细分市场,从而一个集中型的厂商能够选择与自己的强势和能力相符的有吸引力的目标小市场。

当然,采用集中化战略也有一定的风险,主要表现在如下几个方面:

① 竞争对手可能会寻找某些有效的途径来服务于目标小市场;

② 小市场中的购买者的偏好和需求可能会转向大众购买者所喜好的属性。购买者细分市场之间的差异的减弱会降低进入目标小市场的进入壁垒;

③ 集中化厂商所聚焦的细分市场非常具有吸引力,以至于各个竞争厂商蜂拥而入,瓜分细分市场的利润。

2.3.3　多元化战略

企业的一般战略主要是解决在所选定的行业或领域内如何与竞争对手展开有效竞争的问题。但仅此是不够的,随着企业规模的扩大和市场需求的变化,管理人员还必须解决企业如何进一步成长和发展的问题。多元化战略便是企业成长战略中常见的一类战略。

1. 多元化战略的含义和分类

多元化战略也称为多样化、多角化战略,就是通过开发新产品或开展新业务来扩大产品品种或服务门类,以增加企业的生产量和销售量,扩张规模,提高盈利水平。在我国常称这种情况为多品种生产、多种经营。

多元化战略可细分为下列三种:

(1) 相关多元化战略。

相关多元化战略又称同心多元化战略,其特点是,新增的产品或服务与原有产品或服务在大类别上、生产技术上或营销方式上是相似的、相关联的,可以共同利用本企业的专门技能和技术经验、设备或生产线、销售渠道或顾客基础。采用这种战略一般不会改变企业原来归属的产业。

例如,青岛海尔集团同时生产冰箱、冰柜、空调器、洗衣机、电熨斗、吸尘器等各类家用电器;一汽、二汽集团除继续生产卡车外,还制造各种轿车、中型客车、专用车辆等;四川琪达公司从生产衬衫起步,现在同时生产西服套装、床上用品、针织品等。这些都是相关多元化的实例。在化工、石油化工等资金密集型产业中,许多企业都在生产和经营许多种产品,并不断开发新产品,所执行的大多也是相关多元化战略。世界上许多著名的公司,如通用、福特、丰田、本田等汽车公司,索尼、松下、日立、东芝等家用电器公司,杜邦化学品、宝洁洗涤剂等公司,默克、辉瑞等医药公司,都在执行相关多元化战略。

(2) 不相关多元化战略。

不相关多元化战略又称复合多元化战略,其特点是,新增的产品或服务与原有产品或服务毫不相关,不能共用企业原有的专门技能、设备、生产线、销售渠道等。采用这种战略,一般都是跨产业经营。

例如,由乡镇企业起步的杭州万向集团在 1996 年已拥有全资及控股企业32 家,分属汽车零部件业、基础置地业、自然资源业、中介服务业等四大主业;以生产空调器闻名的江苏春兰集团现在又开始制造和销售摩托车;四川绵竹剑南春公司以名酒"剑南春"的生产经营为主,但也兼营旅游服务、房地产开发、高科技应用等多种业务；成都国光电子管厂除继续生产电子器件外，又经营了一家大型电器商场。这些都是不相关多元化战略的实例。

国外许多大型企业也选择了不相关多元化战略。例如以生产万宝路香烟驰名的美国菲利浦·莫里斯公司先后收购了米勒啤酒、通用食品、纳贝斯克饼干等公司，往食品业转移，且其下属卡夫食品公司的销售额已上升到集团销售总额的40%；此外，集团还兼营专用纸张、包装材料、房屋建造和设计等业务。

(3) 既相关多元化又不相关多元化战略。

这是指前两种战略的组合，其特点是：企业经营的业务中，一部分是相关多元化，可共同利用技术经验、生产设备、销售渠道等；另一部分却是不相关多元化，跨入别的产业。例如云南天然气化工集团下属有云天化股份有限公司、云南红磷化工有限公司和重庆国际复合材料有限公司，同属于化工行业，属于执行相关多元化战略；与此同时该集团还投资于金融、交通、房地产、商贸、食品、电子、建材等多个领域，属于执行不相关多元化战略。国外的大型企业如通用电气(GE)、西屋电气(Westinghouse)、强生医药等也都在奉行这样的组合战略。

2. 多元化战略的经济意义

当面对一个产品同质性高、容量巨大的市场，而企业拥有对手难以模仿的独特资源和核心竞争力时，企业一般会采用集中战略。然而对于一般企业，多元化几乎是它们最常采用的扩张型战略，大多数大中型企业都是多元化经营，这是因为多元化战略具有巨大的经济意义：

(1) 扩大经营规模，获得范围经济。

经营企业总是希望企业能逐步壮大。奉行集中发展战略可以扩大企业规模，但速度较慢，且常受到多种局限。采用多元化战略，则可较快地扩大规模。海尔集团首席执行官张瑞敏在解释海尔执行多元化战略的原因时说："在市场竞争中，有名牌但没有规模，名牌便无法保持和发展；有规模而无名牌，规模便无法保持和发展。因此，海尔创出名牌后，必须走规模经济的道路，组建联合舰队。"企业规模的扩大，可获得规模效益，而对实行多元化战略的企业来说，主要是获得范围经济的效益。

规模经济是指当某种商品或服务的产销量增加时，其单位平均成本随之而下降，这同学习曲线和经验曲线的效应有关。范围经济则是指在一起生产和销售多种产品和服务时，它们的成本将低于单独生产和销售同样数量的单一产品的成本，这是源于职能部门和业务单位的节约。多元化战略的范围经济效益是很明显的，因为多种产品或服务、多种经营业务共享企业的基础设施。

(2) 拓展新的发展空间和经济增长点。

随着科技进步和经济发展，新产品、新技术、新业务、新产业不断涌现，这是企业扩张可利用的机会。如企业有相应的实力,就应当抓住这样的机会,拓宽自身的发展空间和经济增长点,许多企业采用多元化战略都是出于这一动机。

如果企业已经培育出核心竞争力,则此竞争力可运用于多种产品,通向多元市场,企业自然应充分发挥竞争力的作用,采用多元化战略。例如,本田公司掌握了发动机和传动系统的核心技能,就同时经营汽车、摩托车、发电机、锄草机等产品;佳能公司掌握了光学、成像及微处理等方面的技能,就同时经营复印机、照相机、激光打印机、扫描仪等产品。

(3) 寻找新的生存空间。

这与上一点相似,但侧重于迎接挑战、克服困难或渡过危机。例如企业现有的产品销售困难,或有强劲的竞争对手进入,或产业已进入成熟阶段,市场前景不妙,则企业有必要经营其他的产品或业务,通过多元化战略来维系自身的生存。

(4) 平衡自有的现金流量。

现金流量是企业利润及固定资产折旧之和,代表企业的可支配收入。企业如实行多元化战略,同时经营多种产品和业务,其中有些需要扩张,这就要有追加投资,而另一些可暂时维持现状或紧缩,其现金流量可抽出来支援需要追加投资的单位。于是在企业内部即可做到现金流量的余缺调剂和平衡,而无需通过资本市场筹资。

(5) 分散经营风险。

这是针对集中发展战略的风险而言的。集中发展"把全部鸡蛋放在一个篮子里",在遇到外部环境发生剧变时,企业就会陷入严重危机。实行多元化战略,多种产品和业务将企业的风险分散,企业有了回旋余地。当然,这并不是说多元化战略就没有风险,恰恰相反,它又会面临新的风险。

3. 多元化战略的风险

尽管多元化战略对众多企业都有很强的吸引力,但它也隐藏着重重风险。概括起来,主要来自下列几个方面:

(1) 时机选择上的失误。

实行多元化战略,一方面是外部环境出现了机会或威胁,有客观需要;另一方面是企业内部具备必要的实力,有了主观可能。这两方面相匹配才是多元化的恰当时机。当然,要这两方面完全匹配也不容易,但人们易犯的错误主要是重客观需要而轻主观可能,往往过早过快地实行多元化,把摊子铺得太大,结果必然导致失败。过度谨慎、错失良机的情况也是有的,但相对少些。

(2) 工作进度安排上的失误。

无论是相关多元化或不相关多元化,都要做许多扎实工作方能收效。假如头脑发热,操之过急,一下子就要开发出许多新产品或者进入许多新行业,工作必然粗糙,也很难收到预期的效果。

（3）对实行多元化的客观需要判断失误。

例如在新产品开发上没有以市场为导向,不是按市场需求来选择开发项目而是按开发人员的兴趣自定,结果产品开发成功了也不能投入市场。又如进入新产业,最重要的是考察该产业未来的成长机会及竞争态势,确有需求方能考虑进入。但在现实生活中,盲目跟风、想捡便宜（如轻信所谓"零收购"）等现象不少,以致企业一进入多元化领域就背上包袱,使巨大投资打水漂。

（4）对实行多元化的主观实力判断失误。

一般说来,实行相关多元化,因为不跨出本已熟悉的原产业,这方面的风险较小,只要在工作安排上量力而为即可。实行不相关多元化,则应特别慎重,无论该产业的成长机会多好,假如自身无实力或实力太弱,则不应当进入。许多堕入"多元化陷阱"的企业都是由于盲目进入自己完全陌生的行业所致,这是一个深刻的教训。

（5）在多元化扩张途径上的工作失误。

例如通过并购或合资来实现多元化经营,就要做许多工作,如对并购对象进行资产、经营、文化上的整合等。这些工作做不好,不但得不到预期的效果,而且会给企业背上包袱,增加不稳定的因素。

（6）管理工作跟不上的失误。

实行多元化,企业规模扩大了,出现的问题将增多,对管理的要求将提高,而管理的难度也将增大,因此,必须相应地加强管理,提高管理水平。

归纳起来,多元化战略既有巨大的经济意义,又蕴含着巨大风险,这就要求我们总结历史经验,在采用多元化战略时作好管理工作。

4.多元化战略的管理关键

总结国内外企业实施多元化战略的经验教训,在选用这个战略时,必须正确处理下列几个方面的关系和问题:

（1）多元化战略与集中发展战略的关系。

如前所述,这两个战略之间并无高下优劣之分,它们各有适用条件,且各有利弊。因此,我们应研究企业所属产业的性质并密切关注外部环境和自身状况的变化,应当采用某个战略就选用它,选用时要趋利避害,充分发挥该战略的积极作用,同时防范可能出现的风险。一旦发现失误,应立即采取补救性措施。

（2）正确掌握时机,安排好工作进度。

如已考虑选择多元化战略,则时机和工作进度问题至关重要。比如,青岛海尔集团创业初期是实施名牌战略,7年后实力已具备（掌握了制冷技术,形成了

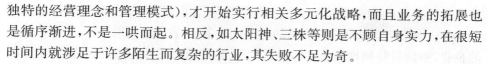

独特的经营理念和管理模式），才开始实行相关多元化战略，而且业务的拓展也是循序渐进，不是一哄而起。相反，如太阳神、三株等则是不顾自身实力，在很短时间内就涉足于许多陌生而复杂的行业，其失败不足为奇。

（3）相关多元化与不相关多元化的关系。

从集中发展过渡到多元化，首先实施相关多元化，其风险较小，因为新产品、新业务同原有产品和业务有关，未跨出原产业，企业积累的技术和管理经验可得到较好的利用；反之，如直接进入不相关的其他陌生产业，则需从零开始，无异于二次创业。比如，海尔集团先实行相关多元化，然后才采用不相关多元化，这是一个宝贵的经验。此外，有许多奉行不相关多元化的企业，都是从相关多元化起步的。

（4）正确选择打算进入的业务。

相关多元化主要是注意新产品和新业务的市场需求状况，坚持按市场需求来开发，选择难度不太大。不相关多元化要进入企业原来不熟悉的新产业，则选择难度加大了，这里的关键是不仅考虑新产业的市场前景，还要着重考虑自身的资源、能力能否同新业务相匹配，即自身的竞争力和竞争优势能否转移到新业务中，进入新业务后能否使自身的竞争力和竞争优势更加强大。自身的资源、能力同新业务之间的"适合性"，是多元化战略尤其是不相关多元化战略的基础。

如果对新业务很不熟悉，不了解这个"适合性"，或者经过调研发现不存在这个"适合性"，则不管那个业务如何"时髦"，如何"热门"，也不要轻易进入。美国通用电气公司前任 CEO 杰克·韦尔奇就奉行"第一或第二"政策，其意是他们所要经营的业务必须是自己能处于"不是第一，就是第二"的领先地位的，否则就一概不经营。一般的企业虽不能同通用相比，但在业务选择上也应该"有所为有所不为"，来不得丝毫盲目。对于一个已经多元化的企业，如发现有的经营业务中已有不能发挥企业竞争优势或对企业优势已无大助益的业务时，就应当加以放弃，以便集中精力办好其他业务。

对待上述"适合性"，还要有辩证的、发展的观点，因为企业自身的资源和竞争力又是可控因素，是可以设法加强的。要等到资源和实力同新业务完全匹配才去进入，也可能错过了良机。因此，如遇到机会，只要具备一些基本条件，且有进一步补充资源、壮大实力的可能时，就可以先干起来。不过，在此情况下，只能小规模地、试验性地干起来，"进可攻，退可守"，纵使失误，损失也不大。

（5）主业与辅业的关系。

多元化企业有多种业务，必须分清业务相互间的主辅关系，牢牢抓住一个主业不放手，用主业来支撑企业。这对实行不相关多元化战略的企业尤为重要。美国管理大师彼得斯（Thomas J.Peters）和沃特曼（Robert H.Waterman）总结的美国最佳管理企业的经验之一是"不离本行"。他们指出："凡是向多种领域扩展其业务……但却又紧靠它们自己的老本行的企业,表现总比别家好。""最不成功的企业,照例就是那种向各方面都插上一脚,经营五花八门的公司,而其中尤其是通过购买,把别家企业兼并过来的公司,总是走向败落的。"

（6）企业规模扩大与强化管理的关系。

随着多元化战略的实施,企业规模日益扩大,原有的管理模式和经验必然难以适应,这就需要管理创新,尽快提高管理水平。特别重要的是建立一支优秀的管理团队,吸收对新业务熟悉的人才,并有一套比较完善的激励约束机制,保证团队的稳定性和人才作用的发挥。

2.3.4 一体化战略

"一体化",意指将两个以上不同的部分融合为一个整体。对一家企业来说,其一体化经营战略就是将原本独立的、分散的两个或两个以上的企业组成一个统一的企业。显然,企业的一体化意味着企业"疆域"的拓展,它的实质是内部化。企业实施一体化战略,一方面减少了外部的交易成本,但另一方面却要增加内部的管理成本。因此,一家企业的一体化进行到何种程度,或者其"疆域"拓展到何种地步,与上述两种成本的平衡有关。根据企业拓展其"疆域"的方向的不同,企业的一体化战略可以包括纵向一体化战略和横向一体化战略。

1. 纵向一体化

（1）纵向一体化的含义。

纵向一体化（或称为垂直一体化）战略是指企业沿着原有的价值链在两个可能的方向上去扩展其经营业务的一种战略。在价值链上存在着前后两个方向,因此纵向一体化又可以分为前向一体化和后向一体化两种战略。

前向一体化是指企业向产品销售方向发展的一体化战略,其目的是要获得分销商或零售商的所有权或加强对它们的控制。通常,这是制造商要选择的战略。后向一体化是指企业向原材料或其他商品供应的方向发展的一体化战略,其目的是要获得供货方的所有权或加强对它们的控制。通常,制造商和销售商都可能会选择这种战略,因为它们都需要从供货方得到原材料或商品。

（2）纵向一体化的效益。

企业实施前向一体化战略可以提高加工深度,获得更为丰厚的利润。此外,企业自行组织销售还可以得到销售环节的种种好处,不仅可以获取销售利润,而且可以使企业直接面对最终消费产品的顾客,更加直接、迅速地掌握市场动向。

实施后向一体化可以使企业对它现有的产品生产所需的原材料、半成品的供应更加有保证,而且可以对所需原材料及半成品供应的数量、质量、供货时间、成本等方面实行更有效的控制。

此外,实施纵向一体化还可以在联合作业、内部控制和协调、信息处理、避免交易成本、合理避税等方向对企业具有吸引力。

(3) 纵向一体化的风险。

从原材料生产开始,经产品制造,最后是产品销售,构成了一条价值链。在这条价值链中,原材料生产方向是上游,产品销售是下游。整条价值链中价值的实现依赖于下游产品的销售,下游产品的市场状况对这个价值链有最大影响。如果下游产品销售受阻,则整条价值链上的价值都无法实现。在没有实施纵向一体化前,价值链上的各个部分是相互独立的,下游产品销售受阻的风险也是分摊的。但在企业实施纵向一体化后,这样一个庞大的、以经营某些种类产品(或劳务)为特征的生产制造和销售一体化的经营体系的命运,就维系在这些种类的下游产品的市场之上。下游产品市场需求的大幅度滑落,或者强大竞争对手的出现,都会给这类企业以沉重的,甚至是毁灭性的打击。

2. 横向一体化

横向一体化(或称为水平一体化)战略是指企业通过收购其同行业竞争对手去扩张经营业务的一种战略。企业可以通过实施横向一体化战略实现规模经济,提高竞争实力。一般来说,实行横向一体化战略后,企业的产品或服务的品种一般都要增加,而且新的产品或服务与原有的产品或服务是相似的、相关联的。

2.3.5　兼并和收购战略

1. 兼并和收购的概念

兼并,是指一家企业通过对另一家企业进行资本注入,改变其产权结构并取得所有权和经营权的支配地位,从而谋求企业更大发展的战略。从兼并企业与被兼并企业之间经营业务变化的角度来考察,可以有纵向兼并、横向兼并和混合兼并三种方式。

2. 兼并和收购的方式

合并、收购和控股是实现兼并的常用方式。如果一家公司想合并一家上市公司,则它可以通过购买这家上市公司的所有股票,结果该公司接收那家被合并的上市公司的全部资产和负债,被合并上市公司不复存在;对于非上市公司的兼并,可以通过购买其资产和负债来进行收购。在上述两种情况下,其中的一家企业便不复存在。

除了上述两种情况外,一家公司还可以通过股票市场购买另一家公司(上市公司)相当大一部分股票(但不是全部)而实现对该公司的控股。在此情况下,两家公司都继续存在,继续经营。但是,由于前者实现了对后者的产权控制并进而控制了经营大权,因此前者称为母公司,后者称为子公司(或控股子公司)。

3. 兼并和收购的战略动机

通过兼并,企业可以有如下的好处:

- 获得被兼并企业拥有的技术,特别是高精尖技术;
- 获得被兼并企业拥有的商标、商誉和销售市场;
- 获得被兼并企业拥有的生产能力、土地资源及其他急需的资源;
- 获得被兼并企业已经进入的一个新的发展中的经营领域;
- 如果是政府鼓励、支持的兼并,还会获得贷款、税收等方面的优惠,以及政策上的支持;
- 利于进行资本、技术、管理、商标、人才等经营资源在更大范围内的配置;
- 有利于确保本企业的原材料、半成品的稳定供应;
- 有利于扩大生产经营规模,取得规模经济效益;
- 有利于调整本企业的生产经营结构,集中力量发展自己的核心业务;
- 有利于在很短的时间,付出相对较小的投资,实现企业大规模扩张,迅速成为大型和超大型的企业集团或跨国企业集团。

4. 被兼并企业的动机

不仅仅兼并企业在兼并中得到好处,被兼并企业也会在兼并中获益。具体有以下几个方面:

- 通过被兼并,可以获得新的资本注入;
- 通过被兼并,使本来要破产的企业找到一个较好的解脱办法,原有的资源得以重新配置,人员得到较好的安置,债务有人承担,企业产权所有者的利益也得到较之破产更好的保护;
- 通过被兼并,使一些有经营特色、传统名牌而又濒临破产的企业,可以靠依附实力强劲的企业保留原有的经营特色和商标,传统名牌得以延续。

本章小结

企业战略是企业以未来为基点,为寻求和维持持久竞争优势而作出的有关全局的重大筹划和谋略。企业战略具有全局性、长期性与稳定性、适应性等特征。

战略管理过程主要有战略分析、战略选择和战略实施三个阶段。战略分析目的在于要了解组织所处环境正在发生哪些变化以及这些变化将给组织带来哪些影响。战略分析是企业战略管理过程的基础，大体可分为外部环境分析和内部环境分析。外部环境分析主要是进行宏观环境分析、行业结构分析，而内部环境分析主要是进行企业的资源、战略能力和市场地位分析。宏观环境因素可以从政治与法律环境、经济环境、社会与文化环境和技术环境四个方面进行分析，称为 PEST 分析。

哈佛大学商学院的波特教授提出了分析行业结构的"五因素模型"，认为一个行业中存在着五种基本的竞争力量，即潜在的进入者、替代品的威胁、购买者的讨价还价能力、供应商的讨价还价能力以及现有竞争对手之间的抗衡。这五种基本竞争力量的状况及其综合强度，决定着行业的竞争激烈程度，同时也决定了行业最终获利能力。

企业的竞争优势大小与资源和能力的关系有关。市场份额分析和市场地位分析是企业分析其实力的常用手段，BCG 矩阵、SWOT 分析等是战略分析的常用工具。

企业的战略方向包括：成长战略、稳定战略和收缩战略三种。企业的一般竞争战略主要包括：成本领先战略、差异化战略、集中型战略。

思考题

1. 企业中战略可分为哪几个层次？大学中是否也有相对应的不同层次的战略？
2. 战略管理有哪几个过程？
3. 企业的战略实施过程中涉及哪几个方面的问题？
4. 企业的战略管理与业务管理是什么关系？
5. 什么是五种基本竞争力量？这些力量的强弱与哪些因素有关？
6. 五力模型中，供应商和客户的讨价还价能力分别取决于哪些因素？
7. 什么是一般竞争战略？它属于哪种层次的战略？
8. 什么是一体化战略、多元化战略和购并战略？它们之间有什么联系？

选择题

1. 企业集团所制定的战略属于（　　　）。
   （A）总体经营战略　　　　　　（B）经营单位战略
   （C）职能管理部门战略　　　　（D）基层单位战略

2."成本领先战略"属于( )。

 (A) 公司级战略   (B) 事业级战略

 (C) 职能级战略   (D) 以上都是

3.风光公司是电视机生产企业。2013 年该企业兼并了一家液晶显示屏生产企业(原来的供应商)。这种情况确切的说法是:( )。

 (A) 横向一体化   (B) 横向多元化

 (C) 纵向一体化   (D) 以上都不是

4."集中战略"是指( )。

 (A) 采用集权的管理方式

 (B) 采用分权的管理方式

 (C) 将目标集中在某一特定的地理区域

 (D) 以上都不是

5.如果一家企业将其经营目标集中到企业总体市场中的某些细分市场上,以寻求在这部分细分市场上的相对优势,则它实行的是( )。

 (A) 低成本战略   (B) 差异化战略

 (C) 重点化战略   (D) 多角化经营战略

6.在波士顿矩阵图中,被称为"明星"的业务( )。

 (A) 市场成长率高,相对市场占有率低

 (B) 市场成长率低,相对市场占有率低

 (C) 市场成长率高,相对市场占有率高

 (D) 市场成长率低,相对市场占有率高

7.战略管理主要解决( )。

 (A) 组织作业的效率问题   (B) 部门作业的效率问题

 (C) 组织行为的有效性问题   (D) 以上都不对

8.成本领先战略属于( )。

 (A) 成长战略   (B) 稳定战略

 (C) 收缩战略   (D) 以上都不对

9.一体化的实质是( )。

 (A) 多元化   (B) 同心圆多元化

 (C) 相关多元化   (D) 内部化

10.阳光公司原来是一家冰箱生产企业,2014 年该企业兼并了快乐食品公司。这种情况确切的说法是:( )。

 (A) 纵向多元化   (B) 纵向一体化

 (C) 横向多元化   (D) 以上都不是

11. 一家冰箱制造公司兼并了一家冰箱压缩机生产企业,这种情况称为( )。
   (A) 横向一体化　　　　　　　　(B) 纵向一体化
   (C) 横向多元化　　　　　　　　(D) 纵向多元化

12. 在波士顿矩阵图中,市场成长率高、相对市场占有率低的业务称为( )。
   (A) 明星　　　　　　　　　　　(B) 现金牛
   (C) 狗类　　　　　　　　　　　(D) 问号

13. 在波士顿矩阵图中,市场成长率高、相对市场占有率高的业务称为( )。
   (A) 狗类　　　　　　　　　　　(B) 现金牛
   (C) 狗类　　　　　　　　　　　(D) 明星

14. 差异化战略属于( )。
   (A) 成长战略　　　　　　　　　(B) 稳定战略
   (C) 收缩战略　　　　　　　　　(D) 以上都不对

15. 东方公司生产等离子电视机,它的竞争压力来自于( )。
   (A) 其他生产液晶屏电视机的企业　(B) 等离子电视机的消费者
   (C) 其他准备进入该行业的企业　　(D) 以上都是

16. 西方公司生产儿童服装,它的竞争压力来自于( )。
   (A) 其他生产童装的企业　　　　(B) 童装购买者
   (C) 生产布料的企业　　　　　　(D) 以上都是

案例分析

耐克:虚拟化管理之道

有一则家喻户晓的耐克神话:在美国俄勒冈州的比弗顿市,四层楼高的耐克总部里看不见一双鞋,员工们只忙着做两件事:一件事是建立全球营销网络,另一件事是管理它遍布全球的公司。不用一台生产设备,耐克总公司缔造了一个遍及全球的帝国。一双耐克鞋,生产者只能获得几个美分的收益,而凭借其在全球的销售,耐克总公司却能获得几十美元甚至上百美元的利润。

但那些将耐克视为企业杰出案例并纷纷效尤的人们或许忘了,在1982年耐克曾经经历过一个举步维艰的阶段,阿迪达斯、匡威、锐步强敌环伺,销售额大幅下滑,在很多人眼里,耐克只是一家"挫败的、内部士气低落的二流制造企业"。

耐克的应对是将权力下放,增加了产品的品种,推动产品线的差异化。由原先的以篮球鞋为主转变到近几年的高尔夫运动用品系列,并以老虎伍兹为代言人,同时加强足球鞋的推广,以迎合足球运动人口的增加。目前足球运动用品系列的营业额已高达 10 亿美元,占有全球 25% 的市场,在欧洲市场更高达 35% 的市占率。在管理战略的转变之下,公司用 18 个月的时间使局势稳定了下来,从 1993 年到 1997 年,耐克的销售额呈爆炸性增长,从 20 亿美元上升到 90 亿美元。

此外,和很多企业一样,耐克利用收购其他公司加速扩张,继 1988 年之后,耐克相继收购了 Cole Haan 公司,在 1995 年兼并了冰鞋制造商 Bauer 公司,2002 年收购滑板及服饰制造商 Hurley International 公司,以及在 2004 年收购了运动鞋制造商 Converse 公司。耐克进行收购的策略就是寻求那些产品能互补、经营风格相似,以及有一定研发能力的企业,并利用收购打压对手。

在现在耐克公司的业务结构中,Cole Haan 的鞋已经实现销售额约 3 亿美元,而耐克最初买下该公司,只花了 8 000 万美元;至于 Converse 公司,在被收购前,其销售额一直下滑,但是在收购后,反而出现了 25% 的增长。不仅如此,Cole Haan 公司的鞋类产品正好可以融入耐克先进制鞋技术,而如 Bauer 和 Hurley International 公司都有自己的研发中心,耐克在推出新品时,大部分都是参照它们的专业设计意见,而 Converse 则恰好弥补了耐克在帆布鞋领域的空白。

在并购的过程中,耐克也曾经犯下不少错误:在最初买下 Cole Haan 以后,耐克一厢情愿地把自己的想法贯穿到 Cole Haan 中,并沿用粗放型的管理模式,结果导致后者的强烈不满,在矛盾激化时,Cole Haan 甚至要求耐克的管理人员"滚出工厂"。在意识到自己的错误之后,耐克集团对并购的公司采取了开放的管理方式,并赋予其独立自主的权利。公司适时的反馈让耐克保证了重新获得市场的能力。

以并购作为企业扩张模式的同时,耐克继续在公司内部进行改造,把一个大的鞋类部门分为几个较小的部门,每个较小部门分管一种体育项目的运动鞋,加快产品的开发进程。对企业的整个运作链,耐克也在进行调整,尤其是存货控制体系和海外销售体系。耐克要求经销商必须提前 6—8 个月就预定其总销量的 80%,这样才给予 10% 的折扣。这使得耐克可以对订货情况了如指掌,并有足够的时间来安排,避免过多的存货,保证获得理想的出厂价。

此外,耐克在生产上采取了一种虚拟化策略,所有产品都不由自己生产制造,而是全部外包给其他的生产厂家加工。将公司的所有人才、物力、财力等资源集中起来,集中投入到产品设计和市场营销中去,培植公司的产品设计和市场营销能力。

虚拟企业的优点是"用最大的组织来实现最大的权能"。一个企业自身资源有限,组织结构功能有限,为实现某一市场战略而组成的虚拟企业中,每个成员只充当其中某部分结构功能,通过信息网络,支持着为虚拟企业依空间分布的生产而设立的复杂的后勤保障工作,这样的企业结构和传统的组织结构相比,有较大的结构成本优势,大大提高了企业的竞争力。

实施虚拟化生产,耐克公司将设计图纸交给生产厂家,让他们严格按图纸式样进行生产,尔后由耐克贴牌,并将产品通过公司的行销网络将产品销售出去。这种模式充分实现了优势互补的作用。耐克公司的这一战略,节约了大量的生产投资以及设备购置费用,将产品的生产加工外包给东南亚等地的许多发展中国家的企业,利用当地廉价的劳动力,极大地节约了人工费用,这也是耐克运动鞋之所以能以较低的价格与其他名牌产品竞争的一个重要原因。

当然,我们需要看到的是,虚拟企业的管理中有不少特殊因子:

虚拟企业从传统的权力直线制变成了平等协调制,从传统的上下级关系变成了平等的协调关系。虚拟企业的经理不再是命令发布者,而是彼此的协调者,虚拟企业要想发挥它的优势,必须进行知识管理(KM),进行整个虚拟企业及相关合作单位之间的知识的挖掘、开发、保值、分享等业务,使个人的知识变为组织的知识,最大限度地整合资源。

同时,文化冲突对虚拟企业的负面影响会使虚拟企业全球化战略失败。因此,创造文化协同效应尤为重要。面对着不确定的、不断变化的合作伙伴,如何避免沟通中信息的缺失,进行跨文化、跨背景、跨地域的沟通将对虚拟企业的成败起到非常关键的作用。

资料来源:牛津管理评论,http://oxford.icxo.com/。

第3章 现代企业市场营销及其策略

互联网资料

http://www.emkt.com.cn

http://oxford.icxo.com

http://mkt.icxo.com

http://blog.icxo.com

http://www.cnceo.com/index.jsp

http://www.cmmo.com.cn

http://www.cb.com.cn

"粉丝"营销

我认识的一位疯狂的"玉米"决定要去买一台神舟电脑,原因很简单,因为这是她的偶像李宇春代言的品牌。

我们身边的这些"玉米"平时都很平和,但只要一提到她们的偶像,"玉米"们就会像月圆之夜的狼人一样,忽然变得你不认识。她们不是大声地附和你对她们偶像的赞美,便是极力反驳你的批评,总之,她们时时刻刻都不会

忘记维护偶像的品牌形象,也时时刻刻都准备着为之战斗。

"粉丝"一词来自英语 fan 的复数形式 fans,意思是狂热者和爱好者。这个词语的发扬光大还是近几年网络兴盛的事情。在历史上,尽管几乎每个年代都有偶像和"粉丝",但他们缺乏一个沟通平台,也无法像现在一样真正地形成一种力量。

"粉丝"所代表的是现今的一种消费者潮流——参与化、情感化和圈子化的消费者集群。对于营销者而言,要想自己的产品拥有广大的"粉丝"市场,就必须要理解它(或者是他、她)所面对的消费群体,并且和这个群体建立长久的关系。"粉丝"营销和传统的营销方式是不同的,宝洁是传统营销方式的杰出代表,他们的市场营销,通常可以概括为这样的一个公式:SOM = NPD + Promo + Adspend + ACV。SOM 代表着市场份额,NPD 代表新产品开发,Promo 代表促销,Adspend 代表广告费用,ACV 则是销售量。这个公式的意思是,营销的最终目的是扩大市场份额,而市场份额则由四个要素决定:持续的新产品开发、各种名目繁多的促销方式、大量的广告和无处不在的广泛分销。

上面那种公式看起来是没错,但真正有这么多钱去推动这个营销过程的也只有巨头公司。然而,这些巨头公司哪怕花了巨额的广告费也未必真的就有"粉丝",更别说是"粉丝"的狂热支持了。宝洁的 SK-Ⅱ出事之后,它的消费者很少有继续坚定不移地支持这个产品的,恰恰相反,消费者把宝洁的分公司给砸了。拥有众多"粉丝"的哈雷摩托也曾经遇到过类似的产品质量问题,但"粉丝"们并没有抛弃这个品牌,他们甚至认为在修理部弄得满身是机油才符合哈雷摩托迷的"坏男孩"身份。这两家公司的不同之处在于,一家高高在上,一家与"粉丝"们融为一体。

资料来源:俞雷:《"粉丝"营销》,中国营销传播网,2006.11.3。

3.1　市场营销导论

3.1.1　企业经营观念的变革

企业经营观念也被称为企业经营哲学,是企业开展经营活动的指导思想,企业以此处理企业、顾客和社会三者之间的利益关系。现代企业的经营观念可归纳为生产观念、产品观念、推销观念、市场营销观念和社会市场营销观念五种。

1. 生产观念

生产观念是指导企业行为的最古老的观念之一,产生于20世纪20年代之前。这种企业经营哲学不是从消费者需求出发,而是从企业生产出发,常常是"我生产什么,就卖什么"。生产观念认为,消费者喜欢那些可以随处买得到而且价格低廉的产品,企业应致力于提高生产效率和分销效率,扩大生产,降低成本以扩展市场。美国汽车大王亨利·福特曾傲慢地宣称:"不管顾客需要什么颜色的汽车,我只有一种黑色的。"显然,生产观念是一种重生产、轻市场营销的企业经营哲学。

生产观念是在卖方市场条件下产生的。在卖方市场条件下,产品供不应求,企业不愁其产品没有销路,因此许多企业在其经营管理中奉行生产观念。

2. 产品观念

产品观念也是一种较早的企业经营观念。产品观念认为,消费者最喜欢高质量、多功能和具有某种特色的产品,企业应致力于生产高品质产品,并不断加以改进。在这种观念驱使下,企业往往将注意力放在产品上,而不是放在市场需要上。因此,在市场营销管理中缺乏远见,只看到自己的产品质量好,看不到市场需求在变化,致使企业经营陷入困境。

3. 推销观念

推销观念(或称销售观念)产生于20世纪20年代末至50年代,是为许多企业所采用的另一种观念,表现为"我卖什么,顾客就买什么"。它认为,消费者通常表现出一种购买惰性或抗衡心理,如果顺其自然的话,消费者一般不会足量购买某一企业的产品,因此,企业必须积极推销和大力促销,以刺激消费者大量购买本企业产品。推销观念在现代市场经济条件下被大量用于推销那些非渴求物品,即购买者一般不会想到要去购买的产品或服务。许多企业在产品过剩时,也常常奉行推销观念。

这种观念虽然比前两种观念前进了一步,开始重视广告术及推销术,但其实质仍然是以生产为中心的。

4. 市场营销观念

市场营销观念同推销观念相比具有重大的差别。市场营销观念是以满足顾客需求为出发点的,即"顾客需要什么,就生产什么"。尽管这种思想由来已久,但其核心原则直到20世纪50年代中期才基本定型。当时社会生产力迅速发展,市场趋势表现为供过于求的买方市场,同时广大消费者个人收入迅速提高,有了选择产品的基础。企业之间为争夺市场的竞争加剧,许多企业开始认识到,必须转变经营观念,才能求得生存和发展。市场营销观念认为,实现企业各项目标的关键,在于正确确定目标市场的需要和欲望,并且比竞争者更有效地传送目标市场所期望的物品或服务,进而比竞争者更有效地满足目标市场的需要和欲望。

市场营销观念的出现，使企业经营观念发生了根本性变化，也使市场营销学发生了一次革命。

5. 社会市场营销观念

社会市场营销观念是对市场营销观念的修改和补充，它产生于 20 世纪 70 年代西方资本主义出现能源短缺、通货膨胀、失业增加、环境污染严重、消费者保护运动盛行的新形势下。市场营销观念回避了消费者需要、消费者利益和长期社会福利之间隐含着冲突的现实。社会市场营销观念认为，企业的任务是确定各个目标市场的需要、欲望和利益，并以保护或提高消费者和社会福利的方式，比竞争者更有效、更有利地向目标市场提供能够满足其需要、欲望和利益的物品或服务。社会市场营销观念要求市场营销者在制定市场营销政策时，要统筹兼顾三方面的利益，即既要考虑企业利润，又要兼顾消费者需要的满足和社会利益。

3.1.2　市场营销的基本概念

1. 市场及市场营销的含义

（1）市场的含义。

什么是市场？虽然我们几乎每天要跟市场打交道，但是不同的人对市场却有着不同的理解。在日常生活中，人们习惯将买卖商品的场所称为市场，如农贸市场、菜市场等。经济学家则从揭示经济实质的角度提出市场概念，认为市场是一个商品经济范畴，是商品内在矛盾的表现，是一种供求关系，是商品交换关系的总和，是商品供给和需求的相互作用。管理学家则侧重从具体的交换活动及其运行规律去认识市场。在他们看来，市场是供需双方在共同认可的一定条件下所进行的商品或劳务的交换活动。

菲利普·科特勒（Philip Kotler）则进一步指出："市场是由一切具有特定欲望和需求并且愿意和能够以交换来满足这些需求的潜在顾客所组成。"因此，"市场规模的大小，由具有需求拥有他人所需要的资源，且愿意以这些资源交换其所需的人数而定"。

可见，从市场营销者的观点出发，市场包含三个主要要素：有某种需要的人；为满足这种需要的购买能力；购买欲望。

因此，一种市场的规模可以表示为：

$$市场＝人口＋购买力＋购买欲望$$

（2）市场营销的含义。

市场营销在一般意义上可理解为与市场有关的一系列人类活动,是个人和群体通过寻求同他人交换产品和价值以满足需求和欲望的一种管理过程。上文已经指出了市场的三个要素,因此,一个企业若想扩大产品的销路,可以在以上三方面做文章。通常,在交换双方中,如果一方比另一方更主动、更积极地寻求交换,我们就将前者称之为市场营销者,后者称为潜在顾客。

2. 交易市场营销和关系市场营销

我们可以将建立在交易基础上的营销称之为交易市场营销。而关系市场营销是指市场营销者与顾客、分销商、经销商、供应商等各方建立、保持并加强合作关系,通过互利交换及共同履行诺言,使各方实现各自目的的营销方式。关系市场营销将市场营销活动看成是一个企业与消费者、供应商、分销商、竞争者、政府机构及其他公众发生互动作用的过程,其核心是建立和发展与这些公众的良好关系。关系市场营销与交易市场营销在对待顾客方面有如下区别:(1)交易营销关注的是一次性交易,关系营销关注的是如何保持顾客;(2)交易营销较少强调顾客服务,而关系营销则高度重视顾客服务,并以此提高顾客满意度,培育顾客忠诚;(3)交易营销往往只有少量的承诺,关系营销则有充分的顾客承诺;(4)交易营销认为产品质量应是生产部门所关心的,关系营销则认为所有部门都应关心质量问题;(5)交易营销不注重与顾客的长期联系,关系营销的核心就在于发展与顾客的长期、稳定的关系。关系营销不仅关注与顾客的关系,还关注企业与其所有利益相关者间所发生的各种关系。

关系营销的特征主要有:(1)双向沟通。在关系营销中,沟通应该是双向而非单向的,只有广泛的信息交流和信息共享,才可能使企业赢得各个利益相关者的支持与合作。(2)合作。一般而言,关系有两种基本状态,即对立和合作。只有通过合作才能实现协同,因此合作是"双赢"的基础。(3)双赢。即关系营销旨在通过合作增加关系各方的利益,而不是通过损害其中一方或多方的利益来增加其他各方的利益。(4)亲密。关系能否得到稳定和发展,情感因素也起着重要作用。因此关系营销不只是要实现物质利益的互惠,还必须让参与各方能从关系中获得情感的需求满足。(5)控制。关系营销要求建立专门的部门,用以跟踪顾客、分销商、供应商及营销系统中其他参与者的态度,由此了解关系的动态变化,及时采取措施消除关系中的不稳定因素和不利于关系各方利益共同增长的因素。此外,通过有效的信息反馈,也有利于企业及时改进产品和服务,更好地满足市场的需求。

3. 市场营销的地位

目前,市场营销的理论和方法已不再是企业的专利,某些社会团体和非营利组织也在运用市场营销理论和方法,例如有些国家在招兵、总统竞选、高校招生等领域都会运用市场营销的理论和方法。

随着社会的不断发展,企业所处的经营环境变得越来越不稳定,市场竞争越来越激烈,因而企业也越来越重视市场营销。当今一些成功的企业的秘诀之一就是成功的市场营销。管理大师彼得·德鲁克指出,现代企业最重要的职能只有两个,一个是创新,一个就是营销。

在企业中,市场营销部门的地位也在不断提升。

3.1.3　市场营销学的基本内容

市场营销学是一门研究市场营销活动及其规律性的应用科学,它是紧密结合企业管理实际,并同经济学、行为科学、社会学、数学等学科相结合的应用边缘管理学科。市场营销学是以经济学、行为科学和现代管理理论为基础,研究以满足消费者需求为中心的企业市场营销活动及其规律性的综合性应用科学。

市场营销学的研究对象是市场营销活动及其规律,即研究企业如何识别、分析评价、选择和利用市场机会,从满足目标市场顾客需求出发,有计划地组织企业的整体活动,通过交换,将产品从生产者手中转向消费者手中,以实现企业营销目标。

市场营销学主要有三大部分:环境与市场分析;营销活动与营销策略研究;市场营销计划、组织与控制。

环境与市场分析的重点是企业与市场的关系,如分析影响和制约企业营销活动的各种环境因素,分析各类购买者以及潜在顾客的行为,进而提出企业进行市场细分和选择目标市场的理论和方法,并就市场调查和市场需求预测作了介绍。

营销活动与营销策略研究是市场营销学的核心内容。其任务在于论述企业如何运用各种市场营销手段以实现企业的预期目标,是围绕企业经营决策展开的。市场营销活动中企业可控制的变量主要有产品、价格、渠道和促销,简称为"4Ps"。对上述四个策略的研究构成了营销活动研究的四大支柱。这部分内容不仅就每个基本变量可供选择的营销策略进行了分析,而且提出了"市场营销组合"这一十分重要的概念,强调四个基本变量不是彼此孤立的、分割的,必须依据外部环境的动向,进行产品、定价、分销及促销四大策略的最佳组合,以保证从整体上满足顾客的需求。

市场营销计划、组织与控制主要阐述企业为保证营销活动的成功而应在计划、组织、控制等方面采用的措施与方法。

3.2 营销环境与市场预测

3.2.1 营销活动与营销环境

前文说过,产品、价格、渠道以及促销是市场营销活动中企业可以控制的变量。除此以外,还有一些企业不可控制的、对企业的市场营销活动产生影响的变量,这就是企业的市场营销环境。市场营销环境是指与企业营销活动有潜在关系的所有外部力量和相关因素的集合,它是影响企业生存和发展的各种外部条件。

企业市场营销环境的内容既广泛又复杂。不同的因素对营销活动各个方面的影响和制约也不尽相同,同样的环境因素对不同的企业所产生的影响和形成的制约也会大小不一。一般来说,市场营销环境主要包括微观营销环境和宏观营销环境两方面。

微观营销环境是指与企业紧密相连,直接影响其营销能力的各种参与者,包括企业的供应商、营销中间商、顾客、竞争者以及社会公众和影响营销管理决策的企业内部各个部门;宏观营销环境是指影响企业微观环境的那些社会力量,包括人口、经济、政治、法律、科学技术、社会文化及自然地理等多方面的因素。微观环境直接影响和制约企业的市场营销活动,而宏观环境主要以微观营销环境为媒介间接影响和制约企业的市场营销活动。

不断变化的市场环境,既可以提供市场机会,也可能带来威胁;同一环境的变化,对某些企业是机会,对其他企业可能是威胁。

3.2.2 市场信息与调研

市场营销的目的是通过比竞争者更好地满足市场需求,赢得竞争优势,进而取得合理的利润收入。要做到这一点,就必须从研究市场出发,了解市场需求及竞争者的最新动态,开展市场营销调研,广泛收集市场营销信息,据此制定市场营销战略决策。

1. 市场营销信息系统与营销调研

一个市场营销信息系统是指由人员、机器和程序所构成的相互作用的复合体,企业借以收集、筛选、分析、评估和分配适当的、及时的和准确的信息,为市场营销管理人员改进市场营销计划、执行和控制工作提供依据。

市场营销调研是市场营销中的基础工作,这是一个包括认识收集信息的必要性、明确调查目的和信息需求、决定数据来源和取得数据的方法、设计调查表格和数据收集形式、设计样本、数据收集与核算、统计与分析、报告研究结果等在内的复杂过程。市场营销调研的主要内容包括:市场特性的确定;市场潜量的估计;市场占有率分析;销售分析与竞争分析等。

2. 市场营销调研技术与数据收集

(1) 市场营销调研技术。

市场营销调研涉及经济学、统计学、社会心理学等相关学科的理论和方法。因此,市场营销调研人员要善于利用这些学科的有关原理和技术,并在实际工作中灵活运用,得到市场营销所需要的相关信息。

根据市场营销对信息的要求以及客观条件状况,对市场可以进行定量研究和定性研究。定量研究一般是为了对特定研究对象的总体现象得出统计结果而进行的,可以深入揭示现代经济错综复杂的相互关系及其变动趋势(特别是动态、非线性、不确定性关系),可以对企业的经营决策提供依据,并预测其直接和间接效果。例如,我们可以对人均可支配收入对商品销售量之间的关系进行定量分析,得出两者之间的数量关系,企业可以跟踪人均可支配收入的变化及时调整产品生产计划。

定量研究的结果对企业的决策是很重要的,但是我们也不能忽视定性研究。有时由于不具备定量研究的条件(如没有足够的数据支持)而不能进行定量研究,而有些问题是不可能进行定量研究的(如对技术、流行款式等的预测),此时可以进行定性研究。

(2) 市场营销数据的收集。

市场信息的收集是市场营销部门的重要工作,因此市场营销调研部门往往将大量的时间与精力用在收集数据上。因为只有收集到充足的市场信息数据,才有可能得出正确的市场营销调研的结果,供有关决策人员参考。

解决某一问题所需要的信息,也许目前已经存在,也许尚不存在。我们有时可以在互联网、报纸、杂志等上面找到我们所需要的现成的数据,这些数据大多是已经经过了编排和加工处理的。这种经过编排、加工处理的数据,称为二手数据或第二手资料,收集、整理、分析第二手资料的过程成为"桌面研究"。能找到现成数据是幸运的,但还有许多信息(特别是与特定企业的特定产品相关的信息)不是现成的,需要企业营销人员去收集。这种企业必须亲自收集的数据和资料,称为第一手数据或原始数据。

一般而言,企业营销人员感兴趣的第二手资料主要包括:企业内部资料、政府部门以及金融机构公布的统计资料、公开出版物、咨询机构公布的资料、行业协会公布的资料、政府的政策与法规、销售人员提供的情报、供应商以及分销商提供的情报、会展中提供的资料、互联网上的相关信息等。

一手资料主要是通过询问法、观察法以及实验法取得的。询问法又有个人调查法、小组访问法、电话调查法、信函调查法等方法；观察法可以有直接观察法、店铺观察法；实验法又有产品包装实验、新产品销售实验等。

（3）市场营销数据分析。

市场调查所取得的资料还要进一步整理、分析。通常可以用统计学中的方法和技术进行分析研究，如多元回归分析、判别分析、因素分析、聚类分析等技术。目前有现成的统计软件包（如 SPSS 等）可以用于解决这些统计问题。

3.2.3 市场预测

1. 市场预测的意义和市场需求

（1）市场预测的意义。

一个企业开展营销调研的主要目的之一是为了确定它的市场机会。调研工作结束以后，企业就要选择它的目标市场。为了正确选择企业的目标市场，企业必须仔细地评估每一个市场机会。因此，企业特别需要衡量与预测每个市场机会潜在的规模、成长性和利润。企业正确的销售预测是企业许多部门作出正确决策的基础。例如，财务部门进行筹资决策（包括筹集投资所需资金和经营所需资金）依赖销售预测；制造部门确定生产能力和产出水平依赖销售预测；采购部门用以获得正确数量的供应物依赖销售预测；甚至于，人事部门用以确定所需员工的数量也要依赖于销售预测。因此，企业营销部门在销售预测方面的责任是重大的。如果企业营销部门的销售预测远离市场实际情况，企业要么会承受过剩的能力和库存，要么由于存货短缺而丧失赚钱的机会。

（2）市场需求。

进行市场需求预测必须要进行市场需求分析。某个产品的市场需求是指一定的顾客在一定的地理区域、在一定的时间内、在一定的市场营销环境和一定的市场营销方案下购买的总量。需要特别指出的是，这里的市场需求不是一个固定的数量，而是一个函数。顾客购买的总量（或企业销售的总量）与上述各因素相关。

2. 市场预测的阶段和方法

（1）市场需求预测阶段。

企业从事销售预测，一般要经过三个阶段，即环境预测、行业预测和企业销售预测。环境预测就是分析通货膨胀、失业、利率、消费者支出和储蓄、企业投资、政府开支、净出口以及其他一些重要因素,最终作出对国民生产总值的预测。在环境预测的基础上,结合其他环境特征进行行业销售预测。最后,根据对企业未来市场占有率的估计,预测出企业销售额。

（2）预测的主要方法。

在实际工作中,人们常用的需求预测方法主要有如下几种:

购买者意向调查法:预测在一组给定的条件下购买者可能买什么的一种做法。这种方法建议对购买者应该买什么进行调查。如果购买者有清晰的意图,愿付诸实施,并能告诉访问者,则这种调查就显得特别有价值。

销售人员综合意见法:当企业访问购买者有困难时,则可以要求它的销售代表进行估计。销售代表可以估计每一位现行的顾客以及潜在的顾客会买多少本企业生产的各种产品。为了激励销售人员作出令人满意的估计,企业可以向他们提供某些帮助或鼓励。企业可以向销售代表提供一份他过去为企业所作的预测与实际销售记录,便于销售人员对照,同时还可以向他提供一份企业对商业前景的设想等等。

专家意见法:企业也可以委托专家来进行预测。这里的专家可以包括经销商、分销商、供应商、营销顾问和贸易协会等。有些企业还可以从一些著名的经济预测公司那里购买经济和行业预测报告。这些预测专家由于其所处较有利的位置,以及他们有更多的数据和有更好的预测技术,因此,他们的预测可能优于企业的预测。企业也可以偶尔召集一些专家,组成一个专门小组进行一项特定的预测,比如德尔斐法。

市场试验法:在购买者没有比较仔细的购买计划,或在实现他们购买意图时呈现非常无规则性,或专家们的预测也并非可靠的情况下,我们可以进行必要的市场试验。市场试验通常可以在超市或模式市场进行,通过变动某种可能影响购买量的因素考察此因素对购买量的影响。

此外,还可以利用历史资料进行时间序列分析、统计需求分析等。

3.3　市场细分与目标市场选择

3.3.1　市场细分的意义

1. 市场细分概念

购买者是一个庞大而复杂的整体,不同消费者对同类产品的消费需求和消费行为具有很大的差异性。对于企业来说,没有能力也没有必要全都予以满足。

市场细分就是以消费需求的某些特征或变量为依据,区分具有不同需求的顾客群体。市场细分以后所形成的具有相同需求的顾客群体称为细分市场或分市场。

在同类产品市场上,同一细分市场的顾客需求具有较多的共同性,不同细分市场之间的需求具有较多的差异性,企业应明确有多少细分市场及各细分市场的主要特征。

2. 市场细分的作用

市场细分被西方企业誉为具有创造性的新概念,它对企业营销具有以下作用:

(1)有利于选择目标市场和制定市场营销策略。

市场细分后的细分市场比较具体,比较容易了解消费者的需求,企业可以根据自己的经营思想、方针及生产技术和营销力量,确定自己的服务对象,即目标市场。针对着较小的目标市场,便于制定特殊的营销策略。同时,在细分的市场上,信息容易了解和反馈,一旦消费者的需求发生变化,企业可迅速改变营销策略,制定相应的对策,以适应市场需求的变化,提高企业的应变能力和竞争力。

(2)有利于发掘市场机会,开拓新市场。通过市场细分,企业可以对每一个细分市场的购买潜力、满足程度、竞争情况等进行分析对比,探索出有利于本企业的市场机会,使企业及时作出投产、移地销售决策或根据本企业的生产技术条件编制新产品开拓计划,进行必要的产品技术储备,掌握产品更新换代的主动权,开拓新市场,以更好适应市场的需要。

(3)有利于集中人力、物力投入目标市场。任何一个企业的资源、人力、物力、资金都是有限的。通过细分市场,选择了适合自己的目标市场,企业可以集中人、财、物及资源,去争取局部市场上的优势,然后再占领自己的目标市场。

(4)有利于企业提高经济效益。上述三个方面的作用都能使企业提高经济效益。除此之外,通过市场细分后,企业可以面对自己的目标市场,生产出适销对路的产品,既能满足市场需要,又可增加企业的收入;产品适销对路可以加速商品流转,加大生产批量,降低企业的生产销售成本,提高生产工人的劳动熟练程度,提高产品质量,全面提高企业的经济效益。

3.3.2 市场细分的标准

1. 市场细分的依据

消费品市场的细分依据主要有:

（1）地理环境因素：按照消费者所处的地理位置、自然环境来细分市场，比如，根据国家、地区、城市规模、气候、人口密度、地形地貌等方面的差异将整体市场分为不同的小市场。地理因素之所以作为市场细分的依据，是因为处在不同地理环境下的消费者对于同一类产品往往有不同的需求与偏好，他们对企业采取的营销策略与措施会有不同的反应。

（2）人口因素：按人口统计变量，如年龄、性别、家庭规模、家庭生命周期、收入、职业、教育程度、宗教、种族、国籍等为基础细分市场。消费者需求、偏好与人口统计变量有着很密切的关系。人口统计变量比较容易衡量，有关数据相对容易获取，因此，企业经常以它作为市场细分的依据。

（3）心理因素：根据购买者所处的社会阶层、生活方式、个性特点等心理因素来细分市场。

（4）行为因素：根据购买者对产品的了解程度、态度、使用情况及反应等将他们划分成不同的群体。

许多用来细分消费者市场的标准，同样可用于细分生产者市场。如根据地理、追求的利益和使用率等变量加以细分。不过，由于生产者与消费者在购买动机与行为上存在差别，所以，除了运用前述消费者市场细分标准外，还可用一些新的标准来细分生产者市场，主要有：

（1）用户规模：在生产者市场中，有的用户购买量很大，而另外一些用户购买量很小。企业可以根据用户规模大小来细分市场，并根据用户或客户的规模不同，企业的营销组合方案也应有所不同。比如，对于大客户，宜于直接联系，直接供应，在价格、信用等方面给予更多优惠；而对众多的小客户，则宜于使产品进入商业渠道，由批发商或零售商去组织供应。

（2）产品的最终用途：产品的最终用途不同也是工业品市场细分标准之一。工业品用户购买产品，一般都是供再加工之用，对所购产品通常都有特定的要求。企业此时可根据用户要求，将要求大体相同的用户集合成群，并据此设计出不同的营销策略组合。

2. 市场细分的原则

（1）可衡量性：指细分的市场是可以识别和衡量的，亦即细分出来的市场不仅范围明确，而且对其容量大小也能大致作出判断。

（2）可实现性：指细分出来的市场应是企业营销活动能够抵达的，亦即是企业通过努力能够使产品进入对顾客施加影响的市场。一方面，有关产品的信息能够通过一定媒体顺利传递给该市场的大多数消费者；另一方面，企业在一定时期内有可能将产品通过一定的分销渠道运送到该市场。否则，该细分市场的价值就不大。

（3）可盈利性：即细分出来的市场，其容量或规模要大到足以使企业获利。进行市场细分时，企业必须考虑细分市场上顾客的数量，以及他们的购买能力和购买产品的频率。如果细分市场的规模过小，市场容量太小，细分工作烦琐，成本耗费大，获利小，就不值得去细分。

（4）可区分性：指各细分市场的消费者对同一市场营销组合方案会有差异性反应，或者说对营销组合方案的变动，不同细分市场会有不同的反应。如果不同细分市场顾客对产品需求差异不大，行为上的同质性远大于其异质性，此时，企业就不必费力对市场进行细分。另一方面，对于细分出来的市场，企业应当分别制定出独立的营销方案。如果无法制定出这样的方案，或其中某几个细分市场对是否采用不同的营销方案不会有大的差异性反应，便不必进行市场细分。

3.3.3 目标市场的选择

1. 选择目标市场

一般而言，企业考虑进入的目标市场，应符合以下标准或条件：

（1）有一定的规模和发展潜力。

企业进入某一市场是期望能够有利可图，如果市场规模狭小或者趋于萎缩状态，企业进入后难以获得发展，此时，应审慎考虑，不宜轻易进入。当然，企业也不宜以市场吸引力作为唯一取舍，特别是应力求避免"多数谬误"，即与竞争企业遵循同一思维逻辑，将规模最大、吸引力最大的市场作为目标市场。大家共同争夺同一个顾客群的结果是，造成过度竞争和社会资源的无端浪费，同时使消费者的一些本应得到满足的需求遭受冷落和忽视。现在国内很多企业动辄将城市尤其是大中城市作为其首选市场，而对小城镇和农村市场不屑一顾，很可能就步入了"多数谬误"的误区，如果转换一下思维角度，一些目前经营尚不理想的企业说不定会出现"柳暗花明"的局面。

（2）细分市场结构的吸引力。细分市场可能具备理想的规模和发展特征，然而从盈利的观点来看，它未必有吸引力。波特认为有五种力量决定整个市场或其中任何一个细分市场的长期的内在吸引力。这五种力量就是：同行业竞争者、潜在的新参加的竞争者、替代产品、购买者和供应商。他们具有如下五种威胁性。第一，细分市场内激烈竞争的威胁：如果某个细分市场已经有了众多的、强大的或者竞争意识强烈的竞争者，那么该细分市场就会失去吸引力。如果该细分市场处于稳定或者衰退，而产品生产能力不断大幅度扩大，固定成本过高，撤出市场的壁垒过高，竞争者投资很大，那么情况就会更糟。这些情况常常会导致价格战、广告争夺战、新产品开发战,并使公司付出高昂的代价。第二,新竞争者的威胁:如果某个细分市场可能会吸引增加新的生产能力或资源并与其争夺市场份额的新的竞争者,那么该细分市场就会没有吸引力。问题的关键是新的竞争者能否轻易地进入这个细分市场。如果新的竞争者进入这个细分市场时遇到森严的壁垒,并且遭受到细分市场内原来的公司的强烈报复,他们便很难进入。保护细分市场的壁垒越低,原来占领细分市场的公司的报复心理越弱,这个细分市场就越缺乏吸引力。某个细分市场的吸引力随其进退难易的程度而有所区别。根据行业利润的观点,最有吸引力的细分市场应该是进入的壁垒高、退出的壁垒低。在这样的细分市场里,新的公司很难打入,但经营不善的公司可以安然撤退。如果细分市场进入和退出的壁垒都高,那里的利润潜量就大,但也往往伴随较大的风险,因为经营不善的公司难以撤退,必须坚持到底。如果细分市场进入和退出的壁垒都较低,公司便可以进退自如,然而获得的报酬虽然稳定,但不高。最坏的情况是进入细分市场的壁垒较低,而退出的壁垒却很高。于是在经济良好时,大家蜂拥而入,但在经济萧条时,却很难退出。其结果是大家都生产能力过剩,收入下降。第三,替代产品的威胁:如果某个细分市场存在着替代产品或者有潜在替代产品,那么该细分市场就失去吸引力。替代产品会限制细分市场内价格和利润的增长。公司应密切注意替代产品的价格趋向。如果在这些替代产品行业中技术有所发展,或者竞争日趋激烈,这个细分市场的价格和利润就可能会下降。第四,购买者讨价还价能力加强的威胁:如果某个细分市场中购买者的讨价还价能力很强或正在加强,该细分市场就没有吸引力。购买者便会设法压低价格,对产品质量和服务提出更高的要求,并且使竞争者互相斗争,所有这些都会使销售商的利润受到损失。如果购买者比较集中或者有组织,或者该产品在购买者的成本中占较大比重,或者产品无法实行差别化,或者顾客的转换成本较低,或者由于购买者的利益较低而对价格敏感,或者顾客能够向后实行联合,购买者的讨价还价能力就会加强。销售商为了保护自己,可选择议价能力最弱或者转换销售商能力最弱的购买者。较好的防卫方法是提供顾客无法拒绝的优质产品供应市场。第五,供应商讨价还价能力加强的威胁:如果公司的供应商——原材料和设备供应商、公用事业、银行等等,能够提价或者降低产品和服务的质量,或减少供应数量,那么该公司所在的细分市场就会没有吸引力。如果供应商集中或有组织,或者替代产品少,或者供应的产品是重要的投入要素,或转换成本高,或者供应商可以向前实行联合,那么供应商的讨价还价能力就会较强大。因此,与供应商建立良好关系和开拓多种供应渠道才是防御上策。

(3)符合企业目标和能力。某些细分市场虽然有较大吸引力,但不能推动企业实现发展目标,甚至反而会分散企业的精力,使之无法完成其主要目标,这样的市场应考虑放弃。另一方面,还应考虑企业的资源条件是否适合在某一细分市场经营。只有选择那些企业有条件进入、能充分发挥其资源优势的市场作为目标市场,企业才会立于不败之地。

2.目标市场模式选择

公司在对不同细分市场评估后,就必须对进入哪些市场和为多少个细分市场服务作出决策。公司可考虑可能的目标市场模式,一共可采用五种模式。

(1)密集单一市场。

最简单的方式是公司选择一个细分市场集中营销。比如,大众汽车公司集中经营小汽车市场;理查德·D.伊尔文公司集中经营经济商业教科书市场。公司通过密集营销,可更加了解本细分市场的需要,并树立了特别的声誉,因此便可在该细分市场建立巩固的市场地位。另外,公司通过生产、销售和促销的专业化分工,也获得了许多经济效益。如果细分市场补缺得当,公司的投资便可获得高报酬。同时,密集市场营销比一般情况风险更大。个别细分市场可能出现不景气的情况。

(2)有选择的专门化。

采用此法选择若干个细分市场,其中每个细分市场在客观上都有吸引力,并且符合公司的目标和资源。但在各细分市场之间很少有或者根本没有任何联系,然而每个细分市场都有可能盈利。这种多个细分市场目标优于单个细分市场目标,因为这样可以分散公司的风险,即使某个细分市场失去吸引力,公司仍可继续在其他细分市场获取利润。

(3)产品专门化。

用此法集中生产一种产品,公司向各类顾客销售这种产品。例如显微镜生产商向大学实验室、政府实验室和工商企业实验室销售显微镜。公司准备向不同的顾客群体销售不同种类的显微镜,而不去生产实验室可能需要的其他仪器。公司通过这种战略,在某个产品方面树立起很高的声誉。但如果产品——这里是指显微镜,能被一种全新的显微技术代替,就会发生危机。

(4)市场专门化。

是指专门为满足某个顾客群体的各种需要的服务。例如公司可为大学实验室提供一系列产品,包括显微镜、示波器、本生灯、化学烧瓶等。公司专门为这个顾客群体服务,而获得良好的声誉,并成为这个顾客群体所需各种新产品的销售代理商。但如果大学实验室突然经费预算削减,它们就会减少从这个市场专门化公司购买仪器的数量,这就会产生危机。

(5)完全市场覆盖。

是指公司想用各种产品满足各种顾客群体的需求。只有大公司才能采用完全市场覆盖战略,例如像国际商用机器公司(计算机市场)、通用汽车公司(汽车市场)和可口可乐公司(饮料市场)。

3. 目标市场策略选择

(1) 目标市场策略。

有三种目标市场策略:

① 无差异市场营销策略。

无差异营销策略是指企业将产品的整个市场视为一个目标市场,用单一的营销策略开拓市场,即用一种产品和一套营销方案吸引尽可能多的购买者。无差异营销策略只考虑消费者或用户在需求上的共同点,而不关心他们在需求上的差异性。可口可乐公司在 60 年代以前曾以单一口味的品种、统一的价格和瓶装、同一广告主题将产品面向所有顾客,可口可乐采取的就是这种策略。

无差异营销的理论基础是成本的经济性。生产单一产品,可以减少生产与储运成本;无差异的广告宣传和其他促销活动可以节省促销费用;不搞市场细分,可以减少企业在市场调研、产品开发、制定各种营销组合方案等方面的营销投入。这种策略对于需求广泛、市场同质性高且能大量生产、大量销售的产品比较合适。

对于大多数产品,无差异市场营销策略并不一定合适。首先,消费者需求客观上千差万别并不断变化,一种产品长期为所有消费者和用户所接受非常罕见。其次,当众多企业如法炮制,都采用这一策略时,会造成市场竞争异常激烈,同时在一些小的细分市场上消费者需求得不到满足,这对企业和消费者都是不利的。再次,易于受到竞争企业的攻击。当其他企业针对不同细分市场提供更有特色的产品和服务时,采用无差异策略的企业可能会发现自己的市场正在遭到蚕食但又无法有效地予以反击。正由于这些原因,世界上一些曾经长期实行无差异营销策略的大企业最后也被迫改弦更张,转而实行差异性营销策略。比如,被视为实行无差异营销的典范的可口可乐公司,面对百事可乐、七喜等同类产品的强劲攻势,也不得不改变原来的策略,一方面向非可乐饮料市场进军,另一方面针对顾客的不同需要推出多种类型的新可乐。

② 差异性市场营销策略。

差异性市场营销策略是将整体市场划分为若干细分市场,针对每一细分市场制定一套独立的营销方案。比如,服装生产企业针对不同性别、不同收入水平的消费者推出不同品牌、不同价格的产品,并采用不同的广告主题来宣传这些产品,就是采用的差异性营销策略。

差异性营销策略的优点是:小批量、多品种,生产机动灵活、针对性强,使消费者需求更好地得到满足,由此促进产品销售。另外,由于企业是在多个细分市场上经营,一定程度上可以减少经营风险;一旦企业在几个细分市场上获得成功,有助于提高企业的形象及提高市场占有率。

差异性营销策略的不足之处主要体现在两个方面:一是增加营销成本。由于产品品种多,管理和存货成本将增加;由于公司必须针对不同的细分市场发展独立的营销计划,会增加企业在市场调研、促销和渠道管理等方面的营销成本。二是可能使企业的资源配置不能有效集中,顾此失彼,甚至在企业内部出现彼此争夺资源的现象,从而使拳头产品难以形成优势。

③ 集中性市场营销策略。

实行差异性营销策略和无差异营销策略,企业均是以整体市场作为营销目标,试图满足所有消费者在某一方面的需要。集中性营销策略则是集中力量进入一个或少数几个细分市场,实行专业化生产和销售。实行这一策略,企业不是追求在一个大市场角逐,而是力求在一个或几个子市场占有较大份额。例如,生产空调器的企业不是生产各种型号和款式、面向不同顾客和用户的空调机,而是专门生产安装在汽车内的空调机。又如汽车轮胎制造企业只生产用于换胎业务的轮胎,均是采用此策略的案例。

集中性营销策略的指导思想是:与其四处出击收效甚微,不如突破一点取得成功。这一策略特别适合于资源力量有限的中小企业。中小企业由于受财力、技术等方面因素制约,在整体市场可能无力与大企业抗衡,但如果集中资源优势在大企业尚未顾及或尚未建立绝对优势的某个或某几个细分市场进行竞争,成功可能性更大。

集中性营销策略的局限性体现在两个方面:一是市场区域相对较小,企业发展受到限制。二是潜伏着较大的经营风险,一旦目标市场突然发生变化,如消费者趣味发生转移;或强大竞争对手的进入;或新的更有吸引力的替代品的出现,都可能使企业因没有回旋余地而陷入困境。

(2)选择目标市场策略的因素。

上述三种目标市场策略各有利弊,企业到底应采取哪一种策略,应综合考虑企业、产品和市场等多方面因素予以决定。

① 企业资源或实力。当企业生产、技术、营销、财务等方面势力很强时,可以考虑采用差异性或无差异市场营销策略;资源有限,实力不强时,采用集中性营销策略效果可能更好。

② 产品的同质性。产品同质性指在消费者眼里,不同企业生产的产品的相似程度。相似程度高,则同质性高,反之,则同质性低。对于大米、食盐、钢铁等产品,尽管每种产品因产地和生产企业的不同会有些品质差别,但消费者可能并不十分看重,此时,竞争将主要集中在价格上。这样的产品适合采用无

差异营销策略。对于服装、化妆品、汽车等产品，由于在型号、式样、规格等方面存在较大差别，产品选择性强，同质性较低，因而更适合于采用差异性或集中性营销策略。

③ 市场同质性。市场同质性指各细分市场顾客需求、购买行为等方面的相似程度。市场同质性高，意味着各细分市场相似程度高，不同顾客对同一营销方案的反应大致相同，此时，企业可考虑采取无差异营销策略。反之，则适宜采用差异性或集中性营销策略。

④ 产品所处生命周期的不同阶段。产品处于投入期，同类竞争品不多，竞争不激烈，企业可采用无差异营销策略。当产品进入成长期或成熟期，同类产品增多，竞争日益激烈，为确立竞争优势，企业可考虑采用差异性营销策略。当产品步入衰退期，为保持市场地位，延长产品生命周期，全力对付竞争者，可考虑采用集中性营销策略。

⑤ 竞争者的市场营销策略。企业选择目标市场策略时，一定要充分考虑竞争者尤其是主要竞争对手的营销策略。如果竞争对手采用差异性营销策略，企业应采用差异性或集中性营销策略与之抗衡；若竞争者采用无差异策略，则企业可采用无差异或差异性策略与之对抗。

⑥ 竞争者的数目。当市场上同类产品的竞争者较少，竞争不激烈时，可采用无差异性营销策略。当竞争者多，竞争激烈时，可采用差异性营销策略或集中性营销策略。

其他需要考虑的因素：

① 目标市场的道德选择：市场目标有时会引起争议。比如，公众会关注对容易被侵入群体（例如孩子），或有弱点的群众（如城市贫民）的不公平的营销者手段，或促销潜在的有害产品。当这些问题被涉及时，营销者需要负起社会责任。

② 细分相互关系与超级细分公司：在若干个要服务的细分市场中进行选择时，应该密切注意在成本、经营管理或技术方面的细分的相互关系。公司经营其固定成本（它的销售队伍、货架等）可增加产品以吸收和分摊成本的一部分。因此，销售队伍的成本应加入销售产品的成本，像户外快餐常常加上碟子的成本。这就需要调查与规模经济同样重要的范围经济。公司应设法辨别超级细分市场，并在其中营销，而不是在孤立的细分市场中经营。

③ 逐个细分市场进入的计划：即使公司计划要进入某个超级细分市场，明智的做法应该是一次进入一个细分市场，并对全盘计划保密。一定不能让竞争者知道本公司下一步将要进入哪个细分市场。如 A、B、C 三家公司都专门经营运输公司所需要的计算机系统，特别是航空公司、铁路和卡车运输公司所需要的

计算机系统。A公司专营航空公司所需要的计算机系统。B公司专门销售这三种运输公司所需要的大型计算机系统。C公司最近进入这个市场，它专门生产和销售卡车运输公司所需要的中型微型计算机。问题是C公司下一步将如何发展？C公司的竞争者不知道该公司将要向哪个细分市场发展。C公司将开始向卡车运输公司提供中型计算机；然后，为了分散B公司对卡车运输公司用的大型计算机的注意，再转入营销铁路公司需要的微型计算机。以后，它就向铁路公司提供中型计算机。最后，它就对专向卡车运输公司销售大型计算机的B公司发动全面进攻。由于这一顺序在很大程度上取决于在此过程中其他公司在细分市场内的行动，因此C公司计划所采取的步骤的顺序是暂时性的。

3.3.4　目标市场定位

1. 市场定位的概念

市场定位（marketing positioning）也被称为产品定位或竞争性定位，是指塑造一种产品在细分市场的位置。

企业在市场定位过程中，一方面要了解竞争者的产品的市场地位，另一方面要研究目标顾客对该产品的各种属性的重视程度，然后选定本企业产品的特色和独特形象，从而完成产品的市场定位。

2. 市场定位的方式

（1）避强定位。

这是一种避开强有力的竞争对手进行市场定位的模式。企业不与对手直接对抗，将自己置定于某个市场"空隙"，发展目前市场上没有的特色产品，开拓新的市场领域。这种定位的优点是：能够迅速地在市场上站稳脚跟，并在消费者心中尽快树立起形象。由于这种定位方式的市场风险较小，成功率较高，常常为多数企业所采用。

（2）对抗性定位。

这是一种与在市场上居支配地位的竞争对手"对着干"的定位方式，即企业选择与竞争对手重合的市场位置，争取同样的目标顾客，彼此在产品、价格、分销、供给等方面少有差别。实行迎头定位，企业必须做到知己知彼，应该了解市场上是否可以容纳两个或两个以上的竞争者，自己是否拥有比竞争者更多的资源和能力，是不是可以比竞争对手做得更好。否则，迎头定位可能会成为一种非常危险的战术，将企业引入歧途。当然，也有些企业认为这是一种更能激发自己奋发向上的定位尝试，一旦成功就能取得巨大的市场份额。

（3）重新定位。

重新定位通常是指对那些销路少、市场反应差的产品进行二次定位。初次定位后，随着时间的推移，新的竞争者进入市场，选择与本企业相近的市场位置，致使本企业原来的市场占有率下降；或者，由于顾客需求偏好发生转移，原来喜欢本企业产品的人转而喜欢其他企业的产品，因而市场对本企业产品的需求减少。在这些情况下，企业就需要对其产品进行重新定位。所以，一般来讲，重新定位是企业为了摆脱经营困境，寻求重新获得竞争力和增长的手段。不过，重新定位也可作为一种战术策略，并不一定是因为陷入了困境，相反，可能是由于发现新的产品市场范围引起的。例如，某些专门为青年人设计的产品在中老年人中也开始流行后，这种产品就需要重新定位。

3. 市场定位的步骤

市场定位的关键是企业要明确自己的产品在哪些方面比竞争者更具有竞争优势。竞争优势通常体现在两个方面：一是价格竞争优势，即可以以比竞争者更低的价格提供产品；二是偏好竞争优势，即产品在某些方面比竞争者更具有特色，而这些特色受到顾客偏好。

企业市场定位的全过程可以通过以下三大步骤来完成：

（1）识别潜在竞争优势，即确认本企业潜在的竞争优势。这一步骤的中心任务是要回答以下三个问题：一是竞争对手产品定位如何？二是目标市场上顾客欲望满足程度如何以及对目前产品有什么改进建议？三是针对竞争者的市场定位和潜在顾客的真正需要的利益要求，企业应该及能够做什么？要回答这三个问题，企业市场营销人员必须通过一切调研手段，系统地设计、搜索、分析并报告有关上述问题的资料和研究结果。

（2）企业核心竞争优势定位。竞争优势表明企业在哪些方面能够胜过竞争对手以及胜过对手的能力。这种能力既可以是现有的，也可以是潜在的。选择竞争优势实际上就是一个企业与竞争者各方面实力相比较的过程。比较的指标应是一个完整的体系，只有这样，才能准确地选择相对竞争优势。通常的方法是分析、比较企业与竞争者在经营管理、技术开发、采购、生产、市场营销、财务和产品等七个方面究竟哪些是强项，哪些是弱项。借此选出最适合本企业的优势项目，以初步确定企业在目标市场上所处的位置。

（3）制定发挥核心竞争优势的战略。这一步骤的主要任务是企业要通过一系列的宣传促销活动，将其独特的竞争优势准确传播给潜在顾客，并在顾客心目中留下深刻印象。为此，企业首先应使目标顾客了解、知道、熟悉、认同、喜欢和偏爱本企业的市场定位，在顾客心目中建立与该定位相一致的形象。其次，企业通过各种努力强化在目标顾客心目中的形象，保持目标顾客的了解程度，稳定目标顾客的态度和加深与目标顾客的感情来巩固与市场相一致的形象。最后,企业应注意目标顾客对其市场定位理解出现的偏差或由于企业市场定位宣传上的失误而造成的目标顾客模糊、混乱和误会,及时纠正与市场定位不一致的形象。

4. 市场定位战略

(1)产品差别化战略。企业使自己的产品区别于竞争对手的产品或服务,创造出与众不同、更具特色的产品获得客户的青睐。

(2)服务差别化战略。企业以优质的服务(包括售前、售中和售后服务)赢得顾客。

(3)人员差别化战略。企业通过聘用和培训比竞争者更为优秀的人员获取差别优势实现差别化。

(4)形象差异化战略。在产品的核心部分与竞争者类同的情况下,企业通过塑造不同的产品形象以获取差别优势实现差别化。

3.4 营销策略组合

3.4.1 产品策略

产品是市场营销组合中最重要的因素。企业在制定营销组合时,首先需要回答的问题是发展什么样的产品来满足目标市场需求。营销组合中的其他三个因素,也必须以产品为基础进行决策,因此,产品策略是整个营销组合策略的基石。

1. 产品整体概念

产品最基本的层次是核心利益,即向消费者提供的产品的基本效用和利益,也是消费者真正要购买的利益和服务。消费者购买某种产品并非是为了拥有该产品实体,而是为了获得能满足自身某种需要的效用和利益。如洗衣机的核心利益体现在它能让消费者方便、省力、省时地清洗衣物。产品核心功能需依附一定的实体来实现,产品实体称一般产品,即产品的基本形式,主要包括产品的构造外形等。期望产品是消费者购买产品时期望的一整套属性和条件,如对于购买洗衣机的人来说,期望该机器能省事省力地清洗衣物,同时不损坏衣物,洗衣时噪音小,方便进排水,外形美观,使用安全可靠等。附加产品是产品的第四个层次,即产品包含的附加服务和利益,主要包括运送、安装、调试、维修、产品保证、零配件供应、技术人员培训等。附加产品来源于对消费者需求的综合性和多层次性的深入研究,营销人员必须正视消费者的整体消费体系,但同时必须注意消费者是否愿意承担因附加产品的增加而增加的成本的问题。产品的第五个层次是潜在产品,潜在产品预示着该产品最终可能的所有增加和改变。

现代企业产品外延的不断拓展缘于消费者需求的复杂化和竞争的白热化。在产品的核心功能趋同的情况下,谁能更快、更多、更好地满足消费者的复杂利益整合的需要,谁就能拥有消费者,占有市场,取得竞争优势。不断地拓展产品的外延部分已成为现代企业产品竞争的焦点,消费者对产品的期望价值越来越多地包含了其所能提供的服务、企业人员的素质及企业整体形象的“综合价值”。目前发达国家企业的产品竞争多集中在附加产品层次,而发展中国家企业的产品竞争则主要集中在期望产品层次。若产品在核心利益上相同,但附加产品所提供的服务不同,则可能被消费者看成是两种不同的产品,因此也会造成两种截然不同的销售状况。美国著名管理学家李维特曾说过:“新的竞争不在于工厂里制造出来的产品,而在于工厂外能够给产品加上包装、服务、广告、咨询、融资、送货或顾客认为有价值的其他东西。”

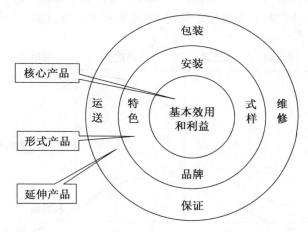

图 3.1　整体产品概念

2. 产品组合及其策略

(1) 产品组合。

产品组合是指一个企业提供给市场的全部产品线和产品项目的组合或结构,即企业的业务经营范围。

产品线是指产品组合中的某一产品大类,是一组密切相关的产品。

产品项目是指产品线中不同品种、规格、质量和价格的特定产品。

(2) 产品组合决策。

• 加大产品组合的宽度,扩展企业的经营领域,实行多样化经营,分散企业投资风险;

- 增加产品组合的长度,使产品线丰满充裕,成为更全面的产品线公司;
- 加强产品组合的深度,占领同类产品的更多细分市场,满足更广泛的市场需求,增强行业竞争力;
- 加强产品组合的一致性,使企业在某一特定的市场领域内加强竞争并赢得良好的声誉。

3. 产品生命周期及策略

(1)产品生命周期。

产品从投入市场到最终退出市场的全过程称为产品的生命周期,该过程一般经历产品的导入期、成长期、成熟期和衰退期四个阶段。在产品生命周期的不同阶段,产品的市场占有率、销售额、利润额是不一样的。导入期产品销售量增长较慢,利润额多为负数。当销售量迅速增长,利润由负变正并迅速上升时,产品进入了成长期。经过快速增长的销售量逐渐趋于稳定,利润增长处于停滞,说明产品成熟期来临。在成熟期的后一阶段,产品销售量缓慢下降利润开始下滑。当销售量加速递减,利润也较快下降时,产品便步入了衰退期。如图 3.2 所示。

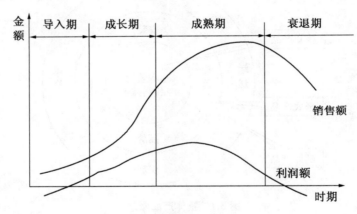

图 3.2　产品生命周期

(2)产品生命周期各阶段的特征与营销策略。

导入期是新产品首次正式上市的最初销售时期,只有少数创新者和早期采用者购买产品,销售量小,促销费用和制造成本都很高,竞争也不太激烈。这一阶段企业营销策略的指导思想是,把销售力量直接投向最有可能的购买者,即新产品的创新者和早期采用者,让这两类具有领袖作用的消费者加快新产品的扩散速度,缩短导入期的时间。具体可选择的营销策略有:快速撇取策略,即高价高强度促销;缓慢撇取策略,即高价低强度促销;快速渗透策略,即低价高强度促销;缓慢渗透策略,即低价低强度促销。成长期的产品,其性能基本稳定,大部分消费者对产品已熟悉,销售量快速增长,竞争者不断进入,市场竞争加剧。企业为维持其市场增长率,可采取以下策略:改进和完善产品;寻求新的细分市场;改变广告宣传的重点;适时降价等。成熟期的营销策略应该是主动出击,以便尽量延长产品的成熟期,具体策略有:市场改良,即通过开发产品的新用途和寻找新用户来扩大产品的销售量;产品改良,即通过提高产品的质量,增加产品的使用功能、改进产品的款式、包装,提供新的服务等来吸引消费者。衰退期的产品,企业可选择以下几种营销策略:维持策略;转移策略;收缩策略;放弃策略。

4.品牌与商标及策略

品牌是市场概念,是产品和服务在市场上通行的牌子,它强调与产品及其相关的质量、服务等之间的关系,品牌实质上是品牌使用者对顾客在产品特征、服务和利益等方面的承诺。

商标是法律概念,它是已获得专用权并受法律保护的品牌,是品牌的一部分。

产品是否使用品牌,是品牌决策要回答的首要问题。品牌对企业有很多好处,但建立品牌的成本和责任不容忽视,故而,不是所有的产品都要使用品牌。如,市场上很难区分的原料产品、地产、地销的小商品或消费者不是凭产品品牌决定购买的产品,可不使用品牌。第二,如果企业决定使用品牌,则面临着使用自己的品牌还是别人品牌的决策,如使用特许品牌或中间商品牌。对于实力雄厚、生产技术和经营管理水平俱佳的企业,一般都使用自己的品牌。使用其他企业的品牌的优点和缺点都很突出,得结合企业的发展战略来决策。第三,使用一个品牌还是多个品牌。对于不同产品线或同一产品线下的不同产品品牌的选择,有四种策略:个别品牌策略,即企业在不同的产品线上使用不同的品牌;单一品牌策略,企业所有的产品采用同一品牌;同类统一品牌策略,即对同一产品线的产品采用同一品牌,不同的产品线品牌不同;企业名称与个别品牌并行制策略,在不同的产品上使用不同的品牌,但每一品牌之前冠以企业的名称。

3.4.2 价格策略

价格是市场营销组合因素中十分敏感而又难以控制的因素,它直接关系着市场对产品的接受程度,影响着市场需求和企业利润的多少,涉及生产者、经营者、消费者等各方面的利益。因此定价策略是企业市场营销组合策略中一个极其重要的组成部分。

1. 影响定价的因素

影响产品定价的因素很多,有企业内部因素,也有企业外部因素;有主观的因素,也有客观的因素。概括起来,大体上可以有产品成本、市场需求、竞争因素和其他因素四个方面。

(1) 产品成本。

对企业的定价来说,成本是一个关键因素。产品价格只有高于成本,企业才能补偿生产上的耗费,从而获得一定盈利。企业定价时,不应将成本孤立地对待,而应同产量、销量、资金周转等因素综合起来考虑。成本因素还要与影响价格的其他因素结合起来考虑。

(2) 市场需求。

产品价格除受成本影响外,还受市场需求的影响,即受商品供给与需求的相互关系的影响。企业制定价格就必须了解价格变动对市场需求的影响程度。

(3) 竞争因素。

市场竞争也是影响价格制定的重要因素。根据竞争的程度不同,企业定价策略会有所不同。按照市场竞争程度,可以分为完全竞争、不完全竞争与完全垄断三种情况。

所谓完全竞争也称自由竞争,它是一种理想化了的极端情况。在完全竞争条件下,买者和卖者都大量存在,产品都是同质的,不存在质量与功能上的差异,企业自由地选择产品生产,买卖双方能充分地获得市场情报。在这种情况下,无论是买方还是卖方都不能对产品价格进行影响,只能在市场既定价格下从事生产和交易。

完全垄断是完全竞争的反面,是指一种商品的供应完全由独家控制,形成独占市场。在完全垄断竞争情况下,交易的数量与价格由垄断者单方面决定。完全垄断在现实中也很少见。

不完全竞争介于完全竞争与完全垄断之间,它是现实中存在的典型的市场竞争状况。不完全竞争条件下,最少有两个以上买者或卖者,少数买者或卖者对价格和交易数量起着较大的影响作用,买卖各方获得的市场信息是不充分的,它们的活动受到一定的限制,而且它们提供的同类商品有差异,因此,它们之间存在着一定程度的竞争。在不完全竞争情况下,企业的定价策略有比较大的回旋余地,它既要考虑竞争对象的价格策略,也要考虑本企业定价策略对竞争态势的影响。

企业的价格策略,要受到竞争状况的影响。完全竞争与完全垄断是竞争的两个极端,中间状况是不完全竞争。在不完全竞争条件下,竞争的强度对企业的价格策略有重要影响。所以,企业首先要了解竞争的强度。竞争的强度主要取决于产品制作技术的难易,是否有专利保护,供求形势以及具体的竞争格局。其次,要了解竞争对手的价格策略,以及竞争对手的实力。再次,还要了解、分析本企业在竞争中的地位。

(4) 其他因素。

企业的定价策略除受成本、需求以及竞争状况的影响外,还受到其他多种因素的影响。这些因素包括政府或行业组织的干预、消费者习惯和心理、企业或产品的形象等。

2. 定价的一般方法

(1) 成本导向定价法。

成本导向定价是企业定价首先需要考虑的方法。成本是企业生产经营过程中所发生的实际耗费,客观上要求通过商品的销售而得到补偿,并且要获得大于其支出的收入,超出的部分表现为企业利润。以产品单位成本为基本依据,再加上预期利润来确定价格的成本导向定价法,是企业最常用、最基本的定价方法。成本导向定价法又衍生出了总成本加成定价法、目标收益定价法、边际成本定价法、盈亏平衡定价法等几种具体的定价方法。

(2) 需求导向定价法。

现代市场营销观念要求,企业的一切生产经营必须以消费者需求为中心,并在产品、价格、分销和促销等方面予以充分体现,只考虑产品成本,而不考虑竞争状况及顾客需求的定价,不符合现代营销观念。根据市场需求状况和消费者对产品的感觉差异来确定价格的方法叫做顾客导向定价法,又称"市场导向定价法"或"需求导向定价法"。其特点是灵活有效地运用价格差异,对平均成本相同的同一产品,价格随市场需求的变化而变化,并不与成本因素发生直接关系。需求导向定价法主要包括理解价值定价法、需求差异定价法和逆向定价法。

(3) 竞争导向定价法。

在竞争十分激烈的市场上,企业通过研究竞争对手的生产条件、服务状况、价格水平等因素,依据自身的竞争实力,参考成本和供求状况来确定商品价格。这种定价方法就是通常所说的竞争导向定价法。其特点是:价格与产品成本和需求不发生直接关系;商品成本或市场需求变化了,但竞争者的价格未变,就应维持原价;反之,虽然成本或需求都没有变动,但竞争者的价格变动了,则相应地调整其商品价格。当然,为实现企业的定价目标和总体经营战略目标,谋求企业的生存或发展,企业可以在其他营销手段的配合下,将价格定得高于或低于竞争者的价格,并不一定要求和竞争对手的产品价格完全保持一致。竞争导向定价主要包括:随行就市定价法,产品差别定价法,密封投标定价法。

3. 定价的基本策略

（1）折扣定价策略。

折扣定价策略是指销售者为回报或鼓励购买者的某些行为，如批量购买、提前付款、淡季购买等，将其产品价格调低，给购买者一定比例的价格优惠。具体做法有：数量折扣、现金折扣、功能折扣和季节性折扣等。

（2）地区定价策略。

地区定价策略是指企业在综合考虑产品装运费的补偿、购买者需求量对价格的敏感程度等因素的基础上，决定卖给不同地区顾客的某种产品是分别制定不同的价格还是制定相同的价格的策略。

（3）心理定价策略。

心理定价策略是一种根据消费者心理所使用的定价策略。销售者运用心理学的原理，依据不同类型的消费者在购买商品时的不同心理要求来制定价格，以诱导消费者增加购买，扩大企业销量。具体策略包括以下几种：

① 整数定价策略，即在定价时把商品的价格定成整数，不带尾数，使消费者产生"一分价格一分货"的感觉，以满足消费者的某种心理，提高商品形象。

② 尾数定价，是指在商品定价时，取尾数而不取整数的定价方法，使消费者购买时在心理上有商品便宜的感觉。

③ 分级定价，是指在定价时，把同类商品分为几个等级，不同等级的商品，其价格有所不同。这种定价策略能使消费者产生货真价实、按质论价的感觉，因而容易被消费者接受。

④ 声望定价，指在定价时，把在顾客中有声望的商店或企业的商品价格定得比一般的商品要高，是根据消费者对某些商品、某些商店或企业的信任心理而使用的价格策略。

⑤ 招徕定价，是指多品种经营的企业中，对某些商品定价很低，以吸引顾客，目的是招徕顾客购买低价商品时，也购买其他商品，从而带动其他商品的销售。

⑥ 习惯性定价策略。有些商品在顾客心目中已经形成了一个习惯价格，这些商品的价格稍有变动，就会引起顾客不满。提价时顾客容易产生抵触心理，降价会被认为降低了质量。因此对于这类商品，企业宁可在商品的内容、包装、容量等方面进行调整，也不采取调价的方法。日常生活中的饮料、大众食品一般都适用这种策略。

（4）差别定价策略。

差别定价策略，是指根据交易对象、交易时间地点等方面的不同，给同种商品定出两种或多种不同价格，以适应顾客的不同需要，给企业带来更大利益。

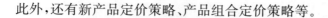

此外,还有新产品定价策略、产品组合定价策略等。

3.4.3　渠道策略

1. 渠道的含义

(1)渠道概念。

企业生产出来的产品,必须通过一定的市场营销渠道(或称为分销渠道),才能在适当的时间、地点,以适当的价格供应给广大消费者或用户,满足市场需要,实现企业的市场营销目标。

市场营销渠道(分销渠道)是指配合起来生产、分销和消费某一生产者的产品和服务的所有企业和个人,是指一种产品或服务在从生产者向消费者转移过程中,取得这种产品或服务的所有权或帮助所有权转移的所有企业和个人,包括批发商、零售商(取得产品和服务的所有权)和代理商(帮助企业转移产品和服务的所有权),以及处于分销渠道起点和终点的生产者和最终消费者或用户。

(2)渠道的长度。

在产品从生产者到消费者的转移过程中,任何一个对产品拥有所有权或负有营销责任的机构或个人均称为一个渠道层次,这种渠道层次的数目规定了营销渠道的长度。如果产品直接从生产者流向最终消费者,中间不经过任何中间商转手,则为零渠道(也就是直接分销渠道)。从生产者角度考虑,随着渠道层次的增加,控制渠道的难度增加;从消费者角度考虑,随着渠道层次的增多,在获得方便和及时服务的同时,消费者的支出也将增加。因此,企业要权衡利弊得失,选择适当的营销渠道的长度。

(3)渠道的宽度。

在每个层次中,使用的中间商数目的多少称为分销渠道的宽度。企业分销渠道的宽度反映了企业的某种分销渠道战略。通常有如下三种分销渠道战略:①密集分销,指企业尽可能地通过大量负责任的、适当的批发商、零售商经销产品。消费品中的食品、日用品等通常采取密集分销,使广大消费者和用户能够随时随地很方便地买到这些产品。②选择分销,指企业在某一地区仅仅通过少数几个精心挑选的、最合适的中间商经销其产品。③独家分销,指企业在某一地区仅选择一家实力较强、客户资源丰富、分销有方的中间商或代理商作为总经销或总代理经销其产品。通常双方需签订独家经营、代理合同,规定经销商不得经销、代理竞争者的产品,以便管理和控制经销商的经营业务,调动其经营的积极性,提高本企业产品的市场占有率。

2. 渠道设计

(1) 影响分销渠道设计的因素。

① 顾客因素：购买批量大小、消费者的分布、潜在顾客的数量、消费者的购买习惯。

② 产品因素：产品价格、产品的体积和重量、产品的易毁性或易腐性、产品的技术性、定制品和标准品、新产品。

③ 中间商因素：各类中间商实力、特点不同，诸如广告、运输、储存、信用、训练人员、送货频率方面具有不同的特点，从而影响生产企业对分销渠道的选择。

④ 竞争因素：当市场竞争不激烈时，可采用同竞争者类似的分销渠道，反之，则采用与竞争者不同的分销渠道。

⑤ 企业因素：资金能力、销售能力、可能提供的服务水平、发货限额。

⑥ 环境因素：政策法规等。

(2) 分销渠道的设计。

在分销渠道的设计中，需要确定渠道目标以及局限性，并且要明确各种分销渠道的交替方案。

3. 分销渠道的管理

(1) 选择渠道成员的原则。

畅通高效的原则、覆盖适度的原则、稳定可控的原则、协调平衡的原则、发挥优势的原则。

(2) 激励渠道成员。

生产商在选择确定了中间商之后，为了更好地实现企业的营销目标，促使中间商与自己合作，还必须采取各种措施不断对中间商给予激励，以此来调动中间商经销企业产品的积极性，并通过这种方式与中间商建立一种良好关系。

激励职能包括的主要内容有：研究分销过程中不同分销商的需要、动机与行为；采取措施调动分销商的积极性；要解决分销商或分销执行者之间的各种矛盾等。激励中间商的方法很多，不同企业所用方法不同，就是同一企业，在不同地区或销售不同产品时所采取的激励方法也可能不同。

3.4.4 促销策略

成功的市场营销活动，不仅需要制定适当的价格、选择合适的分销渠道向消费者提供满意的产品，而且需要采取适当的方式进行促销。促销策略是四大营销策略之一。正确制定并合理运用促销策略是企业在市场竞争中取得有利的产销条件、获取较大经济效益的必要保证。

1. 促销与促销组合

促销（promotion）是促进产品销售的简称。从市场营销的角度看，促销是企业通过人员和非人员的方式，沟通企业与消费者之间的信息，引发、刺激消费者的消费欲望和兴趣，使其产生购买行为的活动。

所谓促销组合，就是企业根据产品的特点和营销目标，综合各种影响因素，对推销、广告、营业推广和公关手段各种促销方式的选择、编配和运用。

2. 人员推销策略

人员推销具有灵活性大、针对性强、信息反馈快、交易及时、成本较高等特点。人员推销要求推销人员要有强烈的事业心、丰富的业务知识、良好的服务态度以及健康的身体等素质和品性。

通常用销售数量、访问顾客的次数、增加新用户的数量（或市场占有率的提高）、销售完成率（即实际销售额÷计划销售额）、推销费用率（即推销费用÷总销售收入）等指标对推销人员进行考核与评价。

3. 广告策略

广告作为促销方式或促销手段，是一门带有浓郁的商业性的综合艺术。

4. 公共关系策略

公共关系（public relationships，PR），简称"公关"，是指企业在从事市场营销活动中正确处理企业与社会公众的关系，以便树立企业的良好形象，从而促进产品销售的一种活动。

（1）公共关系的特征。

公共关系是指某一组织为改善与社会公众的关系，促进公众对组织的认识、理解及支持，达到树立良好组织形象、促进商品销售的目的的一系列促销活动。它本意是工商企业必须与其周围的各种内部、外部公众建立良好的关系。它是一种状态，任何一个企业或个人都处于某种公共关系状态之中。它又是一种活动，当一个工商企业或个人有意识地、自觉地采取措施去改善自己的公共关系状态时，就是在从事公共关系活动。作为促销组合的一部分，公共关系的涵义是指这种管理职能：评估社会公众的态度，确认与公众利益相符合的个人或组织的政策与程序，拟定并执行各种行动方案，以争取社会公众的理解与接受。

（2）公共关系的作用。

公共关系有如下一些作用：信息收集、咨询建议、信息沟通、社会交往、培训、平衡。

（3）公共关系的活动方式。

密切与新闻界的关系，吸引公众对某人、某产品或某服务的注意；进行产品宣传报道；开展企业联谊活动；游说立法机关与政府官员；咨询协商；编写案例、经验；公众舆论调查；信息反馈；广告合作；安排特别活动；支持相关团体，赞助相关的活动；处理顾客抱怨。

5. 营业推广策略

营业推广(sales promotion)，又称销售促进，它是指企业运用各种短期诱因鼓励消费者和中间商购买、经销或代理企业产品或服务的促销活动。

(1) 营业推广的特点：直观的表现形式；灵活多样，适应性强；有一定的局限性和副作用。

(2) 营业推广的方式：赠送；优惠券；廉价包装；奖励；现场示范；组织展销；批发回扣；推广津贴；销售竞赛；交易会或博览会、业务会议；工商联营；免费提供人员培训，技术指导。

本章小结

菲利普·科特勒认为："市场是由一切具有特定欲望和需求并且愿意和能够以交换来满足这些需求的潜在顾客所组成。"因此，"市场规模的大小，由具有需求拥有他人所需要的资源，且愿意以这些资源交换其所需的人数而定。"从市场营销者的观点出发，市场包含三个主要要素：(1)有某种需要的人；(2)为满足这种需要的购买能力；(3)购买欲望。

市场营销学的研究对象是市场营销活动及其规律，即研究企业如何识别、分析评价、选择和利用市场机会，从满足目标市场顾客需求出发，有计划地组织企业的整体活动，通过交换，将产品从生产者手中转向消费者手中，以实现企业营销目标。

企业的经营观念经历了生产观念、产品观念、推销观念、市场营销观念和社会市场营销观念演变过程。

市场细分就是以消费需求的某些特征或变量为依据，区分具有不同需求的顾客群体。市场细分以后所形成的具有相同需求的顾客群体称为细分市场或分市场。消费品市场的细分依据主要有地理环境因素、人口因素、心理因素、行为因素等。市场细分的原则是可衡量性、可实现性、可盈利性和可区分性。目标市场是企业打算进入的细分市场，或打算满足的具有某一需求的顾客群体。

市场定位(marketing positioning)也被称为产品定位或竞争性定位，是指塑造一种产品在细分市场的位置。市场定位方式主要有：(1)避强定位；(2)对抗性定位；(3)重新定位。

市场营销组合包括产品策略、价格策略、渠道策略和促销策略，简称4P。

思考题

1. "市场"在不同场合有不同的理解,你能说出几个?
2. 企业经营观念经过了哪几个阶段? 各有什么特点?
3. 市场细分有什么意义? 请举几个通过市场细分获得成功的例子。
4. 企业如何评价目标市场?
5. 什么是市场定位? 为什么要市场定位? 请举几个市场定位的例子。
6. 什么是整体产品概念?
7. 什么是市场营销策略组合? 请找一个熟悉的产品,说明该产品采用了怎样的市场营销策略组合。
8. 互联网时代,市场营销渠道发生了哪些重大变化?

选择题

1. 含有两个销售中介机构的渠道叫做( )。
   (A) 二层渠道　　　　　　　　(B) 零层渠道
   (C) 一层渠道　　　　　　　　(D) 三层渠道

2. 理解价值定价运用的关键是( )。
   (A) 确定理解价值　　　　　　(B) 确定目标利润
   (C) 计算产品成本　　　　　　(D) 了解竞争品

3. 在市场营销中,企业对可控制的各种要素进行优化组合和综合运用,发挥整体优势,以获取更好的经济效益和社会效益属于( )。
   (A) 市场营销组合策略　　　　(B) 促销组合策略
   (C) 产品组合策略　　　　　　(D) 服务组合策略

4. 企业进行市场细分所依据的有效条件是( )。
   (A) 可衡量性、可进入性和可获利性　(B) 可衡量性和可获利性
   (C) 可衡量性和可进入性　　　(D) 可进入性和可获利性

5. 市场营销的核心是( )。
   (A) 交换活动　　　　　　　　(B) 销售活动
   (C) 生产活动　　　　　　　　(D) 促销活动

6. 在企业定价方法中,目标收益定价属于( )。
   (A) 成本导向定价　　　　　　(B) 需求导向定价
   (C) 竞争导向定价　　　　　　(D) 市场导向定价

7. "有奖销售"的促销方式属于(　　　)。

   (A) 公共关系　　　　　　　　(B) 营业推广

   (C) 价格折扣　　　　　　　　(D) 人员推销

8. 冰箱的外形和颜色属于(　　　)。

   (A) 核心产品　　　　　　　　(B) 形式产品

   (C) 延伸产品　　　　　　　　(D) 整体产品

9. 企业产品组合中所包含的产品项目的总数叫做产品组合的(　　　)。

   (A) 宽度　　　　　　　　　　(B) 长度

   (C) 深度　　　　　　　　　　(D) 关联度

10. 企业通过市场细分,从中选择若干个子市场并为其制定营销组合策略是(　　　)。

   (A) 大量营销　　　　　　　　(B) 目标市场营销

   (C) 产品差异营销　　　　　　(D) 定制营销

11. 如果某产品正处于市场导入期,其营销重点应该是(　　　)。

   (A) 加强宣传,重点是产品的功能、用途、特点等

   (B) 提高产品质量,增加花色品种,创名牌

   (C) 改进产品,吸引新用户以及老顾客再次购买

   (D) 改进市场,积极开发新市场

12. 市场细分是指(　　　)。

   (A) 按地理区域划分势力范围　(B) 按不同需求将顾客分类

   (C) 按产品不同分为几个产品群　(D) 以上都不对

13. 适用于宽渠道的有(　　　)。

   (A) 手机显示屏　　　　　　　(B) 厨房调味品

   (C) 汽车钢板　　　　　　　　(D) 电气机车

14. 下列商品中适合用拉引策略来促销的有(　　　)。

   (A) 民航客机　　　　　　　　(B) 牛奶

   (C) 风力发电机　　　　　　　(D) 工程承包

15. 产品改良、市场改良和营销组合改良等决策适用于产品生命周期的(　　　)。

   (A) 介绍期　　(B) 成长期　　(C) 成熟期　　(D) 衰退期

16. 当产品处于(　　　)时,市场竞争最为激烈。

   (A) 成长期　　　　　　　　　(B) 投入期

   (C) 成熟期　　　　　　　　　(D) 衰退期

17. 将几种或多种有关联的不同产品集中装于一个包装内的策略是(　　　)。

   (A) 赠品包装　　　　　　　　(B) 类似包装

   (C) 组合包装　　　　　　　　(D) 改变包装

18. 可衡量性、可进入性、可盈利性和相对稳定性是（　　）。
    (A) 衡量市场大小的标准　　　　　(B) 目标市场选择的标准
    (C) 市场细分的标准　　　　　　　(D) 以上都不是

19. 企业将产品通过自己设置的商店卖给消费者,通常称此营销行为是（　　）。
    (A) 批发销售　　　　　　　　　　(B) 间接销售
    (C) 直接销售　　　　　　　　　　(D) 寄售

20. 企业选择复用包装决策的目的是（　　）。
    (A) 节约成本
    (B) 方便顾客购买和使用
    (C) 通过给消费者额外利益而扩大产品销售
    (D) 避免某一商品推销失败而影响其他商品的声誉

21. 市场细分的最大弊端是（　　）。
    (A) 不利于企业发掘新的市场机会
    (B) 不利于企业提高竞争能力
    (C) 不利于企业降低生产成本和推销费用
    (D) 不利于企业满足千变万化的市场需求

22. 向顾客提供基本效用和利益是产品整体概念中的（　　）。
    (A) 有形产品　　　　　　　　　　(B) 附加产品
    (C) 核心产品　　　　　　　　　　(D) 期望产品

23. 渠道长度是指产品从生产领域流转到消费领域过程中所经过的（　　）的数量。
    (A) 渠道类型　　　　　　　　　　(B) 中间商类型
    (C) 中间商　　　　　　　　　　　(D) 渠道层次

24. 市场调查是市场预测的（　　）。
    (A) 目的和任务　　　　　　　　　(B) 结果
    (C) 根本目的　　　　　　　　　　(D) 前提和基础

25. 市场定位是指（　　）。
    (A) 塑造企业在公众的形象　　　　(B) 确定一种产品的市场份额
    (C) 塑造企业在市场的形象　　　　(D) 塑造产品在细分市场的位置

26. 市场营销人员认为的市场是指对某项商品或劳务具有需求的所有（　　）。
    (A) 个人消费者　　　　　　　　　(B) 生产者
    (C) 机构集团　　　　　　　　　　(D) 现实与潜在买者

27. 市场细分的客观基础是（　　）。
    (A) 不同产品的消费需求的差异性　(B) 不同产品的消费需求的共同性
    (C) 同一产品的消费需求的同一性　(D) 同一产品的消费需求的多样性

28. 市场营销观念的突出特征是（　　）。
    (A) 以产品质量为中心　　　　　　(B) 以产品价格为中心
    (C) 以产品产量为中心　　　　　　(D) 以消费者需求为中心

29. 市场营销专家所谓的市场大小取决于（　　）。
    (A) 有某种需要的人　　　　　　　(B) 购买能力
    (C) 购买欲望　　　　　　　　　　(D) 包括以上各项

30. 适用于长渠道的产品有（　　）。
    (A) 新民晚报　　　　　　　　　　(B) "8424"西瓜
    (C) "白玉"面包　　　　　　　　　(D) 茅台酒

31. 下面哪种情况在促销中适用推进策略？（　　）
    (A) 专业性差,挑选性强的产品
    (B) 需尽快让广大潜在顾客了解的新产品
    (C) 目标市场分散,销售面广的产品
    (D) 专业性强、需作示范指导的产品

32. 许多冰箱生产厂家近年来高举"环保"、"健康"旗帜,纷纷推出节能环保冰箱。它们所奉行的市场营销管理哲学是（　　）。
    (A) 推销观念　　　　　　　　　　(B) 生产观念
    (C) 市场营销观念　　　　　　　　(D) 社会市场营销观念

33. 与市场营销活动有关的是（　　）。
    (A) 生产活动　　　　　　　　　　(B) 销售活动
    (C) 产前活动　　　　　　　　　　(D) 以上都是

34. 在春节、中秋节、情人节等节日即将来临的时候,许多商家都大作广告,以促销自己的产品。他们对市场进行细分的方法是（　　）。
    (A) 地理细分　　　　　　　　　　(B) 人口细分
    (C) 心理细分　　　　　　　　　　(D) 行为细分

35. 属于公共关系策略的有（　　）。
    (A) 购物给回扣　　　　　　　　　(B) 安排客户去旅游
    (C) 与政府沟通　　　　　　　　　(D) 赞助一场演唱会

36. 和平家电有限公司生产2个型号的冰箱、5个型号的洗衣机和4个规格的空调,该企业产品组合的宽度为（　　）。
    (A) 2　　　　(B) 3　　　　(C) 4　　　　(D) 5

37. 和平家电有限公司生产2个型号的冰箱、5个型号的洗衣机和4个规格的空调,该企业产品组合的深度为（　　）。
    (A) 4　　　　(B) 5　　　　(C) 2　　　　(D) 3

38. 红花制衣公司选定儿童服装和男式衬衣作为目标市场,并且针对儿童服装和男式衬衣分别制定了市场营销组合。这种做法称为(　　)。
    (A) 无差异性营销战略　　　　　(B) 差异性营销战略
    (C) 集中性营销战略　　　　　　(D) 分散性营销战略

39. 春秋皮鞋公司选定儿童皮鞋和男式皮鞋作为目标市场,并且针对这两个分市场制定了相同的市场营销组合。这种做法称为(　　)。
    (A) 无差异性营销战略　　　　　(B) 集中性营销战略
    (C) 差异性营销战略　　　　　　(D) 分散性营销战略

40. 如果某产品正处于市场成长期,其营销重点应该是(　　)。
    (A) 提高产品质量,增加花色品种,创名牌
    (B) 加强市场调查预测,掌握市场容量
    (C) 扩大销售渠道,扩大产品与市场接触面
    (D) 加大推销力度,增进顾客对产品的了解

41. 如果某产品的生产和销售正处于市场成长期,其营销重点应该是(　　)。
    (A) 延长产品寿命,巩固市场占有率
    (B) 努力开拓市场,提高市场占有率
    (C) 加大推销力度,获取最大限度利润
    (D) 加大推销力度,增进顾客对产品的了解

42. 市场营销活动包含(　　)。
    (A) 销售活动
    (B) 销售活动和售后活动
    (C) 生产活动、销售活动和售后活动
    (D) 产前活动、生产活动、销售活动和售后活动

43. 认为"消费者通常表现出一种购买惰性,如果听其自然的话,消费者一般不会足量购买某一企业的产品"的是(　　)。
    (A) 产品观念　　　　　　　　　(B) 生产观念
    (C) 市场营销观念　　　　　　　(D) 推销观念

44. "以消费需求的某些特征或变量为依据,区分具有不同需求的顾客群体"的过程称为(　　)。
    (A) 目标市场选择　　　　　　　(B) 市场分析
    (C) 市场定位　　　　　　　　　(D) 市场细分

45. 可衡量性、可进入性、可盈利性和相对稳定性是(　　)。
    (A) 目标市场选择的原则　　　　(B) 市场分析的原则
    (C) 市场定位的原则　　　　　　(D) 市场细分的原则

46. 市场定位的方式主要有（　　）。

    （A）抢占或填补市场空位策略、与竞争者并存和对峙的市场定位策略

    （B）与竞争者并存和对峙的市场定位策略、取代竞争者的市场定位策略

    （C）抢占或填补市场空位策略、与竞争者并存和对峙的市场定位策略、取代竞争者的市场定位策略

    （D）抢占或填补市场空位策略、取代竞争者的市场定位策略

47. 产品整体概念中，"基本效用和利益"包括（　　）。

    （A）包装和式样　　　　　　　　（B）品牌和特色

    （C）A、B 都不包括　　　　　　　（D）A、B 都包括

案例分析

Google 的另类品牌营销

"我们没有做过一次电视广告，没有粘贴过一张海报，没有做过任何网络广告链接。"

——Google 公司市场部副总裁辛迪·麦卡菲

由两位斯坦福大学的博士生拉里·佩奇（Larry Page）与赛吉·布林（Sergey Brin）创立的高科技公司 Google，在过去的 4 年中，由一家名不见经传的小公司迅速成长为世界上无人不知的网络搜索引擎服务商。根据现在流行的品牌价值估算法，Google 的品牌至少值 20 亿美元。

"说"出来的品牌

"Google 是凭借市场口碑取胜的典型公司之一。"纽约品牌战略公司的阿兰·西格尔说："如果你有好的产品，人们就会去谈论你。Google 的成功在于，它使人们不断地谈论它。"

在网上提供近似服务的网站往往有很多个，哪一个能够最终胜出在很大程度上取决于其品牌形象。在"赢者通吃"的新经济法则面前，首先要做的就是抢占市场份额，有了规模优势，才有竞争优势，市场竞争的博弈结果是强者越强，弱者没有生存空间。Google 注重树立在网民中的良好口碑，并借此提升品牌的知名度和美誉度，这种品牌营销战略产生了极佳的效果，在线搜索领域市场份额的急速攀升就证明了这一点。

Google 营销战略的成功似乎有些另类，但是它说明了"产品质量"仍然是取胜的关键因素之一。Google 的好口碑，正来源于其服务的高质量。

淡化商业气息

品牌研究专家罗宾·拉斯彻认为，Google 能赢得如此良好的口碑宣传效

118

果,很重要的原因是它简单实用,容易被记忆。打开 Google 的首页,会发现它异乎寻常的简洁,不像其他的许多搜索引擎网站那样,把广告、频道、新闻等服务项目在主页上济济一堂,使人眼花缭乱。它的首页完全突出了搜索的功能,给人以开门见山的感觉,甚至连分类目录都没有。

为了树立在网民中的良好口碑,Google 尽量淡化网站的商业气息,在网络广告业务方面一直比较低调,网站上见不到横幅及动画广告,只有当用户使用某些特定的关键词时,搜索结果页面中才会出现一些广告,而所有这些广告也都只是文字格式的。

搜索结果客观公正

此外,好口碑还来自于其搜索结果的准确客观。在如今不景气的经济环境下,许多搜索网站为了赚取利润,向企业收费,然后将付费企业的相关内容列于搜索结果前列。而 Google 并没有这么做,它始终将搜索结果的客观公正放在首位,以此来树立良好的品牌形象。

Google 能做到这一点,是建立在其网页级别技术的基础之上的。它运用这一技术对网页的重要性进行客观的分析。一个网页的重要性取决于它被其他网页链接的数量,特别是一些已经被认定是"重要"的网页链接数量。每一个链接都是一张价值不等的"选票",所获选票的总价值将决定谁是这场比赛的优胜者,谁将被安置在最重要、最显赫的位置上。事实证明,这一技术是非常有效的,它可以避免任何人为的感情因素,确保绝对诚实公正,虽然 Google 在搜索结果旁也刊登相关广告,但任何人都无法用钱换取更高的排名,它诚实、客观并且方便地为用户在网上寻找有价值的资料。

挑战,不仅仅是说说而已

"枪打出头鸟。"面对来自各方面的挑战,Google 正在增强自己服务模式方面下功夫。如 2003 年 2 月,Google 购并了全球最大的博客托管服务网站 Blog-ger.com 的母公司 Pyra 实验室。博客模式是全球最好的个人知识过滤和搜索模式之一,有人认为它是继 E-mail、BBS、ICQ 之后出现的第四种网络交流方式。这次购并显露出 Google 的内容战略开始有了重大的突破和创新。

Google 在网络搜索业务上面临的压力将越来越大,"口碑营销"竖起的这个知名品牌必将经受不只是说说而已的严峻挑战。

资料来源:http://brand.icxo.com/htmlnews/2006/12/07/977333 0.htm。

第4章 现代企业财务管理

本章关键词

资金时间价值(time value of money)

投融资(investment and finance)

复利(compound interest)

单利(simple interest)

终值和现值(future value and present value)

净现值(net present value)

内含收益率(internal rate of return)

财务报表(financial statement)

资产负债表(balance sheet)

损益表(income statement)

现金流量表(statement of cash flow)

资本成本(capital cost)

互联网资料

http://www.esnai.com

http://www.esnai.net

http://www.e521.com

调控下房企拿地透明 融资各显神通

在严格的房地产宏观调控下,房地产企业的融资方式越来越多元化,而拿地方式则更加透明和单一。

融资渠道多元化

业内专家表示,随着央行一再提醒房地产信贷的潜在风险,房地产企业通过银行渠道间接融资的难度在提高,上市融资、私募融资、利用信托资金等方式越来越普遍,房地产的融资多元化趋势更加明显。

"不管换什么招,最后要么是股权融资,要么是债权融资。"华远集团总裁任志强昨日在"2006年中国地产金融年会"上说,目前房地产融资方式越来越多,但概括起来只有这两种。他表示,股权和债权融资的重大差别在于,股权融资要解决资本增加的问题,而债权融资要解决的则是短期资金的负债问题。

任志强说,有很多人不愿意把自己的股权让出来一部分,或者当别人用股权融资的时候认为人们是贱卖,其实恰恰理解错了。股权解决的是自有资金,当自有资金增加的时候,哪怕剩余的股权数量小了,但是资本增值了,一块钱等于两块钱。如果这个公司百分之百都属于你,但是由于资本不足,最后一块钱的净资本可能只值五毛。

虽然房地产融资归根结底只分为股权和债权融资两种方式,但各自又有不少细分的融资方式。

SOHO中国联席总裁张欣认为,从资金来源上说,SOHO中国的资金可以分为四类:自己存的钱、银行借来的钱、客户付的钱和华尔街的钱。其中成本最低、风险最小、占比最大的来源是客户付的钱,也就是目前的期房预售制度中买房者的购房款。

"客户付的钱是最真实的市场融资方式,没有利息,而且预售的房子已经有主,就不是空置房,大大降低了市场空置的风险性。"张欣说,预售制度是绝大部分国内房地产项目的运作模式,SOHO中国在CBD开发的项目大部分是这类的,预售的速度远远比房子盖的速度要快,一栋100米高的5万平方米的房子,建设可能要一年半的周期,但在今年的市场来讲基本是五到六个月就可以结束销售,提前一年实现回款。

公开上市是正在逐步扩大的融资渠道,今年以来,保利地产在A股上市,北辰股份继H股之后,也实现A股上市,为奥运项目融资。最新的案例是业务主要在上海的瑞安房地产本月在香港挂牌上市,融资62亿元。

信托资金也是房地产企业重要的资金来源。很多房地产企业都用到了这种融资办法,以股权投资的方式夹层融资或者贷款的方式,可以将民众的资金直接投入到房地产开发里,同时也让民众通过这种方式分享房地产的利润。

尽管融资渠道越来越多元化,银行信贷仍会是房地产企业最重要的资金来源。中国人民银行公布的2006年二季度货币政策执行报告显示,6月末,商业性房地产贷款余额为3.4万亿元,同比增长20.6%,比年初增加3952亿元,其中房地产开发余额1.3万亿元,同比增幅为28.9%;购房贷款余额为2.1万亿元,同比增长15.9%。

用中国建设银行副行长范一飞的话来说,"商业银行将一如既往地大力发展住房金融业务,无论质量、效益,住房金融都符合银行价值最大化的要求。"他表示,住房金融业务符合银行业发展的趋势,是商业银行成长性最好的业务,不良率远低于其他金融品种,收益率位列各金融品种之首。

不过,中国证监会市场监管部副主任胡冰提醒,房地产金融最大的障碍是房地产公司本身的诚信问题,有很多房地产公司不规范。他表示,证券化是房地产回收资金的一个渠道,未来试点阶段先做商业地产的证券化会更稳妥一些。

由于投资房地产的高回报,房地产对外资的吸引力很大。世邦魏理仕大中华区董事总经理蒲敬思说,不仅看好北京、上海,像天津、大连、青岛、成都等城市,对外资来说正越来越具有吸引力。

资料来源:申屠青南、费杨生:《调控下房企拿地透明融资各显神通》,《中国证券报》网络版,2006.10.24。

4.1 财务管理的目标和内容

4.1.1 财务管理的目标

财务管理的目标决定了财务管理的内容和职能,以及它所使用的概念和方法。因此,我们有必要首先对财务管理的目标有一个清晰的了解。财务管理是企业管理的一部分,是有关资金的获得和有效使用的管理工作。财务管理的目标,取决于企业的整体目标,同时受财务管理自身特点的制约。

1. 企业的目标及其对财务管理的要求

众所周知,企业是营利性组织,尽可能多地获取利润是其出发点和归宿。企业自成立起,就面临着来自方方面面的竞争压力(如战略分析中提到的五种竞争力量),并始终处于生存和倒闭、发展和萎缩的矛盾之中。企业必须生存下去才可能获利,只有不断地发展才能求得生存。因此,企业管理的目标可以概括为生存、发展和获利。

(1) 生存。

企业在市场中要生存下去,首要条件是要做到以收抵支(盈亏平衡)。在经营活动中,企业一方面付出货币,从市场上取得所需的资源;另一方面提供市场需要的商品或服务,并从市场上换回货币。企业从市场上获得的货币至少要等于付出的货币,才能维持继续经营,这是企业长期存续的基本条件。企业生存的另一个基本条件是到期偿债。企业为扩大业务规模或满足经营周转的临时需要,可以向其他个人或法人借债。国家为维持市场经济秩序,通过立法规定债务人必须"偿还到期债务",必要时要"破产偿债"。因此,企业如果不能偿还到期债务,就有可能被债权人接管或被法院判定破产。

因此,财务管理的第一个要求就是:力求保持以收抵支和偿还到期债务的能力,减少破产的风险,使企业能够长期、稳定地生存下去。

(2) 发展。

企业是在发展中求得生存的。一个企业如果不能发展,不能提高产品和服务的质量,不能扩大自己的市场份额,不能进行产品、服务以及管理方式的创新等,就会被其他企业挤出市场。企业的发展集中表现为扩大收入,其根本途径是提高产品的质量,扩大销售的数量,这就要求不断更新设备、技术和工艺,并不断提高各种人员的素质,也就是要投入更多、更好的物质、人力资源,并改进技术和管理。在市场经济中,各种资源的取得都需要付出货币。企业的发展离不开资金。

因此,筹集企业发展所需的资金,是对财务管理的第二个要求。

(3) 获利。

企业必须能够获利才有存在的可能。盈利不但体现了企业的出发点和归属,而且可以概括其他目标的实现程度,并有助于其他目标的实现。从财务上看,盈利就是使资产获得超过其投资的回报。在市场经济中,没有"免费使用"的资金,资金的每项来源都有其成本。每项资产都是投资,都应当是生产性的,并要从生产中获得回报。因此,每项固定资产都要充分地用于生产,要避免存货积压,要尽快收回应收账款,要充分利用暂时闲置的现金等。

因此,通过合理有效地使用资金使企业获利,是对财务管理的第三个要求。

综上所述,企业的目标是生存、发展和获利。企业的这些目标要求在财务管理方面要完成筹措资金并有效地投放和使用资金的任务。企业能否成功,在很大程度上取决于它过去和现在的财务政策。财务管理不仅与资产的获得以及合理使用的决策有关,而且与企业的生产、销售管理也有直接联系。

2. 企业的财务目标

关于企业的财务目标的综合表述,主要有以下三种主要观点:

(1) 利润最大化。这种观点认为,利润代表了企业新创造的财富,利润越多说明企业的财富增加得越多,自然也就越接近企业的目标。

但事实上,这种观点并不完整。第一,这种观点没有考虑到取得利润的时间。例如,今年获利 800 万元和明年获利 800 万元并不是一回事,其中哪一个更符合企业的目标呢? 在这里,如果不考虑货币的时间价值,是难以做出正确判断的。第二,这个目标没有考虑到所获利润和投入资本额之间的关系。同样获得 800 万元的利润,投入资本额 4 000 万元和 5 000 万元,效果是不一样的。因此,为了正确判断哪一种情况更符合企业的目标,在衡量所获取利润的大小之外,还要与投入的资本额联系起来。第三,这个目标没有考虑取得利润和所承担风险的关系。例如,同样投入 4 000 万元,一年获利 800 万元,一个企业的获利全部转化为了现金,而另一个企业的获利则大部分是应收账款,并存在着不能全部收回的可能(即有可能发生坏账),那么又是哪一个更符合企业的目标呢? 若不考虑风险大小,就难以做出正确判断。

(2)每股盈余最大化。这种观点认为,应当把企业的利润和股东投入的资本联系起来考虑,用每股盈余(或权益资本净利率)来概括企业的财务目标。

同上述观点相似,这种观点也是不完整的。第一,它也没有考虑每股盈余的取得时间。第二,它也没有考虑在获取每股盈余时所存在的风险。

(3)股东财富最大化。此种观点认为,股东财富最大化或企业价值最大化是财务管理的目标。由于在衡量股东财富时,考虑到了时间价值等因素,因而这是一种被普遍采用的观点。

股东是企业的所有者,他们创办企业的目的是扩大自己的财富。因此,企业价值最大化就是股东财富最大化。企业的价值,在于它能给所有者带来未来报酬,包括获得股利和出售其股权换取现金。如同商品的价值一样,企业的价值只有投入市场才能通过价格表现出来。由于存在着货币的时间价值,因此在衡量未来报酬时,必须要将不同时期的报酬进行等值计算(后面有介绍)。

如果一家企业还有 n 年的经营时间,每年的收益分别为 z_1, z_2, $\cdots$, z_n,第 n 年结束经营时可获残值 J,市场利率(折现率)为 i,则该企业的价值为:

$$\frac{z_1}{1+i} + \frac{z_2}{(1+i)^2} + \frac{z_3}{(1+i)^3} + \cdots + \frac{z_n}{(1+i)^n} + \frac{J}{(1+i)^n} \tag{4.1}$$

在一般情况下,企业的市场交易价格与理论价值并不完全相同,这与市场的规范程度、市场参与者的知识水平等有关。不同类型的企业,其交易场所也是不一样的。对于上市公司,可以在股票交易所进行交易,股票价格可以在一定程度上反映每股股份的价值。一个股东持有的一家公司的股票总数乘以该股票价格就是该股东的财富。如果不是上市公司,则可以在产权交易所交易。

现将财务目标的三种观点总结如表 4.1。

表 4.1 企业的财务目标

观 点	理 由	缺 陷
利润最大化	利润代表企业新创造的价值	没有考虑时间价值、风险和投入
每股盈余最大化	应将利润与股东投入的资本相联系	没有考虑时间价值和风险
股东财富最大化	考虑时间价值、风险、资本和获利之间的关系	计量比较困难,仅在有效的资本市场中可实现

4.1.2　财务管理的内容

我们已经知道,企业的财务目标是股东财富最大化。实现股东财富最大化的途径主要是提高企业的盈利水平和减少风险。企业的盈利水平和风险大小又取决于所投资项目、资本结构和股利政策。因此,财务管理的主要内容相应地也就是投资决策、筹资决策和股利决策。

1. 投资管理

投资是指以收回现金并取得收益为目的而发生的现金流出。例如,购买政府公债、购买企业股票和债券、购置设备、兴建工厂、开办商店、增加一种新产品等,企业都要发生货币性流出,并期望取得更多的现金流入。企业需要对其资金的流向作出抉择,即需要进行投资决策。

企业的投资决策的分类,按不同的标准可以有如下类型:

(1) 直接投资和间接投资。

直接投资是指把资金直接投放于生产经营性资产,以获取利润的投资。例如,购置机器设备、兴建工厂、开办商店等。间接投资又称证券投资,是指把资金投放于金融性资产以获取股利或者利息收入的投资。例如,购买政府公债、购买企业债券和公司股票等。

这两种投资决策的操作方法是不同的。证券投资只能从证券市场中选择企业需要的股票和债券,在购买前要进行证券分析与评价并实行投资组合以降低风险。作为行动方案的投资组合,不是事先创造的,而是通过证券分析得出的。直接投资要事先拟定一个或几个备选方案,通过对这些方案的分析和评价,决定是否从中选择一个或几个足够满意的行动方案。

(2) 长期投资和短期投资。

通常,长期投资是指影响所及超过一年的投资。例如,购买机器设备、建造厂房等。长期投资又称资本性投资。由于股票和债券的长期投资,在必要时可以出售变现,而较难以改变的是生产经营性的固定资产投资。所以,有时长期投资专指固定资产投资。短期投资,指能够随时变现并且持有时间不准备超过一年的投资,即影响所及不超过一年的投资。如对应收账款、存货、短期有价证券的投资等。短期投资又称为流动资产投资或营运资产投资。

长期投资和短期投资的决策方法有所区别。由于长期投资涉及的时间长、风险大,因此在投资决策分析时更注重货币的时间价值和投资风险价值的计量。

2. 筹资管理

在市场经济中,各种资源的取得都需要付出货币。显然,企业的经营和发展离不开资金。筹资,就是指企业对资金的筹集。筹集资金是企业的基本财务活动,筹资管理是企业财务管理的重要内容。

企业筹资决策要解决的问题主要是如何取得企业所需要的资金,包括向谁筹资、何时筹资、筹资多少等。企业的筹资决策和投资决策、股利分配决策等有密切关系,筹资的数量多少以及要求资金何时到位等要考虑投资需要;其次,在利润分配时加大保留盈余(内部筹资)可减少从外部筹资。筹资决策的关键是决定各种资金来源在总资金中所占的比重,即确定资本结构,以使筹资风险和筹资成本相匹配。

通常,筹资可以分类为:

(1) 权益资金和借入资金。

权益资金是指企业股东提供的资金(也成为股权筹资),它不需要归还,筹资的风险小,但其期望的报酬率高。借入资金是指债权人提供的资金(也成为债权筹资),它要求根据事前的约定按期还本付息,因此有一定的风险,但其要求的报酬率比权益资金低。

一家企业的权益资金和借入资金的比例关系称为资本结构。一般来说,过多地利用权益资金筹资是不明智的,因为它不能得到负债经营的好处;但是,借入资金的比例过大则意味着风险也大,企业随时可能陷入财务危机。因此,确定合适的资本结构也是筹资决策的一个重要内容。

(2) 长期资金和短期资金。长期资金是指企业可长期使用的资金,包括权益资金和长期负债。权益资金不需要归还,企业可以长期使用,自然是属于长期资金。此外,长期借款通常可以在相当长的时期内使用,因而也属于长期资金。习惯上把一年以上至五年以内的借款称为中期资金,而把五年以上的资金称为长期资金。

短期资金一般是指一年内要归还的短期借款。一般来说,短期资金的筹集应主要用于解决临时的资金需要。例如,在销售旺季需要的资金比较多,可借入短期借款,度过销售高峰期则归还。

长期资金和短期资金在筹资速度、筹资成本、筹资风险以及借款时企业所受的限制等方面均有所区别。如何安排长期和短期筹资的相对比重,是筹资决策要解决的另一重要问题。

3. 股利分配

股利分配是指在公司赚得的利润中,决定有多少作为股利发放给股东,有多少留在公司作为再投资。

企业的利润留存也是企业的一种筹资手段。因此，过高的股利支付率，会影响企业再投资的能力，并会使未来收益减少，造成股价下跌；而过低的股利支付率，可能会引起股东不满，股价也会下跌。股利决策的制定受多种因素的影响，包括相关法律对股利和出售股票收益的不同处理、未来公司的投资机会、各种资金来源及其筹资成本、股东对当期收入和未来收入的相对偏好，甚至股价走势等等。每家公司需要根据自己的具体情况来确定最佳的股利分配政策，这也是财务管理的一项重要内容。

股利分配决策，从另一个角度看也是保留盈余决策，是企业内部筹资问题。因此，有人认为股利决策属于筹资的范畴，而并非一项独立的财务管理内容。

4.2　财务管理的基础概念

4.2.1　货币的时间价值

货币的时间价值是现代企业财务管理的基础概念之一，因其非常重要并且涉及所有的理财活动，有人称之为"第一原则"。

1. 货币时间价值的概念

货币的时间价值，是指货币经历一定时间的投资和再投资所增加的价值，也称为资金的时间价值。另一方面，如果甲向乙提供资金，甲必须放弃当前的消费。因此，若干时期之后，当乙向甲归还上述款项时，除了本金外，还要付给甲一定的补偿。

在现实生活中，我们都知道有这样一种现象：现在的 100 元和一年后的 100 元并不等值。通常，现在的 100 元比一年后的 100 元的经济价值要大一些。例如，如果银行的存款年利率为 10％，将现在的 100 元存入银行，则一年后可得到 110 元。这 100 元资金经过一年时间的投资增值了 10 元，这就是货币的时间价值。在实践中，人们习惯使用相对数字表示货币的时间价值，即用增加价值占投入货币的百分数来表示（事实上也就是单位货币的增值）。例如，前述货币的时间价值为 10％，也意味着每 1 元钱在一年中增值 0.10 元。

在一般情况下，货币在投入生产经营过程后，其数额将随着时间的持续不断增长，这是一种客观的经济现象。企业资金循环和周转的起点是投入货币资金；企业用它购买所需的生产性资源，然后生产出新的产品；在产品出售时，得到的货币量将大于最初投入的货币量。资金的循环和周转以及因此实现的货币增值，需要或多或少的时间，每完成一次循环，货币就增加一定数额，周转的次数越多,增值额也越大。因此,随着时间的延续,货币总量在循环和周转中按几何级数增长(假定单位货币在单位时间内的增值恒定),使得货币具有时间价值。

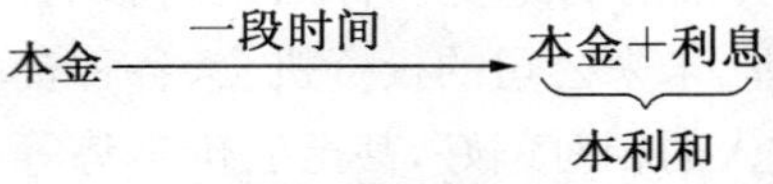

图 4.1　货币的增值

由于货币随时间的延续而增值,所以不同时间的货币收入或付出不宜直接进行比较,需要把它们换算到相同的时间点上,然后才能进行大小的比较和比率的计算。由于货币随时间的增长过程与利息的增值过程在数学上相似,因此计算利息的各种方法被广泛运用到货币时间价值的计算上。

2. 货币时间价值的计算

(1) 单利的计算。

按照单利的方法,只有本金才能获得利息。不管时间多长,所生利息均不计入本金重复计算利息,即不存在"利滚利"现象。从债权人(或储户)角度观察,这里的"本金"是指贷给别人(或存入银行)以收取利息的原本金额,亦称"母金"(又称期初金额或现值)。而"利息"是指借款人(或银行)付给贷款人(或储户)的超过本金部分的金额。

如果我们用 P 表示本金,i 表示利率(通常指年利率,即每年所获利息与本金之比),I 表示利息,S 表示本金与利息之和(又称本利和或终值),t 表示时间(通常以年为单位),则单利利息的计算公式为:

$$I = P \times i \times t \tag{4.2}$$

本金单利终值的计算公式为:

$$S = P + P \times i \times t = P \times (1 + i \times t) \tag{4.3}$$

本金单利现值的计算公式为:

$$P = S \times (1 - i \times t) \tag{4.4}$$

需要注意的是,4.4 式中的利率 i 是指"贴现率",以将来值作为计算利率的依据。

[例 1] 某企业有一张带息期票①,面额为 2 000 元,票面利率为 6%,出票日期 6 月 30 日,8 月 29 日到期(共 60 天),则到期利息为:

---

① 期票是债务人对债权人开出的承诺在一定时期内支付现款的债务凭证。期票经过债权人在其背面上作了转让债权的签字(背书)之后,在到期之前,可以当作流通手段或支付手段,用来购买商品或偿付债务。这样,期票的新的持有者就成了债权人,他有权在期票到期时向最初的开票人(债务人)兑取现款。如果是带息期票,则在到期归还款项时,还要根据约定的利率支付利息。

$$I = 2\,000 \times 6\% \times \frac{60}{360} = 20(\text{元})$$

在计算利息时，除非特别指明，给出的利率是指年利率。对于不足一年的利息，以一年等于360天来折算。

上述带息期票到期时，出票人应付的本利和（即该票据的终值）为：

$$S = P + I = 2\,000 \times \left(1 + 6\% \times \frac{60}{360}\right) = 2\,020(\text{元})$$

假设持有上述期票的企业急需用款，于7月20日到银行办理贴现。银行规定的贴现率为9%。因该期票8月29日到期，贴现期为40天。银行付给企业的金额（该期票7月30日那一天的现值）为：

$$P = 2\,020 \times \left(1 - 9\% \times \frac{40}{360}\right) = 1\,999.80(\text{元})$$

（2）复利的计算。

按照复利的方法，每经过一个计息期，要将所生利息加入本金再计利息，逐期滚算，俗称"利滚利"。这里所说的计息期，是指相邻两次计息的时间间隔，如年、月、日等。这里，除非特别指明，计息期均为一年。

① 复利终值。

如果本金为 P，每期利率为 i，计息期为 n 期，则复利终值的计算公式为：

$$S = P(1+i)^n \qquad (4.5)$$

式中的 $(1+i)^n$ 是1元本金按利率 i 在 n 期末的复利终值，称为复利终值系数，可以用符号 $(S/P, i, n)$ 表示。例如，$(S/P, 8\%, 5)$ 表示利率为8%，5期复利终值的系数。为了便于计算，人们编制了"复利终值系数表"①供查阅。

表4.2描述了复利终值的形成过程。

表4.2　复利终值的形成

计息周期	期　　初	期　　末
1	P	$P(1+i)$
2	$P(1+i)$	$P(1+i)(1+i)$
3	$P(1+i)^2$	$P(1+i)^2(1+i)$
4	$P(1+i)^3$	$P(1+i)^3(1+i)$
…	…	…
n	$P(1+i)^{n-1}$	$P(1+i)^n$

---

① 一般《财务管理》、《工程经济学》、《技术经济学》等书的附录中有此类表式，包括后面介绍的其他几个复利计算的系数。

[例2] 某人以年利率 10％ 借入资金 10 000 元，共借 5 年（5 年后一次还本付息），试比较计单利及复利的偿还情况。

表 4.3 单利与复利的比较

年	年初欠款		年末应计利息		年末欠款		年末偿还	
	单利	复利	单利	复利	单利	复利	单利	复利
1	10 000.00	10 000.00	1 000.00	1 000.00	11 000.00	11 000.00	0.00	0.00
2	11 000.00	11 000.00	1 000.00	1 100.00	12 000.00	12 100.00	0.00	0.00
3	12 000.00	12 100.00	1 000.00	1 210.00	13 000.00	13 310.00	0.00	0.00
4	13 000.00	13 310.00	1 000.00	1 331.00	14 000.00	14 641.00	0.00	0.00
5	14 000.00	14 641.00	1 000.00	1 464.10	15 000.00	16 105.10	15 000.00	16 105.10

[例3] 某企业投资 100 000 元，预期投资报酬率为 10％，3 年后的终值为：

$$S = 100\,000(S/P, 10\%, 3) = 100\,000 \times 1.331 = 133\,100(元)$$

② 复利现值。

复利现值是复利终值的相反概念，指未来某一时间的一笔资金按复利计算的现在价值，或者说是为取得将来一定本利和现在所需要的本金。

复利现值计算公式为：

$$P = \frac{S}{(1+i)^n} \tag{4.6}$$

式中的 $\frac{1}{(1+i)^n}$ 是将来 1 元的复利现值，称为复利现值系数，可以用符号 $(P/S, i, n)$ 来表示。例如 $(P/S, 8\%, 4)$ 表示利率为 8％ 时 4 期的复利现值系数。为了便于计算，人们也编制了"复利现值系数表"可供查阅。

[例4] 某人计划存入一笔款子到银行以便在 5 年后获得本利和 10 000 元。假设银行存款利率（投资报酬率）为 10％，现在应存入多少资金？

根据（4.5）式计算可得：

$$P = \frac{S}{(1+i)^n} = \frac{10\,000}{(1+0.10)^5} = 6\,209(元)$$

也可以查表，得到 $(P/S, 10\%, 5) = 0.620\,9$。应存入的资金为 10 000 × 0.620 9 ＝ 6 209（元）。

③ 名义利率与实际利率。

复利的计息期不一定总是一年，有可能是季度、月或日。当计息期不是一年

130

时,给出的年利率与实际利率是有差别的。这里,给出的年利率就叫做名义利率。

实际年利率和名义利率之间的关系是:

$$1+i=\left(1+\frac{r}{m}\right)^m \tag{4.7}$$

式中:r 为名义利率;m 为每年复利次数;i 为实际利率。

[**例 5**] 现有本金 10 000 元,投资 5 年,年利率 12%,每季度复利一次,则实际利率为:

$$
\begin{aligned}
i &= \left(1+\frac{r}{m}\right)^m - 1 \\
&= \left(1+\frac{12\%}{4}\right)^4 - 1 \\
&= 12.55\%
\end{aligned}
$$

投资 5 年的本利和为:

$$
\begin{aligned}
S &= P(1+i)^n \\
&= 10\,000 \times (1+12.55\%)^5 \\
&= 18\,060(元)
\end{aligned}
$$

此题也可以这样计算:

$$
\begin{aligned}
S &= P(1+i)^n \\
&= 10\,000 \times \left(1+\frac{12\%}{4}\right)^{20} \\
&= 18\,061(元)
\end{aligned}
$$

3. 年金的计算

年金是指等额、定期的系列收支。按照收付的次数和支付的时间划分,年金有以下几类:

(1)普通年金。

普通年金又称后付年金,是指各期期末收付的年金。图 4.2 所示为普通年金的现金流量,从第一年到第 n 年每年年末均有一个固定的支付 A。时间轴上

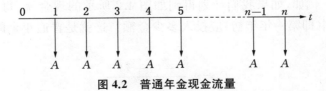

图 4.2　普通年金现金流量

数字标识处是指相应年份(或时期)的年末(或期末)。

① 普通年金终值的计算。

普通年金终值是指最后一次支付时的本利和,它是每次支付的复利终值之和。

设每年的支付金额为 A,利率为 i,期数为 n,则按复利计算的年金终值 S 为:

$$S = A\frac{(1+i)^n - 1}{i} \qquad (4.8)$$

式中的 $\frac{(1+i)^n - 1}{i}$ 是普通年金为 1 元、利率为 i、经过 n 期的年金终值,称为"年金终值系数",记作 $(S/A, i, n)$。同样,为了便于计算,人们也编制了"年金终值系数表"供查阅。

② 偿债基金。

偿债基金是指为使年金终值达到某一既定金额每年应支付的年金数额,即已知年金终值 S 求年金 A。根据(4.8)式可得偿债基金的计算公式为:

$$A = S\frac{i}{(1+i)^n - 1} \qquad (4.9)$$

式中的 $\frac{i}{(1+i)^n - 1}$ 是年金终值系数的倒数,称为偿债基金系数,记作 $(A/S, i, n)$,也有现成的表式可查(也可以根据年金终值系数求倒数确定)。

[例6] 某人计划通过每年存入银行一笔款子(假定银行存款计复利)以使 5 年后自己在银行的本利和为 610 510 元。已知利率为 10%,每年需要存入多少元?

$$\begin{aligned} A &= S\frac{i}{(1+i)^n - 1} \\ &= 610\,510 \times \frac{10\%}{(1+10\%)^5 - 1} \\ &= 100\,000(元) \end{aligned}$$

③ 普通年金现值的计算。

普通年金现值,是指为了能在每期期末取得一个既定金额的款项,现在需要投入的金额。例如,如果我们计划得到如图 4.2 所示的现金流(每年年末取得 A),第 0 时刻(即第一年年初)应投入多少金额? 这就是普通年金的现值,其计算公式为:

$$P = A\frac{1 - (1+i)^{-n}}{i} \qquad (4.10)$$

式中的 $\dfrac{1-(1+i)^{-n}}{i}$ 是普通年金为 1 元、利率为 i、经过 n 期的年金现值,称为

"年金现值系数",通常用 $(P/A,i,n)$,也有现成的"年金现值系数表"可查。

　　[**例 7**] 某人准备在第 1 年年初一次性存入一笔款子到银行,以便在从第一年开始的未来 5 年每年年末提取 1 000 元作为给小辈的压岁钱。如果银行存款的年利率为 5%,且计复利,应存入多少资金?

$$P = A\dfrac{1-(1+i)^{-n}}{i}$$
$$= 1\,000 \times \dfrac{1-(1+5\%)^{-5}}{5\%}$$
$$= 4\,329.48(元)$$

　　(2) 预付年金。

　　预付年金是指从第一期(年)到第 n 期(年)每期期初支付一笔既定款子的年金,又称即付年金或先付年金,其现金流量如图 4.3 所示。

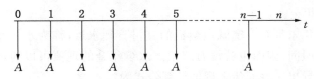

图 4.3　预付年金现金流量

　　① 预付年金终值的计算。

　　预付年金终值,就是要将如图 4.3 所示的现金支付折算成 n 年年末(即时间轴上 n 点处)的价值。计算公式为:

$$S = A\left[\dfrac{(1+i)^{n+1}-1}{i}-1\right] \tag{4.11}$$

式中的 $\left[\dfrac{(1+i)^{n+1}-1}{i}-1\right]$ 是 1 元的预付年金终值,也称为预付年金终值系数。

　　② 预付年金现值的计算。

　　此时我们需要将如图 4.3 所示的现金支付折算成第一年年初(即时间轴上 0 点处)的价值。计算公式为:

$$P = A\left[\dfrac{1-(1+i)^{-(n-1)}}{i}+1\right] \tag{4.12}$$

式中的 $\left[\dfrac{1-(1+i)^{-(n-1)}}{i}+1\right]$ 是 1 元的预付年金现值,称为预付年金现值

系数。

（3）递延年金。

如果不是从第一期（年）开始支付的年金，即第一次支付发生在第二期（年）或第二期（年）以后的年金，称为递延年金。例如，图 4.4 给出了从第三年开始至第 n 年每年年末支付既定金额 A 的递延年金现金流量。

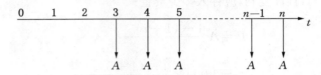

图 4.4　递延年金现金流量

我们可以将图 4.4 中的递延年金支付折算成 n 年年末时（时间轴上 n 点处）的终值，也可以折算成第一年年初（时间轴上第 0 点处）的现值，甚至还可以折算成 n 年中每年年初支付的预付年金或 n 年中每年年末支付的普通年金（请自己推导有关计算公式）。

（4）永续年金。

如果每年年末都有一笔既定金额的支付直到永远，称为永续年金。永续年金没有终止的时间，因而也就没有终值。永续年金的现值可以通过普通年金现值的计算公式导出。普通年金现值计算公式为：

$$P = A \frac{1-(1+i)^{-n}}{i}$$

当期数 n 趋近于无穷大时，$(1+i)^{-n}$ 的极限为零，因此，永续年金的现值为

$$P = \frac{A}{i} \tag{4.13}$$

4.2.2　风险和收益

企业的经营活动通常都是有风险的，财务活动也不例外。例如，企业在进行投资决策时，是根据对未来产品的售价、原材料的价格以及投资成本等进行预测的基础上来衡量该投资项目的盈利水平的。而未来产品的真实售价、原材料的真实价格以及投资的真实成本等在投资决策时并不能确切知道。未来的真实情形，可能比预计的好，也可能比预计的差，因此投资存在着风险。

风险可能给投资人带来超出预期的收益，也可能带来超出预期的损失。一

般来说,投资人对意外损失的关切,比对意外收益要强烈得多。因此人们在研究风险时的注意力主要集中在如何减少损失上,即主要从不利的方面来考察风险,经常把风险看成是不利事件发生的可能性。

从投资主体的角度看,风险可以分为市场风险和公司特有风险两类。市场风险涉及所有的投资对象,无法通过多角化投资来分散风险,因此又称为不可分散风险或系统风险。公司特有风险是随机发生的,因而可以通过多角化投资来分散(发生于一家公司的不利事件可以被其他公司的有利事件所抵消)。这类风险称可分散风险或非系统风险。

从公司本身来看,风险又可分为经营风险(商业风险)和财务风险(筹资风险)两类。经营风险主要来自以下几方面:市场销售;生产成本;生产技术;其他。经营风险使企业的报酬变得不确定。财务风险是指筹资决策方面带来的风险,因而也叫筹资风险。

风险和报酬的基本关系是:承担的风险越大,要求的报酬率越高。风险和报酬的这种联系,是市场竞争的结果。大多数人都是风险规避者,都希望投资于风险较小的领域。因此,在风险较小的领域存在着众多的竞争者,报酬率自然不会高。而那些风险较高的领域,只有那些勇于承担高风险的人才愿意投资,竞争不太激烈,因而会有较高的报酬率。因此,较高的投资报酬率实际上也就是对那些勇于承担高风险的人的"奖赏"。当然,那些勇于承担高风险的人,也正是看到了可能存在高报酬率才愿意投资的。

投资人将钱交给企业经营项目,投资人承担着一定的风险,因此他们要求期望的报酬率要与其承担的风险相适应。风险和期望投资报酬率的关系可以表示如下:

$$期望投资报酬率＝无风险报酬率＋风险报酬率 \qquad (4.14)$$

其中,无风险报酬率是指到期一定能得到预期报酬的投资项目的报酬率。如购买国家发行的公债,到期连本带利肯定可以收回。显然,如果投资人承担了一定的风险,所要求的期望报酬率肯定要高于无风险的报酬率。风险报酬率与承担的风险大小有关,风险越大则要求的报酬率越高,因而是风险的函数,即

$$风险报酬率＝f(风险程度) \qquad (4.15)$$

由于每个人对待风险的态度不同(对风险的偏好不同),对同样风险程度的项目所要求的报酬率也不同。

为了控制风险,许多企业采用多种经营的战略,主要原因是它能分散风险。多经营几个品种,它们景气程度不同,盈利和亏损可相互补充,减少风险。

4.3　财务报表分析

4.3.1　财务报表分析概述

　　财务报表是企业一定时期内的经营成果、财务收支状况和理财过程的一组书面报告。而财务报表分析就是以财务报表和其他资料为依据和起点,采用专门方法,系统分析和评价企业的过去和现在的经营成果、财务状况及其变动,目的是了解过去、评价现在、预测未来,帮助利益关系集团改善决策。财务分析的最基本功能,是将大量的报表数据转换成对特定决策有用的信息,减少决策的不确定性。

　　1. 财务报表分析的主体

　　财务报表的使用人有许多种,包括投资人、债权人、经理人员、供应商、政府、雇员和工会和一些中介机构。他们出于不同目的使用财务报表,需要不同的信息,采用不同的分析程序。

　　投资人:为决定是否投资,分析企业的资产和盈利能力;为决定是否转让股份,分析盈利状况,股价变动和发展前景;为考察经营业绩,要分析资产盈利水平、破产风险和竞争能力;为决定股利分配政策,要分析筹资状况。

　　债权人:为决定是否给企业贷款,要分析贷款的报酬和风险;为了解债务人的短期偿债能力,要分析其流动状况;为了解债务人的长期偿债能力,要分析其盈利状况;为决定是否出让债权,要评价其价值。

　　经理人员:为改善财务决策而进行财务分析,涉及的内容最广泛,几乎包括外部使用人关心的所有问题。

　　供应商:要通过分析,看企业是否能长期合作;了解销售信用水平如何;是否应对企业延长付款期。

　　政府:要通过财务分析了解企业纳税情况;了解企业遵守政府法规和市场秩序的情况;了解企业的职工收入和就业状况。

　　雇员和工会:要通过分析判断企业盈利与雇员收入、保险、福利之间是否相适应。

　　中介机构(注册会计师、咨询人员等):注册会计师通过财务报表分析可以确定审计的重点。财务报表分析领域的逐渐扩展与咨询业的发展有关,在一些国家"财务分析师"已成为专门职业,他们为各类报表使用人提供专业咨询。

2. 财务报表分析的一般步骤

- 明确分析目的;
- 设计分析程序;
- 收集有关信息;
- 将整体分为各个部分,予以适当安排,使之符合需要;
- 研究各个部分的特殊本质;
- 研究各个部分之间的联系;
- 得出分析结论,提供对决策有帮助的信息。

3. 财务报表分析的方法

进行财务报表分析,最主要的方法是比较分析法和因素分析法。

(1) 比较分析法。

客观事物的发展变化是统一性与多样性的辩证结合,企业的财务状况的变化也不例外,这就构成了比较分析法的理论基础。共同性使企业的财务指标之间具有了可比的基础,差异性使它们具有了不同的特征。在实际分析时,常常要结合使用这两方面的比较。根据比较对象和比较内容的不同,可以有如下几种类型。

① 按比较对象分类。

- 趋势分析:趋势分析就是将企业的某财务指标分析期与前一时期或连续数期的项目金额进行对比。这是一种对财务报表项目进行纵向比较分析的方法,也是一种动态的分析。

- 同业分析:同业分析就是将企业的主要财务指标与同行业的平均指标或同行业中先进企业的对应指标进行对比,这可以比较全面地评价企业的经营成绩。

- 预算差异分析:将分析期的预算数额作为比较的标准,实际数与预算数的差距反映了预算完成的程度,可以给进一步分析和寻找企业潜力提供方向。

② 按比较内容分类。

- 总量指标:总量是指财务报表某个项目的金额总量,例如年度净利润、应收账款、存货等。总量指标比较主要用于时间序列分析,如净利润的逐年变化趋势等。当然,总量指标分析也可用于同行业对比,可以判断企业的相对规模和竞争地位等。

- 财务比率:财务比率常用倍数或比例表示,用以反映各项目的相互关系和内在联系,代表了企业某一方面的特征、属性或能力。在财务报表分析中,财务比率的比较是最重要的比较。财务比率是相对数,排除了规模的影响,使不同规模的比较对象之间具有了可比性,因此被广泛用于历史比较、同业比较和预算比较。

- 结构百分比:结构百分比是用百分率表示某一报表项目的内部结构。它反映该项目内各组成部分的比例关系,代表了企业某一方面的特征、属性或能力。结构百分比实际上是一种特殊形式的财务比率,它们同样排除了企业规模的影响,使不同比较对象建立起可比性,可以用于本企业历史比较、与其他企业比较和与预算比较。

(2)因素分析法。

因素分析法也是财务报表分析常用的一种技术方法,它是指把整体分解为若干个局部的分析方法,包括财务比率的因素分解法和差异因素分解法等。

① 比率因素分解法:是指把一个财务比率分解为若干个影响因素的方法。例如,资产收益率可以分解为资产周转率和销售利润率两个比率的乘积。

② 差异因素分解法又分为定基替代法和连环替代法两种。

- 定基替代法:定基替代法是测定比较差异成因的一种定量方法。按照这种方法,需要分别用标准值(历史的、同业企业的或预算的标准)替代实际值,以测定各因素对财务指标的影响。

- 连环替代法:连环替代法是另一种测定比较差异成因的定量分析方法。按照这种方法,需要依次用标准值替代实际值,以测定各因素对财务指标的影响。

在财务报表分析中,除了普遍、大量地使用比较法和因素分析法之外,有时还使用回归分析、模拟模型等技术方法。

4. 财务报表分析的原则

财务报表分析的原则是指各类报表使用人在进行财务分析时应遵循的一般规范,可以概括为:目的明确原则;实事求是原则;全面分析原则;系统分析原则;动态分析原则;定量分析与定性分析结合原则;成本效益原则。

4.3.2 主要的财务报表

1. 资产负债表

资产负债表是一家企业最主要的综合财务报表之一。根据现代会计学复式簿记的记账方法,一家企业的资产和负债双方在账面上必须平衡。通常,资产作为会计上的借方,列在资产负债表的左边,而负债作为会计上的贷方,列在资产负债表的右边。

这里的资产即企业的总财产,可以分为固定资产和流动资产两部分。企业的固定资产包括厂房、房屋、土地、机器、设备等，是企业在较长时间内正常经营所使用的生产手段。随着时间的推移以及生产的进行，企业原先购置的固定资产的价值也在不断的变化。固定资产在最初购置的费用加上安装调试等费用构成了该固定资产的原始价值(简称原值)，从原始价值中减去每年所提存的折旧费后剩余的价值就是该固定资产的价值，计入资产负债表中。企业的流动资产是指企业日常经营所需的资金，以及那些可以在较短时间内换成现金的短期资产，包括现金、可买卖的短期证券、应收账款、存货等。

　　负债即公司有法律责任应在约定的条件按时偿还的债务，包括流动负债和长期负债两种。流动负债是指那些时间较短(通常在一年内须偿付)的债务，如应付工资、应付账款、应付票据、应交税款等；长期负债是指那些在较长时期(通常为一年以上)必须偿还的债务，如房地产抵押借款、应付长期债券和长期票据等。

　　资产总额与负债总额之间的差额，在会计上称为股东的"资产净值"或"所有者权益"，实际上就是企业对全体股东(或所有者)的债务。在资产负债表中，所有者权益(股东权益)位于负债总额的下方。由此可见，在资产负债表中，企业的资产必定等于负债与所有者权益(股东权益)之和。

　　表 4.4 所示为××公司资产负债表。表的左边是企业的资产，右边是企业的负债与股东权益，左右两边的总额是相等的。

表 4.4　××公司资产负债表

金额单位：人民币千元

资　产	2003.12.31	2002.12.31	负债及股东权益	2003.12.31	2002.12.31
流动资产			流动负债		
货币资金	1 857 850	1 435 735	短期借款	4 058 626	3 694 990
应收票据	1 870 229	1 203 651	应付票据	194 379	190 737
应收账款	510 983	482 277	应付账款	1 469 890	1 041 587
其他应收款	341 298	309 693	预收账款	246 419	310 961
预付账款	171 924	142 111	应付工资	43 391	43 391
存货	3 297 597	2 990 532	应付福利费	34 137	30 684
流动资产合计	8 049 881	6 563 999	应交税金	142 730	265 227
长期投资			其他应交款	3 065	6 814
长期股权投资	3 610 286	3 379 501	其他应付款	494 216	379 518
固定资产			预提费用	16 698	13 019
固定资产原价	27 965 100	27 906 284	一年内到期的长期借款	1 522 283	755 815
减:累计折旧	13 460 090	13 083 483	流动负债合计	8 225 834	6 732 743
固定资产净值	14 505 010	14 822 801	长期负债		
减:固定资产减值准备	24 600	24 600	长期借款	2 241 802	2 941 948
固定资产净额	14 480 410	14 798 201	长期负债合计	2 241 802	2 941 948

续表

资　　产	2003.12.31	2002.12.31	负债及股东权益	2003.12.31	2002.12.31
工程物资	29 511	27 810	负债合计	10 467 636	9 674 691
在建工程	483 571	351 480	股东权益		
固定资产合计	14 993 492	15 177 491	股本	7 200 000	7 200 000
无形资产	32 500	35 863	资本公积	2 856 278	2 856 278
递延税项资产	24 853	24 853	盈余公积	3 401 842	3 401 842
			其中:法定公益金	978 575	978 575
			未分配利润	2 785 256	2 048 896
			股东权益合计	16 243 376	15 507 016
资产总计	26 711 012	25 181 707	负债及股东权益总计	26 711 012	25 181 707

2. 利润表

利润表又称损益表,也是公司最主要的综合财务报表之一,反映了企业的营运情况和损益情况。表4.5是××公司2003年度的损益表,它反映了该公司2003会计年度的经营情况。

表4.5　××公司利润表

金额单位:人民币千元

主营业务收入	7 620 877
减:主营业务成本	6 197 444
主营业务税金及附加	160 338
主营业务利润	1 263 095
加:其他业务利润	7 608
减:营业费用	94 992
管理费用	238 222
财务费用	75 912
营业利润	861 577
加:投资收益	60 203
营业外收入	199
减:营业外支出	67 048
利润总额	854 931
所得税	118 571
净利润	736 360
加:期初未分配利润	2 048 896
可供分配的利润	2 785 256

3. 现金流量表

资产负债表、利润表已经提供了企业经营状况的一定信息,但是还不够。例如,企业经营中现金的变动情况如何? 有些企业有正的利润却为何还要通过贷款才能使经营正常进行？有些企业报告有较高的盈利水平却为什么没有足够的现金分红？资产负债表和利润表无法给出上述问题的答案。

现金流量表是反映企业现金流量的动态报表，它显示了企业在一定会计期间现金来源和现金运用的情况。现金流量表为企业管理者、投资者等进行决策提供了重要信息。现金流量表有如下可能：(1)现金流量表能够说明企业一定期间内现金流入和流出的原因；(2)现金流量表能够说明企业的偿债能力和支付股利的能力；(3)现金流量表能够分析企业未来获取现金的能力；(4)现金流量表能够分析企业投资和理财活动对经营成果和财务状况的影响。

表 4.6　××公司现金流量表

金额单位：人民币千元

经营活动产生的现金流量：	
销售商品、提供劳务收到的现金	8 343 245
收到的其他与经营活动有关的现金	199
现金流入小计	8 343 444
购买商品、接受劳务支付的现金	7 262 713
支付给职工以及为职工支付的现金	230 623
支付的所得税	157 279
支付的除所得税外的各项税款	204 012
支付的其他与经营活动有关的现金	15 394
现金流出小计	7 870 021
经营活动产生的现金流量净额	473 423
投资活动产生的现金流量：	
收到已到期的金融机构的定期存款	37 485
取得投资收益所收到的现金	12 312
处置固定资产所收回的现金净额	3 896
收到的其他与投资活动有关的现金	6 472
现金流入小计	60 165
购建固定资产所支付的现金	244 348
投资所支付的现金	182 894
支付的于金融机构的定期存款	38 532
现金流出小计	465 774
投资活动产生的现金流量净额	−405 609
筹资活动产生的现金流量：	
借款所收到的现金	1 777 233
现金流入小计	1 777 233
偿还债务所支付的现金	1 347 567
分配股利、利润和偿付利息所支付的现金	76 165
现金流出小计	1 423 732
筹资活动产生的现金流量净额	353 501
汇率变动对现金的影响	−247
现金及现金等价物净增加额	421 068

表 4.7 ××公司现金流量表补充说明

金额单位:人民币千元

将净利润调节为经营活动现金流量	
净利润	736 360
固定资产折旧	405 877
无形资产摊销	3 363
处理固定资产的损失	13 664
财务费用	73 363
投资收益	60 203
存货的增加	308 766
经营性应收项目的增加	808 662
经营性应付项目的增加	418 427
少数股东损益	—
经营活动产生的现金流量净额	473 423
现金及现金等价物净增加情况	
现金的期末余额	1 819 318
减:现金的期初余额	1 398 250
现金及现金等价物净增加额	421 068

4.3.3 基本的财务比率

财务报表中有大量的数据,我们可以根据需要计算出很多有意义的比率(即财务比率),这些比率涉及企业经营管理的各个方面,可以提供比原始数据本身更多的信息。常用的财务比率包括企业的变现能力比率、资产管理比率、负债比率和盈利能力比率四大类。

1. 变现能力比率

变现能力是企业产生现金的能力(也就是偿债能力),它取决于可以在短期内转变为现金的流动资产的多少,通常用于短期偿债能力分析。具体有如下几种比率:

(1) 流动比率。

流动比率是流动资产除以流动负债的比值,即每元流动负债有多少流动资产作保证。流动比率的计算公式为:

$$流动比率 = \frac{流动资产}{流动负债} \tag{4.16}$$

　　不难理解,流动比率反映的是企业的短期偿债能力。流动比率越高,企业的短期偿债能力也就越强,债权人的利益也就越能得到保障。

　　企业流动比率的合理范围是不能一概而论的。在实际工作中,可以与同行业平均流动比率水平、本企业历史的流动比率水平进行比较。一般情况下,营业周期、流动资产中的应收账款数额和存货的周转速度是影响流动比率的主要因素。

　　(2) 速动比率。

　　在流动资产中,有些项目的流动性并不好。有些项目不太能变现,有些项目虽然能变现,但可能要遭受损失。因此,流动比率所表现出来的变现能力是要打些折扣的。比流动比率更进一步的有关变现能力的比率指标是速动比率(也称为酸性测试比率)。

　　速动比率是指将不太容易变现的存货等从流动资产中扣除(扣除后的余额通常称为"速动资产"),再除以流动负债得出的比值。速动比率的计算公式为:

$$速动比率 = \frac{速动资产}{流动负债} \tag{4.17}$$

　　在计算速动比率时,需要把存货从流动资产中予以剔除,其主要原因是:①相比较而言,在流动资产中存货的变现能力是最差的;②存货中可能含有已损失报废但还没作处理的不能变现的存货;③有些存货可能已抵押给债权人;④在存货估价中,还可能存在估价是否合理的问题。

　　此外,待摊费用和预付账款等,虽然具有资产的性质,但本质上属于费用,因而在计算速动资产时通常也要将它们扣除,即

$$速动资产 = 流动资产 - 存货 - 预付账款 - 待摊费用 \tag{4.18}$$

　　不同的行业,合理的速动比率也是有很大差别的,没有统一标准的速动比率。例如,采用大量现金销售的商店,很少有应收账款,因此速动比率大大低于 1 也是很正常的;反之,某些应收账款较多的企业,其速动比率往往要大于 1。在实际工作中,我们也常将某企业的速动比率与行业平均水平或该企业的历史水平进行比较,以判断该企业的偿债能力。

　　2. 负债比率

　　负债比率是指债务和资产、净资产的关系,用以反映企业的长期偿债能力(即企业偿还长期负债的能力)。

　　企业对一笔债务负有到期偿还债务本金以及支付债务利息的责任。因此,分析一个企业的长期偿债能力也要从企业偿还债务本金与支付债务利息的能力两方面考察。

　　(1) 资产负债率。

资产负债率(负债比率)是负债平均总额除以资产平均总额得出的比率,反映了在总资产中有多大比例是通过借债来筹措的。计算公式如下:

$$资产负债率 = \frac{负债总额}{资产总额} \qquad (4.19)$$

式中的负债总额是指企业的全部负债,包括长期负债和流动负债;资产总额是指企业的全部资产总额,包括流动资产、固定资产、长期投资、无形资产和递延资产等。

资产负债率是衡量企业负债水平及风险程度的重要标志之一。一般认为,对于经营风险比较高的企业,为减少财务风险应选择比较低的资产负债率;对于经营风险低的企业,为增加股东收益应选择比较高的资产负债率。

对于债权人来说,资产负债率越低越好。资产负债率低,债权人提供的资金与企业资本总额相比,所占比例低,收回债务的可能性增加;对于股东来说,他们希望保持较高的资产负债率水平(前提是全部资本利润率高于借款利息率);对于企业经营者来说,他们最关心的是尽可能降低财务风险。

(2)产权比率。

产权比率是负债总额与股东权益总额之间的比率,也叫负债与股东权益比率,它也是衡量企业长期偿债能力的指标之一。其计算公式如下:

$$产权比率 = \frac{负债总额}{所有者权益总额} \qquad (4.20)$$

在股份有限公司中,"所有者权益"就是"股东权益"。

产权比率反映由债权人提供的资本与股东提供的资本的相对关系,反映了企业的基本财务结构。一般来说,产权比率高,是高风险、高报酬的财务结构;产权比率低,是低风险、低报酬的财务结构。该指标同时也反映债权人投入资本受股东权益保障的程度,或者说是企业清算时对债权人利益的保障程度。

产权比率与资产负债率都是用于衡量长期偿债能力的,具有相近的经济意义,两个指标是可以相互补充的。

(3)已获利息倍数。

已获利息倍数也叫利息保障倍数,是指企业生产经营所获收益(息税前利润)与利息费用的比率,用以衡量企业偿付借款利息的能力。已获利息倍数越大,企业偿付利息费用的能力越强。因此,对于债权人而言,需要分析已获利息倍数,用以衡量债权的安全程度。已获利息倍数的计算公式为:

$$已获利息倍数 = \frac{息税前利润}{利息费用} \qquad (4.21)$$

"息税前利润"是指利润表中未扣除利息费用和所得税之前的利润,它也可以用"利润总额加利息费用"来测算,或者也可以用"净利润加所得税、利息费用"来测算。如果在利润表中没有将"利息费用"单列,而是混在"财务费用"之中,可以用"利润总额加财务费用"来估计。

3. 资产管理比率

资产管理比率是用来衡量企业在资产管理方面效率的财务比率,通常用于企业的营运能力分析。常用的有如下几种:

(1) 存货周转率。

在流动资产中,存货通常占有较大的比重。因此,加快存货的周转速度直接影响企业的资产运营质量。存货的流动性通常可以用存货的周转速度指标(存货周转率)或存货周转天数来衡量。

企业在生产活动过程中,首先购入原材料、零配件等,然后投入生产,最后通过销售收回资金。在这个过程中,企业的资金分别占用在原材料库存、在制品以及产成品中。可见存货周转率的高低涉及企业购入存货、投入生产、销售收回等各环节的管理水准。企业的销售成本除以平均存货所得到的比率称为存货周转率(也叫存货的周转次数)。我们也可以用时间来衡量的存货周转速度。存货周转率和存货周转天数的计算公式为:

$$存货周转率(次数) = \frac{销售成本}{存货平均余额} \tag{4.22}$$

$$存货周转天数 = \frac{计算期天数}{存货周转率(次数)} \tag{4.23}$$

或者

$$存货周转天数 = \frac{存货平均余额 \times 计算期天数}{销售成本} \tag{4.24}$$

我们可以从利润表(损益表)中找到销售成本数据,平均存货可以用资产负债表中的"期初存货"(也就是上期期末的数字)与"期末存货"(本期期末的数字)的平均数得到。

通常,存货周转速度越快(存货周转率高或者存货周转天数少),存货的资金占用水平就越低,流动性就越强,存货转化为现金、应收账款等的速度也就越快。因此,提高存货周转速度可以提高企业的变现能力。

(2) 应收账款周转率。

通常,企业实现了销售后,并不能马上收回货款,资金被占用在"应收账款"上。因此,及时收回应收账款,对于增强企业的短期偿债能力以及提高企业应收账款管理效率有着积极的意义。

所谓应收账款周转率,是指计算期(或年度)内应收账款转化为现金的平均次数,它反映了应收账款流动的速度。当然,我们也用应收账款周转天数(即企业从取得应收账款的权利到收回款项、转换为现金所需要的平均时间)来衡量应收账款的周转速度。相应的计算公式为:

$$应收账款周转率(次数) = \frac{销售收入}{应收账款平均余额} \tag{4.25}$$

$$应收账款周转天数 = \frac{计算期天数}{应收账款周转率(次数)} \tag{4.26}$$

这里的"销售收入"数据可以从利润表(损益表)得到,而"平均应收账款"是资产负债表中"应收账款期初余额"(即应收账款上期期末余额)和"应收账款期末余额"的平均数。

在一般情况下,企业的应收账款周转率越高(即一个计算期内周转次数越多),企业应收账款回收速度就越快,企业应收账款的管理效率也就越高,企业的短期偿债能力也就越强。另外,加快企业的应收账款回收速度对于防止或降低企业应收账款的坏账损失、提高企业流动资产的收益能力有着重要意义。

(3)流动资产周转率。

流动资产周转率是销售收入与流动资产平均余额的比率,也就是企业的流动资产在一定时期内(通常为一年)周转的次数,它反映了企业流动资产的运用效率。流动资产周转率也可以用流动资产周转次数和流动资产周转天数来表示,计算公式分别为:

$$流动资产周转率(次数) = \frac{销售收入}{流动资产平均余额} \tag{4.27}$$

$$流动资产周转天数 = \frac{计算期天数}{流动资产周转率(天数)} \tag{4.28}$$

这里,流动资产平均余额是流动资产期初余额和流动资产期末余额的平均数。

一般来说,企业流动资产周转率越高,或周转次数越多,表明企业流动资产的运用效率越高(企业占用一定的流动资产实现的销售收入越多),提高了企业的偿债能力和盈利能力。

(4)总资产周转率。

企业总资产的周转情况可以用"总资产周转率"来衡量。总资产周转率是企业销售收入与总资产平均余额的比值,它表明了企业的总资产的使用效率,其计算公式为:

$$总资产周转率 = \frac{销售收入}{总资产平均余额} \tag{4.29}$$

总资产周转率越快,表明销售能力越强,获利能力也越强。企业可以通过提高销售收入或处理多余资产来加快总资产周转率。

4. 盈利能力比率

盈利能力是企业获取利润的能力。利润是投资者取得投资收益、债权人收取本息的资金来源,是企业经营者经营业绩和管理水平的集中表现,因此企业盈利能力分析备受各方重视。通常,我们可以用如下几个指标来衡量企业的盈利能力:

(1) 销售净利率。

销售净利率是指净利润与销售收入之比,其计算公式为:

$$销售净利率 = \frac{净利润}{销售收入} \times 100\% \tag{4.30}$$

这里的"净利润"是指税后利润。销售净利率指标反映了每一元销售收入所产生的净利润的多少。企业在扩大销售的同时,应该注意改进经营管理,提高盈利水平。

(2) 销售毛利率。

销售毛利率是毛利(销售收入与销售成本之差)占销售收入的比率,计算公式为:

$$销售毛利率 = \frac{销售收入 - 销售成本}{销售收入} \times 100\% \tag{4.31}$$

销售毛利率表示每一元销售收入扣除销售成本后,有多少钱可以用于各项期间费用以及形成盈利。

(3) 总资产利润率。

总资产利润率是企业利润总额与资产平均总额的比率,计算公式为:

$$总资产利润率 = \frac{利润总额}{资产平均总额} \times 100\% \tag{4.32}$$

"资产平均总额"是期初资产总额与期末资产总额的平均数。总资产利润率反映了企业资产利用的综合效果。此项比率越高,表明企业资产利用的效益越好,获利能力越强,经营管理水平越高。

(4) 净资产收益率。

净资产收益率是净利润与平均净资产的比率,计算公式为:

$$净资产收益率 = \frac{净利润}{平均净资产} \times 100\% \tag{4.33}$$

其中,平均净资产是期初净资产与期末净资产的平均额(有时候也可以直接用"期末净资产"代替）。

4.4 投资管理

4.4.1 投资项目评价的基本方法

对投资项目评价时使用的指标分为两类：一类是贴现指标，即考虑了货币时间价值因素的指标，主要包括净现值、现值指数、内含报酬率等；另一类是非贴现指标，即没有考虑时间货币价值因素的指标，主要包括回收期、会计收益率等。根据分析评价指标的不同类别，投资项目评价分析的方法，也被分为贴现的分析评价方法和非贴现的分析评价方法两种。

1. 贴现的分析评价方法

（1）净现值法。

一个项目要有利可图，必须使收到的货币量大于付出的货币量。在一个项目的整个生命周期中，不断地有货币流入和流出。在考虑货币时间价值的情况下，不同时间的货币不能直接比较。在此情况下，我们可以将不同时间发生的货币流入和流出全部折算成现值，再来判断项目（方案）的优劣。通常，我们将现金流入的现值减去现金流出的现值后的剩余称为净现值，因此这种方法称为净现值法。净现值的计算公式为：

$$净现值(NPV) = \sum_{k=0}^{n} \frac{I_k}{(1+i)^k} - \sum_{k=0}^{n} \frac{O_k}{(1+i)^k} \tag{4.34}$$

其中，n 为项目年限，I_k 为第 k 年的现金流入量，O_k 为第 k 年的现金流出量，I 为基准贴现率（公司的资金成本或根据公司要求的最低资金利润率，可以参照行业平均水平确定）。

用净现值判断项目是否有利可图的基本准则为：

如果 $NPV > 0$，则该投资项目报酬率 > 基准贴现率，该方案可行；

如果 $NPV = 0$，则该投资项目报酬率 = 基准贴现率，该方案也可行；

如果 $NPV < 0$，则该投资项目报酬率 < 基准贴现率，该方案不可行。

净现值法具有计算简便、应用广泛等优点，但确定基准贴现率比较困难。另外，不同规模的独立投资项目无法用净现值进行排序。

（2）现值指数法。

现值指数是指未来现金流入现值与现金流出现值的比率，亦称现值比率、获利指数、贴现后收益——成本比率等。

计算现值指数的公式为：

$$现值指数 = \frac{\sum\limits_{k=0}^{n} \dfrac{I_k}{(1+i)^k}}{\sum\limits_{k=0}^{n} \dfrac{O_k}{(1+i)^k}} \tag{4.35}$$

用现值指数法判断项目是否有利可图的基本准则为：

如果现值指数＞1，则投资项目报酬率＞基准贴现率，方案可行；

如果现值指数＝1，则投资项目报酬率＝基准贴现率，方案可行；

如果现值指数＜1，则投资项目报酬率＜基准贴现率，方案不可行。

由于现值指数是一个相对数，用它可进行不同投资规模项目的比较，也可进行独立投资机会获利能力的比较。但它不能揭示投资方案本身可能达到的报酬率。

（3）内含报酬率法。

内含报酬率（IRR）是能够使未来现金流入量现值等于未来现金流出量现值的贴现率，也就是使投资方案净现值为零的贴现率。

$$\sum_{k=0}^{n} \frac{I_k}{(1+IRR)^k} - \sum_{k=0}^{n} \frac{O_k}{(1+IRR)^k} = 0 \tag{4.36}$$

能够使上式成立的贴现率即为内含报酬率 IRR。我们可以利用"试凑法"来计算内含报酬率。首先估计一个贴现率，用它来计算项目的净现值。如果净现值为正数，说明刚才估计的贴现率小于项目本身的报酬率，应选一个更高的贴现率进一步测试；如果净现值为负数，说明刚才估计的贴现率大于项目本身的报酬率，应选择更低的贴现率进一步测试。经过多次测试，寻找出使净现值接近于零的贴现率，这样贴现率即为项目的内含报酬率。

我们还可以用"线性内插法"找到 IRR。首先找到两个相邻的贴现率，用其中一个贴现率计算的净现值大于零，而用另一个贴现率计算的净现值小于零。显然，IRR 必定在这两个贴现率之间。然后假定在这两个贴现率范围内，净现值与贴现率成线性变化。根据比例关系，求得 IRR。

如图 4.5 中，贴现率为 R_1 时净现值为 $X_1(X_1 > 0)$，贴现率为 R_2 时净现值为 $X_2(X_2 < 0)$，则内含报酬率为：

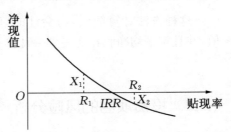

图 4.5　利用线性内插法计算 IRR

$$IRR = R_1 + \frac{X_1}{X_1 + (-X_2)}(R_2 - R_1) \tag{4.37}$$

用内含报酬率法判断项目是否有利可图的基本准则为：

如果 $IRR \geq$ 基准报酬率，方案可行；

如果 $IRR <$ 基准报酬率，方案不可行。

2. 非贴现的分析评价方法

非贴现的分析评价方法不考虑货币的时间价值，可以把不同时间的货币流看成是等效的。这些方法在选择项目方案时只起辅助作用。这里我们仅介绍回收期法和会计收益率法。

（1）回收期法。

回收期是指收回投资所需要的年限。回收年限越短，方案越有利。

如果初始投资是一次支出的，并且每年现金净流入量是相等的，则回收期为：

$$回收期 = \frac{原始投资额}{每年现金净流入量} \tag{4.38}$$

如果每年现金净流入量不等，或原始投资是分次投入的，则可以用下面的方法计算投资回收期：

$$\sum_{k=0}^{n} I_k = \sum_{k=0}^{n} O_k \tag{4.39}$$

其中 I_k 和 O_k 的含义与前面的相同。

由于没有考虑货币的时间价值，因此投资回收期的计算是很方便的。但是，由于没有考虑回收期以后的现金流，因此不能很好地反映项目方案的盈利性。

（2）会计收益率法。

会计收益率的计算公式为：

$$会计收益率 = \frac{年平均净收益}{原始投资额} \times 100\% \tag{4.40}$$

这种方法计算简便，与会计的口径一致；但缺点是没有考虑货币的时间价值，并且年平均净收益还受到会计政策的影响。

4.4.2 投资项目的风险分析

上面在讨论投资方案的评价时，均假定现金流量是确定的，即无论是投资支出、运营成本、销售收入等都可以事先确知现金收支的金额及其发生的时间。但实际上，任何投资活动均充满着不确定性。如果项目将来的现金流基本上能够确定，决策面临的不确定较小，可以将这种决策视为确定情况下的决策。而如果决策面临的不确定性和风险比较大，现在认为是可行的方案，在真正实施后，很可能是不可行的。在此情况下，就应该在决策时充分考虑项目的风险。

一般可以有两种方法对项目的风险进行处理。其一是调整现金流量法（也叫肯定当量法），其二是风险调整贴现率法。前者是通过缩小净现值模型的分子使净现值缩小，后者是通过扩大净现值模型的分母使净现值缩小。

1. 调整现金流量法

调整现金流量法的做法是：先按风险将各年的不确定的现金流量调整为确定的现金流量，然后用无风险的报酬率作为贴现率计算净现值，最后用净现值法的判断准则对项目进行评价。这种方法也称为"按风险调整现金流量法"。具体调整的方法很多，最常用的是"肯定当量法"。

在具有风险的项目的投资决策中，预先估计的各年的现金流具有一定程度的不确定性，因此需要进行调整。肯定当量法的计算公式为：

$$风险调整后的净现值 = \sum_{t=0}^{n} \frac{\alpha_t \times 第\ t\ 年净现金流量期望值}{(1 + 无风险报酬率)^t} \tag{4.41}$$

其中，α_t 是 t 年现金流量的肯定当量系数，它在 0—1 之间（根据各年现金流量不确定性程度而定）。

肯定当量系数是指不肯定的一元现金流量期望值相当于使投资者满意的肯定的金额的大小，它可以把各年不肯定的现金流量换算成肯定的现金流量。

$$\alpha_t = \frac{肯定的现金流量}{不肯定的现金流量期望值} \tag{4.42}$$

由于现金流中已经考虑了全部风险，因此相应的贴现率应该用无风险的报酬率，如国债利率。

2. 风险调整贴现率法

这种方法的基本思想是对于高风险的项目，采用较高的贴现率去计算净现值，然后用净现值法的判断准则对项目进行评价。

$$调整后的净现值 = \sum_{t=0}^{n} \frac{预期现金流量}{(1 + 风险调整贴现率)^t} \tag{4.43}$$

风险调整贴现率是风险项目应当满足的投资人要求的报酬率。项目的风险越大要求的报酬率越高，项目的风险越小要求的报酬率越低。

4.5　筹资管理

4.5.1　资本成本

1. 资本成本概念

资本成本是指企业为筹集和使用资金而付出的代价。从广义上来说,企业筹集和使用任何资金(无论是短期资金还是长期资金),都要付出代价。从狭义上来说,资本成本一般仅指筹集和使用长期资金(包括自有资本和借入长期资金)的成本。通常,长期资金也被称为资本,所以长期资金的成本也称为资本成本。

资本成本包括筹集资金时发生的费用(资金筹集费)和平时占用资金所发生的费用(资金占用费)两部分。资金筹集费发生在资金筹集过程中,如股票发行手续费、律师费、资信评估费、广告费等。由于资金筹集费是在筹集资金时一次性发生,因此在会计处理中,这部分资本成本计入资本(成为固定资产原值的一部分),以后通过计提折旧逐步计入成本。而资金占用费发生在日常生产经营过程中,如银行借款和债券利息等,它们被计入当期的费用。

财务管理中,资本成本是一个非常重要的概念。首先,资本成本是企业的投资者(包括股东和债权人)对投入企业的资本所要求的收益率;其次,资本成本也是投资项目(或本企业)的机会成本。

资本成本的概念广泛运用于企业财务管理的许多方面。对于企业筹资过程而言,资本成本是选择资金来源、确定筹资方案的重要依据,企业应力求选择资本成本最低的筹资方式;对于企业投资而言,资本成本是评价投资项目、决定投资取舍的重要标准。资本成本还可被用来衡量企业经营的成果:企业经营利润率应高于资本成本。

2. 资本成本的决定因素

在市场经济中,利率是由整个经济中货币的供给和需求以及预期通货膨胀水平决定的。如果整个社会经济中货币的需求和供给发生变动,或者预期通货膨胀水平发生变化,投资者也会相应改变其所要求的收益率。如果货币需求增加,而供给不变,货币的利率提高,投资人便会提高其投资收益率,企业的资本成本就会上升;反之,则会降低其要求的投资收益率,使资本成本下降。如果预期通货膨胀水平上升,货币购买力下降,投资者也会提出更高的收益率来补偿预期的投资损失,导致企业资本成本上升。

证券的市场流动难易程度和价格波动程度构成了证券市场条件,而这种证券市场条件将影响证券投资的风险。如果某种证券市场的市场流动性不好,投资者买进或者卖出证券相对困难,证券的变现风险加大,因而要求的收益率就会相应提高;或者虽然存在对某证券的需求,但其价格波动较大,投资的风险大,要求的收益率也会提高。

企业内部的经营和融资状况直接影响其经营风险和财务风险的大小。如果企业的经营风险和财务风险大,投资者便会有较高的收益率要求。企业的经营风险与企业投资决策有关,表现在资产收益率的变动上;而财务风险与企业筹资决策有关,表现在普通股收益率的变动上。

企业的融资规模是影响企业资本成本的又一个因素。企业的融资规模大,资本成本也将上升。比如,企业发行的证券金额很大,资金筹集费和资金占用费都会上升,而且证券发行规模的增大还会降低其发行价格,由此也会增加企业的资本成本。

4.5.2　筹资方式

1. 普通股筹资

普通股是股份有限公司发行的无特别权利的股份,这是一种基本的、标准的股份。通常情况下,股份有限公司只发行普通股。

(1) 普通股的种类。

① 按股票有无记名,可分为记名股和不记名股;

② 按股票是否标明金额,可分为面值股票和无面值股票;

③ 按投资主体的不同,可分为国家股、法人股、个人股等等;

④ 按发行对象和上市地区的不同,又可将股票分为 A 股、B 股、H 股、N 股等等。

(2) 普通股筹资的特点。

与其他筹资方式相比,普通股筹资的优点有:

① 发行普通股筹措资本没有到期日,不需归还,因此可以永久使用(只要公司不倒闭)。

② 发行普通股筹资不需要还本付息,没有固定的股利负担(股利的支付与否和支付多少,视公司有无盈利和经营需要而定),经营波动给公司带来的财务负担相对较小,所以筹资风险较小。

③ 发行普通股筹集的资本是公司最基本的资金来源,它反映了公司的实

力,可作为其他方式筹资的基础,尤其可为债权人提供保障,增强公司的举债能力。

④ 由于普通股的预期收益较高并可一定程度地抵消通货膨胀的影响,因此普通股筹资容易吸收资金。

不过,普通股融资也有自身的缺点,主要有:

① 普通股的资本成本较高。首先,从投资者的角度讲,投资于普通股风险较高,相应地要求有较高的投资报酬率。其次,对于筹资公司来讲,普通股股利是从税后利润中支付的,不像债券利息那样作为费用从税前支付,因而不具有抵税作用。此外,普通股的发行费用一般也高于其他证券。

② 以普通股筹资会增加新股东,对原股东的权益是一种稀释,同时,还可能会分散公司的控制权。此外,新股东分享公司新股发行前积累的盈余,会降低普通股的每股净收益,从而可能引发股价的下跌。

2. 长期负债筹资

企业还可以通过负债筹集资金。负债是企业的一项重要资金来源,几乎没有一家企业是只靠自有资本,而不运用负债就能满足资金需要的。负债筹资是与普通股筹资性质完全不同的筹资方式。与普通股筹资形式相比,负债筹资的特点主要表现为:

(1) 筹集的资金具有使用上的时间性,需到期偿还;

(2) 不论企业经营好坏,都必须按照借款时商定的利率支付债务利息,从而形成企业固定的负担;

(3) 不过,这种筹资方式的资本成本一般比普通股筹资成本低,且不会分散投资者对企业的控制权。

按照所筹资金可使用时间的长短,负债筹资可分为长期负债筹资和短期负债筹资两类。

长期负债是指期限超过一年的负债。筹措长期负债资金,可以解决企业长期资金的不足,如用于企业长期发展所需要的固定资产投资的需要。由于长期负债的归还期长,债务人可对债务的归还有比较长的时间进行安排,因此还债压力或风险相对较小。但长期负债筹资的利率一般会高于短期负债的利率,长期负债的资本成本一般较高。此外,长期负债可能会有较多的限制,如债权人经常会向债务人提出一些限制性的条件以保证其能够及时、足额偿还债务本金和支付利息,从而形成对债务人的种种约束。

目前,我国企业的长期负债筹资主要有长期借款和债券两种方式。

(1) 长期借款筹资。

长期借款是指企业向银行或其他非银行金融机构借入的使用期超过一年的

借款,主要用于购建固定资产和满足长期流动资金占用的需要。

长期借款有很多种类,各企业可根据自身的情况和各种借款条件选择适合自身的种类。目前我国的长期借款主要有如下几种:

① 根据借款的用途,长期借款可以分为固定资产投资借款、更新改造借款、科技开发和新产品试制借款等等。

② 按照提供贷款的机构的不同,长期借款可以分为政策性银行贷款、商业银行贷款等(随着我国社会主义市场经济的不断完善,企业的借款将主要从商业银行贷款)。此外,企业还可以从信托投资公司取得实物或货币形式的信托投资贷款、从财务公司取得各种中长期贷款等等。

③ 按照有无担保,长期贷款还可以分为信用贷款和抵押贷款。信用贷款指不需要企业提供抵押品,仅凭其信用或担保人信誉而发放的贷款;而抵押贷款则是指要求企业以抵押品作为担保的贷款。一般地,可以作为长期贷款的抵押品是房屋、建筑物、机器设备、股票、债券等等。

与其他长期筹资相比,长期借款筹资有如下特点:

① 筹资速度快。长期借款的手续比发行债券简单得多,得到借款所花费的时间较短。

② 借款弹性较大。借款时企业与银行直接交涉,有关条件可谈判确定;用款期间发生变动,亦可与银行再协调。而债券筹资所面对的是社会广大投资者,协商改善筹资条件的可能性很小。

③ 借款成本较低。长期借款利率一般低于债券利率,且由于借款属于直接筹资,筹资费用也较少。

④ 长期借款的限制性条款比较多,制约了企业的生产经营和借款的作用。

(2) 债券筹资。

债券是指经济主体(如企业)为筹集资金而发行的、用以记载和反映债权债务关系的一种有价证券。由企业发行的债券称为企业债券或公司债券。这里所说的债券,指的是期限超过一年的公司债券,其发行目的通常是为建设大型项目筹集大笔长期资金。

债券有许多种类,具体有:

① 按债券上是否记有持有人的姓名或名称分类,可分为"记名债券"和"无记名债券"。

② 按能否转换为公司股票分类,可分为"可转换债券"和"不可转换债券"。可转换公司债券附有可转换为普通股的选择权。

③ 按是否有特定的财产担保分类,可分为"抵押债券"和"信用债券"。

④ 按是否参加公司利润分配分类,可分为"参加公司债券"和"不参加公司

债券"。参加公司债券是指持有人除了可按预先约定的利率获得利息收入外,还可在一定程度上参加公司利润分配的公司债券;而非参加公司债券是指持有人只能按照事先约定的利率获得利息的公司债券。

⑤ 按利率的不同分类,可分为"固定利率债券"和"浮动利率债券"。

⑥ 按能否上市交易分类,可分为"上市债券"和"非上市债券"。

⑦ 按照偿还方式分类,可分为"到期一次债券"和"分期债券"。

此外,还可以按其他特征分类,在此不一一列举。

与其他长期负债筹资方式相比,发行债券的突出优点在于筹资对象广、市场大。但是,这种筹资方式成本高、风险大、限制条件多,是其不利的一面。

3. 短期负债筹资

短期负债筹资所筹资金的可使用时间较短,一般不超过一年。短期负债筹资具有如下一些特点:

(1) 筹资速度快,容易取得。长期负债的债权人为了安全考虑,往往要对债务人财务状况进行全面的审查,因而筹资所需时间一般较长,且不易取得。而短期负债能够在较短时间内归还,故债权人的顾虑较少,容易取得。

(2) 筹资比较灵活。长期负债的债权人常会向债务人提出一些限定性条件或管理规定;而短期负债的限制则相对宽松些,使筹资企业的资金使用较为灵活、富有弹性。

(3) 筹资成本较低。通常情况下,短期负债的利率要低于长期负债的利率,因而短期负债筹资的成本较低。

(4) 筹资风险高。短期负债需要在较短时期内偿还,因而要求筹资企业必须在短期内准备足够的资金以偿还债务。若企业届时资金安排不当,就会陷入财务危机。

短期负债筹资最主要的形式是商业信用和短期借款。

(1) 商业信用。

商业信用是指在商品交易中由于延期付款或预收货款所形成的企业间的贷款关系。商业信用产生于商品交换之中,因而被称为"自发性筹资"。商业信用运用广泛,在短期负债筹资中占有相当大的比重。商业信用的具体形式有应付账款、应付票据、预收账款等。

商业信用筹资最大的优点在于容易取的。首先,对于多数企业来说,商业信用是一种持续性的信贷形式,且无需正式办理筹资手续。其次,如果没有现金折扣或使用不带息票据,商业信用筹资不负担成本。但是,其缺陷在于期限较短,在放弃现金折扣时所付出的成本较高。

(2) 短期借款。

短期借款是指企业向银行和其他非银行金融机构借入的期限在一年以内的借款。在短期负债筹资中,短期借款的重要性仅次于商业信用。短期借款可以随企业的需要安排,便于灵活使用,且取得亦较简便。但其突出的缺点是短期内要归还,特别是在带有诸多附加条件的情况下更使风险加剧。

4.6　股利分配

4.6.1　股利分配的内容

股利分配是指公司制企业向股东分派股利,是企业利润分配的一部分。股利分配涉及的方面很多,如股利支付程序中各日期的确定、股利支付比率的确定、股利支付形式的确定、支付现金股利所需资金的筹集方式的确定等。其中最主要的是确定股利的支付比率,即当期可用于分配的盈余中,多少用于发放股利,多少用于公司留成(称为内部筹资)。股利的支付比率往往直接对公司股票的价格产生影响。

1. 利润分配的项目

支付股利是对税后净利润的分配,但不是利润分配的全部。按照我国《公司法》的规定,公司利润分配的项目包括以下部分:

(1) 盈余公积金。

盈余公积金是按期从净利润中提取一部分而累积形成的,用于弥补公司亏损、扩大公司生产经营或者转为增加公司资本。盈余公积金分为法定盈余公积金和任意盈余公积金。公司分配当年税后利润时应当按照10%的比例提取法定盈余公积金;当盈余公积金累计额达到公司注册资本的50%时,可不再继续提取。任意盈余公积金的提取由股东会根据需要决定。

(2) 公益金。

公益金也是按期从净利润中提取一部分而累积形成的,专门用于公司职工的集体福利设施建设。目前我国公司的公益金按照税后利润的5%—10%的比例提取。

(3) 股利。

股利是公司利润中向股东(投资者)支付的部分。根据规定,公司必须在提取了盈余公积金、公益金之后才能向股东(投资者)支付股利(分红)。每一股东(投资者)取得的股利与其持有的股份数(投资额)成正比。原则上,股份有限公司只有在累计盈利时才能分派股利,即所谓"无利不分"的原则。但如果公司用盈余公积金抵补亏损以后,为维护其股票信誉,经股东大会通过,也可用盈余公积金支付股利。不过支付股利后留存的法定盈余公积金不得低于注册资本的 25%。

2. 利润分配的顺序

公司向股东(投资者)分派股利(红利),必须按一定的顺序进行。按照我国《公司法》的有关规定,利润分配应按下列顺序进行:

第一,计算可供分配的利润。本年度可供分配的利润是将本年净利润(或亏损)与年初未分配的利润(或亏损)合并后的结果。如果可供分配利润为正数(即盈利),则进行后续分配;如果可供分配的利润为负数(即本年度累计亏损),则不能进行后续分配。

第二,计提法定盈余公积金。按抵减年初累计亏损后的本年净利润作为基数、按规定的比例计提法定盈余公积金。

第三,计提公益金。按上述计提法定盈余公积金相同的基数计提公益金。

第四,计提任意盈余公积金。

第五,向股东(投资者)支付股利(分红)。

4.6.2　股利分配政策

在有条件分配红利的情况下,公司必须要决定分红比率。支付给股东的盈余与留在企业的保留盈余之间存在着此消彼长的关系。所以,当公司决定了支付给股东红利的多少,实际上也就决定了企业留利的多少。如果公司减少股利分配,则公司留利增加,对外部筹资需求减少。因此,公司的股利分配决策实际上也是内部筹资决策的一种形式。公司常用的股利政策有剩余股利政策、固定或持续增长的股利政策、固定股利支付率政策、低正常股利加额外股利政策等。

1. 剩余股利政策

(1)股利分配方案的确定。

所谓剩余股利政策是指当公司存在着良好的投资机会时,根据一定的目标资本结构(公司认为是最合适的资本结构),测算出投资所需的权益资本,先从可供分配的盈余中扣除并留用,然后将剩余的盈余作为股利予以分配。

采用剩余股利政策时,有以下四个步骤:第一,设定目标资本结构,即确定权益资本与债务资本的比率,在此资本结构下,加权平均资本成本将达到最低水平;第二,确定目标资本结构下投资所需的股东权益数额;第三,最大限度地使用保留盈余来满足投资方案所需的权益资本数额;第四,投资方案所需权益资本已经满足后若还有剩余盈余,则将其作为股利发放给股东。

[例 8] 假定某公司某年提取了公积金、公益金后的可供分配的盈余为 800 万元,第二年的投资计划所需资金 1 000 万元,公司的目标资本结构为权益资本占 55%、债务资本占 45%。为了满足目标资本结构的要求,公司投资方案所需的权益资本数额为:

$$1\ 000 \times 55\% = 550\ (万元)$$

公司当年全部可用于分配股利的盈余为 800 万元,其中的 550 万元用于上述投资项目,剩余的 250 万元作为股利发放。假定该公司当年有普通股 1 000 万股,那么每股可得股利 0.25 元。

(2) 采用剩余股利政策的好处。

采用剩余股利政策,公司只需将剩余的盈余用于发放股利。这样做的好处是维持了理想的资本结构,同时也可以降低资本成本。如上例中,如果公司不按剩余股利政策发放股利,而是将可向股东分配的 800 万元全部留用于投资(这样当年将不发放股利),或全部作为股利发放给股东(这样当年每股普通股可得股利 0.80 元)然后再去筹借债务用于投资,这两种做法都会破坏目标资本结构,导致加权平均资本成本的提高,不利于提高公司的价值(股票价格)。

2. 固定或持续增长的股利政策

(1) 分配方案的确定。

固定或持续增长的股利政策是指公司在较长的一段时期内将每年发放的股利固定在某一固定的水平上,只有当公司认为未来的盈余发生明显以及不可逆转的变动时,才考虑改变股利发放额。通常,在存在通货膨胀的情况下,大多数公司的盈余也会随之提高,且大多数投资者也希望公司能提供足以抵消通货膨胀影响的股利,因此在长期通货膨胀的年份里公司也会提高股利发放额。

(2) 采用固定或持续增长的股利政策的好处。

采用固定或持续增长股利政策的主要目的是为了避免出现由于经营不善而削减股利的情况。具体来说,采用这种股利政策的好处主要在于如下几个方面:

① 有助于向市场传递公司正常发展的信息,有利于树立良好的公司形象,增强投资者对公司的信心,稳定公司股票的价格。

② 有助于投资者合理安排股利收入和支出,尤其是对那些对股利有着很高依赖性的股东更是如此。

③ 虽然常用此政策可能会不符合剩余股利政策理论,但考虑到影响股票市场的因素是多种多样的,其中包括股东的心理状态和其他要求,因此为了使股利维持在稳定的水平上,即使推迟某些投资项目或者暂时偏离目标资本结构,也可能要比降低股利或降低增长率更为有利。

3. 固定股利支付率政策

（1）分配方案的确定。

固定股利支付率政策是指公司确定一个股利占盈余的比率，在较长的一段时期按此比率支付股利的政策。在这一股利政策下，各年股利发放额随公司经营的好坏而上下波动，获得较多盈余的年份股利额高，获得较低盈余的年份股利额低。

（2）采用固定股利支付率政策的好处。

采用固定股利支付率政策，能使股利与公司盈余紧密地配合，以体现多盈多分、少盈少分、无盈不分的原则，才算真正公平地对待了每一位股东。但是，在这种政策下各年的股利变动较大，极易造成公司不稳定的感觉，对于稳定股票价格不利。

4. 低正常股利加额外股利政策

（1）分配方案的确定。

低正常股利加额外股利政策是指公司在一般情况下每年只支付固定的、数额较低的股利；在盈余多的年份，再根据实际情况向股东发放额外股利。但额外股利并不是固定的，它并不意味着公司永久地改变了原定的股利率。

（2）低正常股利加额外股利政策的好处。

① 这种股利政策使公司具有较大的灵活性。当公司盈余较少或投资需用较多资金时，可维持设定的较低但正常的股利，股东不会有股利跌落感；而当盈余有较大幅度增加时，则可适度增发股利，把经济繁荣的部分利益分配给股东，使他们增强对公司的信心，这有利于稳定股票的价格。

② 这种股利政策可使那些对股利有较高依赖性的股东每年至少可以得到虽然较低但比较稳定的股利收入，从而吸引住这部分股东。

本章小结

生存、发展和获利是企业管理的基本目标。企业的这些目标要求在财务管理方面要完成筹措资金并有效地投放和使用资金的任务。

关于企业的财务目标的综合表述，主要观点有：利润最大化、每股盈余最大化以及股东财富最大化。财务管理的主要内容是投资决策、筹集决策和股利决策等。

企业的经营活动通常都是有风险的，财务活动也不例外。企业承担的风险越大，要求的报酬率越高。

财务报表是企业一定时期内的经营成果、财务收支状况和理财过程的一组书面报告。常用的财务比率包括企业的变现能力比率、资产管理比率、负债比率和盈利能力比率四大类。

对投资项目评价时使用的指标分为两类：一类是贴现指标，另一类是非贴现指标。贴现的分析评价方法主要有净现值法、现值指数法和内含报酬率法。非贴现的分析评价方法主要有回收期法和会计收益率法。

企业为筹集和使用资金而付出的代价称为资本成本，包括筹集资金时发生的费用和平时占用资金所发生的费用。在财务管理中，资本成本是一个非常重要的概念。通常企业可以有权益和债务两种筹资方式。不同的筹资方式会影响到企业的资本结构、股权控制、资本成本等。

思考题

1. 财务管理有哪些主要内容？为什么说企业的财务管理水平关系到企业的生死存亡？
2. 什么是资本成本？
3. 货币的时间价值的本质是什么？
4. 为什么高收益通常会伴随着高风险？
5. 企业的融资渠道有哪些？各有什么特点？
6. 找一家上市公司，阅读其财务报表。
7. 评价一个投资项目时，为什么要用预期的现金流量来计算？
8. 我国的公司法对公司的利润分配有哪些规定？
9. 购房按揭时通常有"等额本金"和"等额本息"两种还款方式，应如何在这两种方式中进行选择？
10. 贷款购房时，需要按期还本付息，有人戏称是为银行打工。如果一个打算购房的家庭手头有足够的现金用于支付房款，同时又有获取贷款的条件，该家庭应该选择一次性付清房款还是选择贷款，为什么？

选择题

1. 不属于财务管理主要内容的是（　　）。
   （A）投资决策　　　　　　（B）筹资决策
   （C）股价　　　　　　　　（D）日常营运资本管理
2. 下列不属于企业筹资动机的是（　　）。
   （A）重置设备　　　　　　（B）对外投资
   （C）降低财务费用　　　　（D）偿付债务

3. 下列不属于企业筹资渠道的是（　　）。
   (A) 企业自有资金 　　　　　　(B) 其他企业资金
   (C) 居民存款 　　　　　　　　(D) 非银行金融机构资金

4. 风险与收益的配比是指（　　）。
   (A) 如果风险高，则收益率低 　　(B) 为了提高收益率，必须降低风险
   (C) 收益率高的项目风险低 　　　(D) 收益率高的项目风险高

5. 在企业筹资中，合理安排资本结构的目的是（　　）。
   (A) 提高筹资效果 　　　　　　(B) 降低资本成本
   (C) 保证资金投放需要 　　　　(D) 保持适当的偿债能力

6. "企业以优良的产品或劳务贡献给社会，获得尽可能多的营业利润，为所有者获得投资收益的最大化"，这是（　　）。
   (A) 企业的基本目标
   (B) 管理的基本目标
   (C) 财务管理的基本目标
   (D) 企业的基本目标，也是财务管理的基本目标

7. 财务管理的对象包括（　　）。
   (A) 固定资产、流动资产、资金和应收账款
   (B) 股票、债券以及非金融性资产
   (C) 股票、现金、债券和固定资产
   (D) 金融性资产和非金融性资产

8. 某人持有一张允许向银行贴现的国债，贴现后从银行取得的款项（　　）。
   (A) 有可能低于该国债面值 　　(B) 等于该国债面值
   (C) 高于该国债面值 　　　　　(D) 在利率为10%时，为面值的九折

9. 如果期数为1，复利计算的结果（　　）。
   (A) 与单利计算的结果一致 　　(B) 大于单利计算的结果
   (C) 小于单利计算的结果 　　　(D) 有可能与单利计算的结果一致

10. 主要的财务报表是（　　）。
    (A) 资产负债表、损益表和现金流量表
    (B) 资产负债表、现金流量表和收入分配表
    (C) 资产负债表、收入分配表和成本核算表
    (D) 资产负债表、成本分配表和现金流量表

11. 主要的财务报表不包括（　　）。
    (A) 成本核算表 　　　　　　　(B) 资产负债表
    (C) 损益表 　　　　　　　　　(D) 现金流量表

12. 反映企业短期偿债能力的财务比率是(　　)。

 (A) 流动比率和速动比率   (B) 流动比率和资产负债率

 (C) 速动比率和资产负债率 (D) 产权比率和已获利息倍数

13. 不反映企业资产管理效率的财务比率是(　　)。

 (A) 总资产利润率   (B) 流动资产周转率

 (C) 存货周转天数   (D) 总资产周转率

14. 经营期末收回的流动资金属于(　　)。

 (A) 现金流入

 (B) 现金流出

 (C) 既不属于现金流入也不属于现金流出

 (D) 可以属于现金流入也可以属于现金流出

15. 经营期初投入的流动资金属于(　　)。

 (A) 现金流出

 (B) 现金流入

 (C) 既不属于现金流入也不属于现金流出

 (D) 可以属于现金流入也可以属于现金流出

案例分析

海明电器如何走出困境?

  海明冰箱曾经是海州家电业的骄傲,海明也曾是全国知名品牌。海明电器股份公司的前身是海明电器厂,引进当时最先进的家用冰箱制造技术和生产流水线设备,1991 年底正式开工生产,从此拉开"海明"牌冰箱生产的帷幕。

  自 1992 年以来,海明电器的产品获得一系列国家级的荣誉,"海明"不仅成为海州家电业的骄傲,还成为全国知名品牌,其产量在 1998 年达到 48 万台,1998 年底和 1999 年初,海明电器先后发行 A、B 两种股票,并在上海证券交易所上市交易。2000 年海明电器达到其创立以来的最高峰,冰箱年产 85 万台,在全国同行业排名第 2 位,在中国工业企业综合评价最优 500 家中名列第 40 位,同时每股收益创下 0.60 元新高,在当年家电类上市公司中海明电器是名副其实的绩优股。

  然而,由于家电业竞争日趋激烈,海明电器面临的形势急转直下,仿佛一夜之间市场出了问题,产品库存大量增加,应收账款数额急剧上升,海明首次出现各项经济指标下滑,2001 年每股收益只完成 0.022 元,步入微利股行列。2002年,虽然有剥离不良资产、国有资产划拨给海州电气集团等资产重组动作,仍未能解救海明。2003年中期,海明电器净亏损12.61万元,首度成为亏损公司,使众多投资者大为失望。海明电器上市后短短两三年时间,走过的是一条抛物线轨迹,令一直关注它的投资者迷惑不解,究竟是什么原因致使公司走到如此地步的?

海明电器通过发行A、B股募集了1.46亿元人民币、5 000万美元,合计共募集资金近6亿人民币,这对当时任何一家企业来说,都是一笔巨额资金。海明电器决策层在负债经营多年之后,第一次手中握有近6个亿资金,强烈的投资冲动应在情理之中,加上对公司后两年的形势判断非常乐观,当年即倾其所有把所有资金全部投向科技大楼、微波炉扩建、空调和大容量冰箱等项目。

科技大楼是海明电器所有投资中最令人尴尬的项目,投资近1亿元资金,近20层高的框架搭好已久,由于没有资金投入而成了"胡子工程",从目前情况看,海明电器对大楼不可能有新的投入,退一步讲,即使能有新的投入,依据海明电器目前的状况和实力,让科研部门使用造价如此高的大楼办公,成本实在是难以承受,唯一的出路可能就是另寻客户,使之改为商住楼。

另一微波炉项目,实质上是提高生产能力的扩建工程。投入募股资金对其进行扩建的时候,微波炉市场竞争趋于恶化。这一项目投产之后即步入亏损境地。

此外,大容量冰箱系列项目也是投入募股资金2.24亿元建设的,生产251升和370升大容量、豪华型电冰箱,以及与香港一公司合资生产418升大容量四门冰箱,引进的生产线并不适应国内消费者需求,因此,这两个项目自建成之日起开始亏损,同时与香港合资的公司制定的返销方案又受到国际市场低迷的影响而未能实现,在募股资金投入的几个项目中,只有空调项目勉强说得过去,而这一项目又在去年重组中,将49%股份有偿转让给集团所有。

对于海明电器2000年和2001年业绩出现巨大落差,许多人至今还找不出原因。

在2000年之前,海明电器的产品畅销全国,决策层一心一意地扩大生产线,满足对产值的高要求,加大冰箱产量,在市场销路不畅情况下,产品开始大量积压。作为年生产80万台各类冰箱的企业,销售队伍只有30余人,没有一个属于自己的完整的营销网络,虽然在2000年底快速扩张至百余人,但由于人员素质差,最终导致海明冰箱在全国市场失宠,企业毛利率下降,资金回笼减慢,到2001年滑向深渊。

公司目前的问题是资金缺乏,无法组织大规模生产,产品无法走向市场。除上市时募集资金6.8亿元外,海明电器在市场上没有实施配股,由于投资失误,大量募股资金沉淀,公司应收账款和应收票据高达10亿元,说明巨额资金无法变现,同时公司还有 6.5 亿元银行贷款,每年应付利息超过 5 000 万元,2002 年重组后应进来的资金本应在 2003 年内到账,但至 10 月份为止仍未到位。

从 2003 年中期财务报表看,海明电器为保住市场占有率被迫采取赊销策略,导致回款能力严重下降,大量流动资金被占用,财务费用呈上升之势,销售收入同比大幅萎缩,表明公司面临极为严峻的市场状况。

目前工厂开工严重不足,原本双班能力可达 100 万台的生产线大部分闲置。中期财务报表显示,上半年仅生产冰箱 11 万台,由于流动资金缺乏,工厂无法组织大规模生产,而销售网络没有建立起来,使产品无法走向市场。

海明电器的振兴面临众多障碍。人员问题是海明电器面临的又一大难题,在生产形势乐观的前几年,企业职工人数超过 7 000 人,随着业绩滑坡,产量直线下降,大量工人无活可干。家电企业在竞争中的主要问题是采购成本和人工成本,按照海明电器目前的开工能力,人员仍属多余,重新对工人定岗定位势在必行,但剩余人员的去向,又是公司自身无力解决的实际问题。

2002 年 12 月,海明电器实施资产重组,把下属 4 个亏损公司的股权及一大批不良资产剥离出去,转让的股权和资产合计 6.86 亿元,根据协议,4 家亏损公司转让的股权约 2.9 亿元,当年先付 10%,转让的资产约 3.96 亿元,当年先付 20%,这样,2002 年海明电器共收到母公司 1.08 亿元现金,其余的 5.77 亿元将在 2003 年内付清。同时,公司还刊登公告,其第一大股东所持国家股股权全部划转给海明电气集团总公司持有。

思考:

    1. 海明电器陷入困境的主要原因是什么?

    2. 通过对本案例的分析,在经营决策方面应吸取哪些教训?

    3. 对"资产重组"你有哪些认识?"资产重组"的根本目的是什么?

    4. 如你是海明电器的经理,将采取哪些对策使公司走出困境?

第5章 现代企业人力资源管理

本章关键词

人力资源（human resource）　　　招聘（recruitment）

工作分析（job analysis）　　　人员录用（employee orientation）

工作描述书（job description）　　考评（evaluation）

工作说明书（job description）

互联网资料

www.Mop.gov.cn

www.21cnhr.gov.cn

http://www.hr.com.cn

http://www.sintere.com.cn

http://www.chinahrm.net

http://www.chinahrd.net

人力资源服务已成重要"增长极"

人力资源服务业的飞速发展，在现代服务业家族中日渐为人注目。2004 年全球招聘市场（staffingmarket）的产值在 2 000 亿欧元左右，相较于 1989 年的 100 亿，其年增长速度达到 13%。另据调查，在美国公司的总支出费用中，人力资源服务占 16%，排名第二，次于信息技术服务（30%），高于市场和销售服务（14%）、金融服务（11%）；75% 美国的企业，尤其是大企业，都充分利用人力资源服务业提供的服务产品或者项目。

当前在快速变革的环境中，由委托第三方人力资源服务机构代为处理公司部分人力资源工作的人力资源服务外包，成为全球人力资源服务领域的一个重要发展趋势。有关数据显示，全球人力资源外包市场份额将从 2003 年的 190 亿美元增长到 2008 年的 330 亿美元。87% 的美国公司管理者在人力资源职能方面采取外包，加拿大为 71%，欧洲为 57%。人力资源服务业方兴未艾,成为一种令人瞩目的"朝阳产业"。在这种格局下,作为基础较为雄厚、具有一定国际影响力、吸收外国直接投资较多的上海,能否抓住这一独特的机遇,乘势而上、加快发展,成为我们必须面对的一个问题。

资料来源:汪怿:《人力资源服务已成重要"增长极"》,文汇报,www.whb.com.cn,2006.12.13。

5.1 人力资源管理概述

5.1.1 人力资源的概念与特征

1. 人力资源的概念

所谓人力资源,是指能够推动社会生产力发展,创造社会财富的具有智力劳动和体力劳动能力的人的总称。

2. 人力资源的构成

人力资源包括数量和质量两个方面。人力资源数量又分为绝对数量和相对数量两种。人力资源的绝对数量的构成,从宏观上看,指的是一个国家或地区中具有劳动能力、从事社会劳动的人口总数,它是一个国家或地区劳动适龄人口减去其中丧失劳动能力的人口,加上劳动适龄人口之外具有劳动能力的人口。它包括以下几个方面:

(1) 处于劳动年龄之内、正在从事社会劳动的人口,它占据人力资源的大部分,可称为"适龄就业人口"。

(2) 尚未达到劳动年龄、已经从事社会劳动的人口,即"未成年就业人口"。

(3) 已经超过劳动年龄、继续从事社会劳动的人口,即"老年就业人口"。

以上三个部分构成了就业人口的总体。

(4) 处于劳动年龄之内、具有劳动能力并要求参加社会劳动的人口,即"待业人口",它与前三部分一起构成经济活动人口。

(5) 处于劳动年龄之内、正在从事学习的人口,即"就学人口"。

(6) 处于劳动年龄之内、正在从事家务劳动的人口。

(7) 处于劳动年龄之内、正在军队服役的人口。

(8) 处于劳动年龄之内的其他人口。

前四部分是现实的社会劳动力供给,这是直接的、已经开发的人力资源,后四部分并未构成现实的社会劳动力供给,是间接的、尚未开发的、处于潜在形态的人力资源。

人力资源相对数量也叫人力资源率,它是指人力资源的绝对量占总人口的比例,它是反映经济实力的更重要的指标。一个国家或地区的人力资源率越高,表明该国家的经济越有某种优势。因为在劳动生产率和就业状况既定的条件下,人力资源率越高,表明可投入生产过程中的劳动数量越多,从而创造的国民收入也就越多。

而人力资源的质量是指人力资源所具有的体质、智力、知识和技能水平,以及劳动者的劳动态度。它一般体现在劳动者的体质水平、文化水平、专业技术水平、劳动的积极性上,往往可以用健康卫生指标、教育状况、劳动者的技术等级状况和劳动态度指标等来衡量。与人力资源数量相比较,其质量方面更为重要。随着社会生产的发展,现代的科学技术对人力资源的质量提出了更高的要求。一般说来,人力资源的质量对数量的替代性较强,而数量对质量的替代作用较差,有时甚至无法替代。

3. 人力资源的特征

人力资源是进行社会生产最基本、最重要的资源,与其他物质资源相比较,人力资源有以下几个特征:

(1)人力资源具有主导性。社会生产需要人力资源和物质资源的结合运用,物质资源需要人去开发、设计、运用或创造,而人是活的、主动的,因此,与物质资源相比人力资源明显占主导地位。

(2)人力资源具有主动性,这是人力资源与其他资源的最根本的区别。人不仅能适应环境,更重要的是人可以改变环境、创造环境。人力资源具有思想和思维,具有主观能动性,能有目的地、有意识地主动利用其他资源进行生产以推动社会经济发展,这也是决定人力资源在经济建设和社会发展中占据主导地位的原因。另外,人力资源还是唯一能起到创造作用的因素。由于人具有创造性思维的潜能,因此在社会生产中人们经常可以提出新方法新途径来解决问题。

人力资源的主动性体现在三个方面:①自我强化。通过接受教育或主动学习,使得自己的素质得到提高。②选择职业。在人力资源市场中具有择业的自主权利,即每个人均可按自己的爱好与特长自由地选择职业。③积极劳动。人在劳动过程中,会产生敬业、爱业精神,能够积极主动地利用自己的知识与能力、思想与思维、意识与品格,有效地利用其他资源进行创造性的工作。

(3)人力资源具有时效性。从个体来看,每个人的生命是有限的,因此人力资源的形成、开发和利用势必受到生命时间的限制。在每个人的生命周期内,每个时期的体能和智能都不同,其劳动能力也就相应地各不相同,因而人力资源在各个时期的可利用程度也不相同。这也正是随着时间的推移出现人才使用的培训期、试用期、最佳使用期和淘汰期的过程。人力资源的开发与管理也不得不遵循时效性的特征。

(4) 人力资源具有再生性。人力资源在使用过程中也会出现类似物质资源的有形磨损和无形磨损。有形磨损是指人自身的疲劳和衰老,这是不可避免并难以逆转的损耗;无形磨损是指个人的知识和技能与科学技术发展相比的相对老化。但这种磨损可以通过一定方式与方法减少。人们在从事工作后可以不断学习更新知识,提高技能,并且在这个过程中积累经验,实现自我补偿,自我更新,自我丰富,持续开发。这也是人力资源不同于其他资源的重要特征之一,很多物质资源通过提取折旧并最终更新来对付磨损,不存在持续开发问题。而由于人具有主动性和自控性,在注重终生教育、加强后期培训与开发的条件下可以持续开发并且不断提高才能。

(5) 人力资源具有社会性。通常,人类劳动以结合的方式进行,人具有社会属性,个人创造力受社会环境、文化氛围的影响和制约。每个民族(团体)都有其自身的文化特征,这种文化特征又在一定程度上规定了一个民族(团体)的共同价值取向,并且这种文化特征又是通过个人这个载体而表现出来的。由于每个人受自身民族文化和社会环境影响的不同,其价值观也不同。在生产活动以及各种交往活动中,个人的行为可能与民族(团体)文化所倡导的行为准则发生矛盾,也可能与他人的行为准则构成冲突,因此现代人力资源管理十分重视团体建设,注重人与人之间、人与群体之间、人与社会之间的关系及利益的协调与整合,倡导团队精神和民族精神。这些都是人力资源的社会性所要求的。

5.1.2　人力资源管理及其意义

1. 人力资源管理的含义

人力资源管理,是指为有效地实现组织目标,利用现在现代技术手段和管理理论,以人的价值观为中心,在处理人与工作、人与人以及人与组织的互动关系上所采取的一系列管理活动。通常,一个组织的人力资源管理包括人力资源的计划、获取与配置、员工发展、员工维持与权益保障等内容,这些内容包含在获取、开发、激励、整合以及控制调整五项人力资源管理的职能要素中。

人力资源管理可根据管理范围的不同,分为宏观人力资源管理和微观人力资源管理。宏观人力资源管理是指政府对社会人力资源的管理过程,而我们通常所说的人力资源管理即指微观人力资源管理,也就是指企、事业单位内部对人的管理。

企业的人力资源管理,首先要制定企业的人力资源管理战略和人力资源计划,然后在人力资源管理计划的指导下,进行工作分析,制定工作描述和工作说明书;根据工作分析,招聘并且配置员工,在利用人力资源的过程中,企业必须注意规划员工的职业生涯发展,并且把员工的职业生涯发展与组织的发展相匹配,形成互为动力的综合发展途径;在企业与员工互相匹配发展过程中,要不断地相互沟通,解决冲突,消除两者共同发展的障碍,保证过程的顺利进行;当企业的人力资源管理工作进行到一定的阶段,就必须对多层次员工的工作绩效进行评估考核,纠正他们工作中的错误,肯定他们工作中的成绩,并就员工下一阶段的工作达成上下级的共识,以便员工形成下一轮的工作计划;在绩效评估以后,要对员工进行激励,包括薪酬方面的激励、福利方面的激励和精神等其他方面的激励。对绩效评估中表现出来的优秀员工,尤其要加大激励的力度。对于绩效评估中表现出来的具有缺陷但企业今后发展需要的员工,要重新进行培训,帮助其提高技能水平,使其在今后的企业经营活动中能适应企业发展需要。最后,根据人力资源系统的整个运作情况,企业要修正或者重新制订自身的人力资源发展战略和人力资源计划,为下一阶段的人力资源管理活动奠定基础,形成良性循环机制。

2. 人力资源管理的意义

管理工作之所以具有立体的和动态的操作程序,就因为这其中存在着人的因素。人力资源是有思想、有情感、有欲望的,并且有与其思想、情感和欲望倾向相对应的行为方式。员工是否听从指挥,服从领导,工作态度是否积极,工作效率是否高,这一切在很大程度上取决于这个单位或部门的人力资源管理方法,因此人力资源管理是实现组织目标的一种重要手段。在管理领域里,人力资源管理是以人的价值观为中心,为处理人与工作、人与人、人与组织的互动关系而采取一系列的管理活动。人力资源管理的结果,就组织而言是组织的生产率提高和组织竞争力的增加,就员工而言则是工作生活质量的提高与工作满意感的增加。生产率反映了组织的产出量与投入的人力、财力、物力的关系;工作生活质量则反映了员工在工作中所产生的生理和心理健康的感觉。

在组织中,人力资源管理需要处理的管理范畴,可以分为如下四个部分:

(1)人与事的匹配,要做到事得其才,人尽其用;

(2)人的需求与工作报酬的匹配,使得酬适其需,人尽其力;

(3)人与人的协调合作,使得互补凝聚,共赴事功,强调团队精神;

（4）工作与工作的协调合作，使得权责有序，灵柔高效，发挥整体优势。

3. 人力资源管理的地位

在企业经营活动中，人力资源管理的地位，多年来历经变化，并且呈提高的趋势。在 20 世纪 40 年代，负责管理员工工作的人员也就是一般的员工，其管理的功能仅仅是一些最普通最一般的档案记录，例如人员进出、工资发放情况等。因此，严格说来，在 20 世纪 40 年代，还谈不上对人的管理，充其量不过是对人的有关情况的记载。

20 世纪 50 年代，较普遍地出现了从制度上对员工的管理，也就是企业制定了各种各样的让员工遵守的制度，并由工头监督员工执行。这时工头自然成了员工的管理者，员工只是在工头的控制监督下被动地按制度干活而已。

20 世纪 60 年代，开始有了较现代意义的人事管理，包括员工档案管理、员工工资管理、员工制度管理、员工招聘与辞退管理等一系列的管理内容。而管理者也升格为最初的普通管理者，比如人事科长、人事专员等。

20 世纪 70 年代，企业开始注重人的因素，意识到必须注意协调员工关系，避免内部冲突，加强企业内的人际沟通。因此，协调员工关系就成了人事管理中十分重要的一个方面了。这时候，担任企业人事管理工作的，已经是企业的中层经理，即企业人事部门的经理了。70 年代后，人力资源在组织中所起的作用越来越大，传统的人事管理已明显不适用，它从管理的观念、模式、内容、方法等等全方位地向人力资源管理转变。

到了 20 世纪 80 年代，人力资源管理问世，西方人本主义管理的理念与模式逐步突显出来。从人事管理到人力资源管理，并不是名词上的变换，而是在员工管理上具有实质性意义的改变。人力资源管理不仅形成了包括招聘、工作分析、人力资源计划，一直到绩效评估、员工激励、员工培训等多个环节在内的一个较系统的人力资源管理系统，更为重要的是，在对人的认识上，第一次变被动为主动。

在 20 世纪 80 年代之后的人力资源管理中，员工成了企业宝贵的人力资源，这种宝贵的资源具有巨大的潜力。合理运用这一资源，对企业来说具有特别重要的意义。员工主动性与积极性的发挥，又与企业的文化、企业的目标和企业最高层的理念等因素密切相关。因此，在这一时期，企业中管理人力资源的，已经是企业的高级管理者，如人力资源总监等。由高层管理者担任人力资源管理者的目的，就是为了从企业领导层起，重视人力资源管理，开发企业的人力资源。

到了 20 世纪 90 年代，许多企业已经意识到，人力资源管理不仅对企业的经营与发展起到重要的作用，而且还起着决定企业命运的战略性作用。

我们将传统的人事管理与人力资源管理及其战略作用作一对比,如表 5.1 所示。

表 5.1　传统人事管理与人力资源管理对比

对比项目	传统的人事管理	现代人力资源管理
对员工的态度	员工是被动的 员工仅仅是企业的生产要素 企业管理员工	员工是主动的 员工是企业发展的宝贵资源 企业与员工互相匹配,共同发展
管理目标	服务于员工,支持员工、提高员工的工作效率和对企业的忠诚度	提高员工的总体素质,培养员工中的核心人才,直接形成企业的核心竞争力,提高企业的总体优势
管理战略	将企业文化灌输于员工头脑 使员工理解并较好执行企业任务、方针与政策	企业文化与企业战略融入员工的自觉行为 让员工帮助企业实现经营战略

可见现代人力资源管理已将传统人事管理的职能予以提高扩大,从行政的事务性的员工控制工作转为一个科学的开发、规划、利用与管理的系统,使其具有重要的战略性、整体性和未来性。对一个组织而言,随着组织的管理模式的不断变化,人力资源管理将更加重要。

4. 人力资源管理的特点

现代人力资源管理自从被看作为一种单纯的业务管理、技术性管理活动的框架中脱离出来之后,其特点也更为鲜明:

第一,人力资源管理具有战略性。当今的企业等组织,人力资源部门的主管出现在组织的高层领导中,甚至出任组织的最高领导。人力资源部门直接参与组织战略决策,并且在决策与各项重要管理事务中发言的分量越来越重,与其他部门平起平坐,协调一致,以共同实现组织的目标;委派负责企业人力资源管理的经理级别越来越高,对他们能力的要求也越来越严,他们的待遇也日益提高,薪酬日渐丰厚;人力资源部门更注重员工在未来为实现组织的长远目标能够作出的贡献,因而对员工更加注意其能力的培养和职业生涯的规划,相应地在经理与主管的培训教育中,人力资源课程日益受到重视。

第二,人力资源管理具有主动性。现在,组织对人力资源的培训与继续教育越来越重视,其投资在不断增大,如许多世界著名企业均投资成立了自己的培训教育学院;培训和教育的内容更加广泛,从一般管理的基本理论与方法到人力资源开发与管理的基本理论与方法,从一般文化知识到新知识新技术,从企业文化到个人发展规划,无所不包,无所不及;组织中参加培训和教育的人员越来越多,从高层管理人员到基层员工,从新员工到即将退休的员工,每一个层次与年龄段的员工均参加培训与教育；人力资源的开发的方式也有较大改变，工作内容的丰富化、岗位轮换、更多机会的提供、员工职业生涯的规划等均成为新型的人力资源开发方法。传统的院校培养企业使用或企业自己培养自己使用的方式，也转为更注重理论联系实际的院校与企业联合培养的方式；另外，组织更注重对员工的有效使用。

第三，人力资源管理具有效益性。人力资源管理的任务就是用最少的人力投入来实现组织目标，即通过职务分析和人力资源规划，确定组织所需最少的人力数量和最低的人员标准；通过招聘与录用规则，控制招募成本，为组织创造效益。人力资源的整合与调控的目的在于增加员工的满意感，提高其劳动积极性，发挥人力资源的整体优势，为组织创造效益。现代组织是一个开放的社会系统，是一个与社会环境相互作用与影响的投入—产出系统，因此，我们既要注意人力资源的自然属性，注重员工能力的识别、发掘、提高与发挥，更要注重人力资源的社会属性，注重员工的社会心理，注重组织与社会的协调发展，注重员工与组织的协调与发展；既着眼于生产力与效益的提高，又着眼于员工满意感与工作生活质量的提高。这样人力资源的报偿功能就会为组织带来效益。激励是人力资源管理的核心工作，目的在于激发员工的工作动机。合理的奖酬与福利作为激励最直接的手段，可调动员工的工作积极性，充分发挥员工的作用，为组织效力；合理的报酬与福利也可为组织节约成本，因为，合理的报酬与福利由两个方面因素决定，一是报酬与福利应能起到奖勤罚懒的作用，二是应能反映出本地区同行业相应的报酬与福利水平。过高的报酬与福利水平则会增加组织的成本，过低的报酬与福利则会挫伤员工的积极性，容易造成员工的"跳槽"离职现象，这反而会增加组织的成本。

第四，人力资源管理具有人文性。现代人力资源管理视员工为"社会人"，它不同于早期人事管理视员工为"经济人"，如今的人本化管理认为，组织的首要目标是满足员工自我发展的需要。在这种管理模式下，人力资源部门在对员工管理时，更多地实行"人格化"管理，注重员工的工作满意感和工作生活质量的提高，尽可能减少对员工的控制与约束，更多地为员工提供帮助与咨询，帮助个人在组织中成长与发展，如为员工提供培训机会，为员工提供发展机会，帮助员工进行职业生涯规划与设计，为员工提供工作与生活咨询等。

5.1.3　人力资源管理的基本职能

一个组织的人力资源管理主要有以下几种基本的职能：

173

（1）获取。它主要包括人力资源规划、招聘与录用。为了实现组织的战略目标，人力资源管理部门要根据组织结构确定职务说明书与员工素质要求，制定与组织目标相适应的人力资源需求与供给计划，并根据人力资源的供需计划而进行招募、考核、选拔、录用与配置等工作。显然，只有先获取了所需的人力资源，才能对之进行管理。

（2）整合。这是使员工之间和睦相处、协调共事、取得群体认同的过程，是员工与组织之间个人认知与组织理念、个人行为与组织规范的同化过程，是人际协调职能与组织同化职能。现代人力资源管理强调个人在组织中的发展，个人的发展势必会引发个人与个人、个人与组织之间的冲突，产生一系列问题。其重要内容有：组织同化，即个人价值观趋同于组织理念、个人行为服从于组织规范，使员工与组织认同并产生归属感；群体中人际关系之和谐，组织中人与组织的沟通；矛盾冲突的调节与化解。

（3）奖酬。它是指为员工对组织所作出的贡献而给予奖酬的过程，是人力资源管理的奖励与凝聚职能，也是人力资源管理的核心。其主要内容为：根据对员工工作绩效进行考评的结果，公平地向员工提供合理的、与他们各自的贡献相称的工资、奖励和福利等。设置这项基本功能的根本目的在于增强员工的满意感，提高其劳动积极性和劳动生产率，增加组织的绩效。

（4）调控。这是对员工实施合理、公平的动态管理的过程，是人力资源管理中的控制与调整职能。它包括：科学、合理的员工绩效考评与素质评估；以考评结果为主要依据，对员工使用动态管理，如晋升、调动、奖惩、离退、解雇等。

（5）开发。这是人力资源开发与管理的一项重要职能。广义上的人力资源开发包括人力资源数量与质量的开发。人力资源的数量开发，从宏观上看主要方法有：人口政策的调整、人口的迁移等；而对于组织而言，其人力资源数量的开发方法有：招聘、内部升迁等。而人力资源质量的开发则更为重要，这也是我们通常所重视的人力资源开发。它是指对组织内员工素质与技能的培养与提高，以及使他们的潜能得以充分发挥，最大地实现其个人价值。它主要包括组织与个人开发计划的制定、组织与个人对培训和继续教育的投入、培训与继续教育的实施、员工职业生涯开发及员工的有效使用。往常我们在开展人力资源开发工作时，只注重员工的培训与继续教育，而忽略了员工的有效使用。事实上，对员工的有效使用是一种投资最少、见效最快的人力资源开发方法，因为它只需将员工的工作积极性和潜能充分发挥出来即可转换为劳动生产率。当员工得到有效使用时，对员工而言，其满意感增强，劳动积极性提高；对组织而言，则表现为员工得到合理配置、组织高效运作、劳动生产率提高。

以上五种基本职能是相辅相成、彼此互动的。它们中有功能性管理作业与支援性管理作业两类作业。功能性管理作业是指直接用以完成人力资源管理任务的作业,而支援性管理作业则是指支持和保证功能性管理作业顺利进行的作业。

5.2　人力资源规划

5.2.1　人力资源规划概述

1. 人力资源规划的含义

人力资源规划是指根据组织的战略目标,科学地预测组织在未来环境变化中人力资源的供给与需求状况,制定必要的人力资源获取、利用、保持和开发策略,以确保组织对人力资源在数量和质量上的需求,使组织和个人获得长远利益。

由此我们可以看出:第一,人力资源规划是以组织的战略目标为依据的,当组织的战略目标发生变化时,人力资源规划也应随之发生变化。因此,组织的战略目标是组织人力资源规划的基础。第二,组织外部环境中政治的、经济的、法律的、技术的、文化的等一系列因素处于不断的变化之中,这就使得组织的战略目标也处于不断的变化与调整之中。组织战略目标的变化则必将引起组织内外人力资源供需的变化,人力资源规划就是要对人力资源供需状况进行分析预测,以确保组织在近期、中期和长期的对人力资源的需求。第三,一个组织应制定必要的人力资源政策措施,以确保组织对人力资源需求的如期实现。政策要正确而明晰,如对涉及内部人员调动补缺、晋升或降职、外部招聘、开发培训,以及奖惩等要有切实可行的措施保证,否则就无法确保组织人力资源规划的实现。第四,人力资源规划要使组织和个体都得到长期的利益。这是指组织的人力资源规划还要创造良好的条件,充分发挥组织中每个人的主观能动性,以使每个人提高自己的工作效率,提高组织的效率,使组织的目标得以实现。与此同时,也要切实关心组织中每个人在物质、精神和业务发展等方面的需求,并帮助他们在实现组织目标的同时实现个人的目标。这两者必须兼顾,否则就无法吸引、招聘到组织所需的人才,也难以留住组织内已有的人才。

2. 人力资源规划的作用

人力资源规划有助于企业保持人力资源供给与需求的动态平衡,保持人力资源在企业内部的合理配置,使企业在市场竞争中拥有人力资源优势,增强竞争实力。科学的人力资源规划还能使企业有助于完善劳动成本行为,有效控制劳动力成本,确保企业的长期发展,并且促使企业将自身的发展和需要与员工的发展和需要互相匹配,提高员工的满意度和对企业的归属感,从而提高员工的劳动积极性。另外,人力资源规划也可以优化企业内部的人力资源组合结构,做到适人适位,让员工较大限度地发挥自己的才能和作用,提高员工的工作效率。归纳来看,人力资源规划的作用主要有以下两个方面:一是对组织方面的贡献;二是对组织内人力资源开发与管理自身的贡献。

(1)人力资源规划对组织的贡献。

一方面,人力资源规划是根据组织的战略目标而制定的,它实际上是组织的战略目标在资源配置与保障上——人力资源供需(包括数量与质量)方面的分解,是为了确保组织目标的实现而制定的一种辅助性规划,它与组织的其他方面的规划(如企业组织中的营销计划、生产计划、财务计划等等)共同构成组织目标的支撑体系。

另一方面,由于组织所处的内外环境是不断变化的,组织的战略目标也需要不断地进行调整,组织对资源的需求(包括人力资源需求)也应随之而变化,而这种需求的变化必然会导致人力资源供需之间的失衡。因此人力资源规划的另一作用就是要根据组织目标的变化和组织的人力资源现状,分析预测人力资源的供需状况,采取必要的措施,平衡人力资源的供给与需求,确保组织目标的实现。

再者,由于人力资源规划不断随环境的变化而变化,使得组织的战略目标更加完善,使得组织对于环境的适应能力更强,组织因而更富有竞争力。

(2)人力资源规划对人力资源开发与管理的贡献。

人力资源规划是人力资源开发与管理的业务基础。人力资源规划的一项基本任务是对组织的现有能力进行分析,对员工预期达到的能力与要求进行评估与分析。人力资源规划的各项业务计划将为工作分析提供依据。

组织根据工作分析的结果与对员工现有的工作能力的分析,决定人员的配置的数量与质量,并对人力资源的需求作出必要的修正,然后组织根据人力资源的供需计划和人员配置的结果(即剩余人员或短缺人员的数量)来决定招聘与解雇员工的数量,因此人力资源供需计划是员工配置的基础。

人力资源规划对员工的培训也有很大的影响。人力资源需求计划对人员的数量与质量提出了要求,组织上可根据目前的人力资源供给状况来决定对员工培训的范围(参加人数)与内容,决定培训的投资额度,达到以最小的人力资源成本获得最大的效益的目的。与此同时,对员工的培训使得员工的素质与能力得到提高,这又会对人力资源的供给产生影响。人力资源规划与员工培训是相互作用的。

员工则可通过组织的人力资源规划看到组织未来对各个层次上人力资源的需求，可参照组织人力资源的供给情况来设计自身的发展道路，这对提高员工的劳动积极性是非常有益的。

3. 人力资源规划的基本内容

人力资源规划包括两个层面，即总体规划（或总规划）与各项业务计划，如表 5.2 所示：

表 5.2　人力资源规划及其各项业务计划

计划类别	目　　　标	政　　　策
总规划	总目标：绩效、人力资源总量、素质、员工满意度	基本政策：如扩大、收缩改革、稳定
人员补充计划	类型、数量对人力资源结构及绩效的改善等	人员标准、人员来源、起点待遇等
人员使用计划	部门编制、人力资源结构优化、绩效改善、职务轮换	任职条件、职务轮换、范围及时间
人员接替与提升计划	后备人员数量保持、改善人员结构、提高绩效目标	选拔标准、资格、试用期、提升比例、未提升人员安置
教育培训计划	素质与绩效改善、培训类型与数量、提供新人员、转变员工劳动态度	培训时间的保证、培训效果的保证
评估与激励计划	离职率降低、士气提高、绩效改善	激励重点：工资政策、奖励政策、反馈
劳动关系计划	减少非期望离职、雇佣关系改善、减少员工投诉与不满	参与管理、加强沟通
退休解聘计划	编制、劳务成本降低、生产率提高	退休政策、解聘程序等

可见人力资源总体规划是有关计划期内人力资源开发利用的总目标、总政策、实施步骤及总预算的安排。人力资源规划所属业务计划包括人员补充计划、人员使用计划、提升/降职计划、教育培训计划、薪资计划、退休计划、劳动关系计划等等，这些业务计划是总体规划的展开和具体化。

人力资源规划根据其应用用途及时间跨度，可分为战略性的长期规划（5 年或 5 年以上）、策略性的中期规划（2 年—5 年）和作业性的短期计划（1 年—2 年），它们与组织的其他规划相互协调联系，既受制于其他规划，又服务于其他规划。

在战略规划层次方面，人力资源规划涉及组织外部因素分析、预计未来组织总需求中对人力资源的需求、估计远期的组织内部人力资源数量、调整人力资源规划，重点在于分析问题。在经营计划（战术上的策略规划）的层次上，人力资源规划涉及对人力资源需求与供给量的预测，并根据人力资源的方针政策，制订具体的行动方案。作业计划则涉及一系列的具体操作实务,要求任务具体明确,措施落实。

5.2.2 人力资源规划的步骤

1. 人力资源规划的四个阶段

人力资源规划的主要过程可分为如下四个阶段(步骤):

(1)调查分析准备阶段。

此阶段主要是调查研究以取得人力资源规划所需的信息资料,并为后续阶段作实务方法和工具的准备。调查不仅要了解现状,更要认清战略目标方向和内外环境的变化趋势,不仅要了解表现情况,更要认清潜力与问题。对于外在人力资源供需的调查分析,如劳动力市场的结构,市场供给与需求的现状,教育培训政策与教育工作,劳动力择业心理与整个外在劳动力市场的有关因素和影响因素均需作深入的调查研究分析。这一部分一般包括:现有员工的一般情况(如年龄、性别等)、知识与经验、能力与潜力、兴趣与爱好、目标与需求、绩效与成果;人力资源流动情况;人力资源结构与现行的人力资源政策等。

这一部分信息是人力资源规划的基础,许多组织的人力资源开发与管理部门往往将它纳入一个系统化的人力资源信息系统中,以便随时更新修正,并向各项业务计划提供使用。

需要指出的是,在这个阶段,特别需要注意对组织内人力资源流动的调查分析,因为人力资源流动直接影响到人力资源的供需的现状与预测结果。人力资源流动分为组织内流动与组织外流动。组织内人力资源流动主要是指组织内员工的晋升、降职、职位变更,而组织内外流动有两个方面,即流出组织(离职)与流入组织(外部招聘)。流出主要是指员工辞职、退休、病故、工伤、辞退等,而流入则是指从外部劳动力市场吸收人力资源。由于员工离职具有较大不确定性,使得离职信息难以准确把握,给人力资源供需预测带来不确定性。

(2)预测阶段。

此阶段是人力资源规划中较具技术性的关键部分。在搜集了相关的人力资源信息的基础上,采用主观经验判断和各种统计方法及预测模型对未来人力资源供求状况进行预测。人事政策对组织的管理风格与传统往往会发生重大影响,在预测过程中要结合所实施或假定的人事政策。预测工作可借助于计算机技术的帮助,以便比较分析不同的人事政策的影响结果。预测的目的是要得出计划期各类人力资源的余缺情况,即得到"净需求"的数据。

（3）制定规划阶段。

在此阶段,组织要制定人力资源开发与管理的总规划,并根据总规划制定各项具体的业务计划以及相应的人事政策,以便各部门贯彻执行。通常各项业务计划是相互关联的,因此在规划时要全面考虑,不能分散地作个别单一的计划。这一阶段也是人力资源规划中比较具体细致的工作阶段。

（4）规划实施、评估与反馈阶段。

此阶段是人力资源规划的最后一个阶段。组织将人力资源的总规划与各项业务计划付诸实施,并根据实施的结果进行人力资源规划的评估,并及时将评估的结果反馈,以进一步修正人力资源规划。

人力资源规划是一个长久持续的动态工作过程,它具有滚动的性质。由于组织内外诸多不确定因素的存在,造成组织战略目标的不断变化,同时也使得人力资源规划不断改变,因此人力资源规划应当滚动地实施,不断修正短期规划方案。

通常,我们往往只注重人力资源规划的制定与实施过程,而忽视人力资源规划的评估工作。规划成功与否来自对它的评价,如果不对规划进行评估,则不可能知道规划的正确与否,不可能知道其缺陷所在,也就不可能有效地指导组织的人力资源开发与管理,规划也就失去了自身的意义。另外,评估的结果应及时反馈,及时修正规划。

在对人力资源规划进行评估时,一定要客观公正和准确。另外要注意的是,评估时一定要征求部门经理和基层领导人的意见,因为他们是人力资源规划的直接受益者,只有多数人赞同的规划才是好的规划。

2. 人力资源规划的六个步骤

人力资源规划通常还可以划分为以下六个步骤:

（1）制定组织的总体发展战略。

制定组织人力资源规划的基础,是组织的总体发展战略。组织的发展重点、企业的技术设备特点、产品销售情况、经营规模和扩展方向等,都会对人力资源提出各项不同的要求。人力资源规划则必须满足组织的上述要求。

制定组织的人力资源规划,还面临着一定的外部条件,即组织的外部经营环境或市场环境。劳动力市场供求状况、劳动者的文化素质,有关的法律法规政策以及本地区平均工资水平、人们的择业偏好等等,都会对人力资源规划的制定形成制约。因此,对这些外部条件必须有明确的认识和科学的分析,并将它们作为制定人力资源规划的必要依据。

（2）分析组织现有的人力资源状况。

对照组织发展的要求,对现有人力资源的数量、质量、配置结构等进行人力资源盘点。在盘点的基础上,一方面充分挖掘现有的人力资源的潜力,首先考虑通过人力资源的培训、内部流动等来满足组织的人力资源需求;另一方面,找出现有人力资源与组织发展要求的差距。

(3) 对组织的人力资源供求状况进行预测。

弄清组织对各类人力资源的确切的需求状况,以及可以满足上述需求的内部和外部的人力资源供给状况,并进行分析。

(4) 制定人力资源规划。

根据以上三个步骤,制定人力资源规划,包括总体规划和各项职能规划,并确定规划的时间跨度。同时注意规划各个部分,以及不同职能规划之间的衔接和平衡。

(5) 人力资源规划的执行、监督和控制。

设置人力资源规划执行过程中的监督和控制机制,以保证人力资源规划的实施。

(6) 人力资源规划的评估和调整。

设置人力资源规划的评估和调整系统。当人力资源规划执行完毕时,及时评估有关规划的效果,找出规划的不当之处并予以调整,保证人力资源规划的科学性和有效性。

5.2.3 人力资源预测和平衡

1. 人力资源需求预测方法

组织人力资源预测的重点是人力资源需求的预测。人力资源需求预测受到许多因素的影响,它与组织的整体战略目标、组织的组织结构和职位设置、管理体制和机制等密切相关。根据组织的具体情况,可以采用主观判断法或定量分析预测法来进行人力资源需求预测。

(1) 主观判断法。

这是一种较为简单、也是较为常用的方法。通常,这种方法是由具有丰富实践经验的专家或管理人员根据经验进行判断预测,其精度取决于预测者的个人经验和判断力。由于预测者主要是这一领域的专家,所以也称为"专家征询法"或"天才预测法"。以往因为环境变动不大,当组织规模较小时利用这一方法往往可获得比较满意的结果。因此,在缺少足够的信息资料时,它不失为一种简单、快速的预测方法。但在现代多变的社会中,组织的内外环境日益复杂,经营管理方式与科学技术日新月异,单凭个人经验难以得出令人满意的结果。所以组织采用主观判断法进行预测时往往邀请众多的专家共同作为预测者,以综合多人的智慧、经验和信息，得到更加令人满意的结果。常用的主观判断法主要有以下几种：

① 德尔菲法。

德尔菲法是一种直观型的预测技术，它根据对影响组织的内部因素的了解程度来选择多个专家，他们可以是组织内的成员，也可以来自组织外部。德尔菲法的具体做法是：首先将要预测（咨询）的内容写成若干条意义十分明确的问题，将这些问题寄给专家，请他们以书面的形式予以回答。专家在互不通气的情况下回答问题。然后将他们的意见集中归纳，并反馈给他们，请每个专家根据这个归纳的结果重新予以考虑。这使专家有机会修改自己的预测并说明修改的原因，再将修改结果寄回。经过多次反馈，专家的意见将趋于集中。当专家们的意见趋于一致时，即为最终预测结果。由于这种方法是在每个专家均不知其他专家的任何情况的前提下进行的，因而避免了人际关系、群体压力等缺点，也解决了难以将专家在同一时间集中在同一地方的问题。这种方法由于简单可靠而被广泛应用。

德尔菲法常用于短期（一年内）预测问题，许多组织由于利用这种方法而大获成功。要使用这个方法应注意以下几个问题：

• 要向专家提供充分且完备的信息，以使其能够作出判断，例如，人员安排情况和生产趋势；

• 所提出的问题应该是他们能够答复的问题；

• 不要求精确，允许专家粗估数字，并请他们说明预估数字的肯定程度；

• 尽可能简化，特别是不要问那些没有必要问的问题；

• 保证所有专家能从同一角度去理解员工分类和其他定义；

• 向高层领导和专家说明预测的优点，以争取他们的支持。

② 名义小组讨论法。

尽管德尔菲法具有许多优点，但是这种方法通常需要其他方法予以补充。德尔菲法的难点在于如何提出简单明了的问题，如何将专家的意见归纳总结。为了弥补德尔菲法在这方面的不足，我们可采用名义小组讨论法。这种方法是请各位专家或有经验的现场管理人员构成一个小组，大家围在一张桌旁，每人根据现有的信息与资料，列出一张问题清单，组织者再将所有专家提出的问题一一列出，请各位专家予以归纳。

③ 管理部门预测法。

管理部门预测法是组织内有关管理部门根据以往的经验和本组织内人力资源将会出现的情况，对人力资源进行预测。例如，管理者可根据前期的任务完成情况，来预测未来某段时期内，增加相同的任务量将需要增加多少员工；也可以

181

预测未来某段时期内,本组织内将有哪些岗位上的人会离开,如晋升、退休、辞退、调动、降职等,这些岗位需要多少人员替补。这是一种较简单的预测方法,适用于任务与人力资源需求较简单的情况,并且主要适用于短期的预测。

④ 综合分析法。

综合分析法即由组织内的各下属部门或基层单位,根据各自的生产任务状况、技术设备状况和人员配置状况,对自身的人力资源需求进行初步的预测。然后,在基层预测的基础上,组织的职能部门(通常是人力资源部)再对基层的预测数据和结果进行专门的分析和处理,最终形成组织对人力资源需求的总体预测。综合分析法较简单,但必须对基层的预测予以指导和监控,以尽量获得准确的结果,该方法适用于中短期预测。

(2)定量分析预测法。

定量分析预测法是利用数学和统计学的方法进行分析预测,常用、较为简便的方法有以下几种:

① 工作负荷法。

工作负荷法即按照历史数据,先算出对某一特定的工作每单位时间(如每天)的每人的工作负荷(如产量),再根据未来的产量目标计算出所完成的总工作量,然后根据前一标准折算出所需的人力资源数。

② 趋势预测法。

这是比较简单的方法。预测者必须拥有过去一段时间的历史数据资料,然后用最小平方法求得趋势线,将这趋势线延长,就可预测未来的数值。

趋势预测法以时间或产量等单个因素作为自变量,人力数为因变量,且假设过去人力的增减趋势保持不变,一切内外影响因素保持不变。

③ 数学模型法。

数学模型法是在过去信息的基础上,通过建立数学模型对未来趋势进行预测的一种方法。例如,在该类模型中,把人力资源的需求作为多项变量的函数,并用数学关系加以表述、计算和预测。数学模型法主要包括经济模型和回归模型。

2. 人力资源计划的平衡

(1)人力资源供求关系的平衡。

对人力资源需求预测的结果,常反映出需求与供给两者之间的不平衡。这里的不平衡有:①总量上的人力资源过剩或短缺,即总量上的人力资源供求失衡;②某些类别的人力资源过剩,而另一类别的人力资源又短缺,即结构上的人力资源供求失衡。制定人力资源计划,就是要对上述人力资源的不平衡作出调节,使之趋于平衡。

对于总量上的人力资源短缺,可以通过人才引进、招聘等外部补充办法,以满足人力资源的需求;对于总量上的人力资源过剩,即组织存在冗员时,组织应首先考虑通过自身的发展,例如通过扩大经营规模、开发新产品、实行多种经营等,来吸收过多的人力资源供给。同时,组织还可采取一些专门措施,如提前退休、工时压缩、冗员辞退等方式来减少人力资源的供给。

对于结构性的人力资源供求失衡,主要是通过人力资源计划基础上的一系列人事活动来平衡。首先是组织内部的人员晋升和调任,以补充那些空缺的职位,满足这部分人力资源的需求;其次,对供过于求的人力资源,有针对性地进行专门培训,提高他们的知识技能,让他们转变为组织需要的人才,补充到有需求的岗位上去;第三,也可以通过人力资源的外部流动,补充组织的急需人力资源,释放一部分冗员。

(2) 人力资源总体计划和人力资源各项子计划之间的平衡。

人力资源总体计划是人力资源管理活动的基础,而人力资源总体计划又通过人力资源的开发、招聘、使用、激励、培训以及绩效评估等各项子计划得到实施。因此,应当平衡好人力资源总体计划与人力资源各项子计划之间的关系。例如,人力资源补充计划与培训计划之间、人力资源发展计划与评估激励计划以及培训计划之间,都需要衔接和协调。当组织需要补充某一类员工时,如果信息能及早到达培训部门并列入培训计划,这类员工就不必从组织外部补充。当组织需要提高员工的整体素质,实施人力资源发展计划时,既要通过评估和激励来调动员工的积极性,又要给员工提供培训的机会,使他们提高知识技能水平。

3. 人力资源计划的监控和评估

人力资源计划的监控和评估,是对人力资源计划实施的过程进行监督和控制,并对人力资源计划实施经过进行评价的过程。

对人力资源计划进行监控和评估,一是为了保证人力资源计划得到有效的实施,对过程中产生的偏差或问题及时进行纠正;二是为了检测人力资源计划制定得是否科学可行,以便完善人力资源计划本身。

人力资源计划执行过程的监控和评估方法,一般采取目标评定法,即对人力资源计划的执行,确定明确的预期目标,再对这些目标的实现程度定出可计量的标准。在监控和评估时,以原定的目标为根据,一一对应,逐项予以评价,最后对评价结果进行分析,确定人力资源计划执行中所产生的偏差的程度、原因,并提出调整的初步方案。

5.3 工作分析

5.3.1 工作分析概述

1. 工作分析的含义和内容

（1）工作分析的含义。

工作分析是对组织中某个特定工作职务的目的、任务或职责、权力、隶属关系、工作条件、任职资格等相关信息进行收集与分析，以便对该职务的工作作出明确的规定，并确定完成该工作所需要的行为、条件、人员的过程。工作分析的结果是形成工作描述与任职说明。工作分析是人力资源开发与管理中必不可少的环节，它与人力资源的确保、开发、报酬、整合及调控等工作有密切的关系。

（2）工作分析的目的。

工作分析的内容取决于工作分析的目的与用途。例如，有的组织的工作分析是为了对现有的工作内容与要求更加合理化，以便制定切实可行的奖惩制度，调动员工的积极性；而有的是对新工作的工作规范作出规定；还有的是为了改善工作环境，提高安全性。工作分析的目的不同，组织所要进行的工作分析的内容和侧重点就不一样。另外，由于组织性质的不同或者组织内的各个工作不同，各个工作的要求与组织提供的工作条件也不同。但是，一般来说，工作分析包括两个方面的内容：①形成工作描述书，即确定某个工作的具体特征；②形成工作说明书，即找出某个工作对任职人员的各种要求。

（3）工作描述书。

工作描述书具体说明了某一工作的物质和环境等特点，主要包括以下几个方面：

① 工作名称的描述。它主要说明某项工作的专门名称或代号，目的是便于对各种工作进行识别、登记、分类以及确定组织内外的各种工作关系。工作名称应当简明扼要，力求做到能标识工作的责任、在组织中所属的地位或部门，如一级生产统计员、财务公司总经理就是比较好的工作名称，而统计员、部门经理则不够明确。如果需要，工作名称还可以有别名或工作代号。

② 工作内容的描述。主要是对所要完成的工作任务、工作责任、使用的原材料和机器设备、工作流程、与其他人的正式工作关系、接受监督以及进行监督的性质和内容等方面进行的描述。它是工作描述的主体部分，必须详细描述，列

出所需的内容。

③ 工作条件的描述。包括对工作地点的温度、湿度、光线、噪音、安全条件、室内或室外等工作条件和物理环境等。

④ 工作社会环境的描述。工作的社会环境又被称为工作的人际因素,包括工作群体中的人数、完成工作所要求的人际交往的数量和程度、各部门之间的关系、工作点内外的文化设施、社会风俗的影响程度等。

⑤ 聘用条件的描述。主要描述工作人员在正式组织中的有关工作安置等。它包括对工作时数、工资结构、支付工资的方法以及福利待遇等方面的描述。

（4）工作说明书。

工作说明书主要说明的是从事某项工作的人员必须具备的生理要求、心理要求以及资历要求,主要包括以下几个方面:

① 一般要求。指从事该项工作所需的一般要求,包括年龄、性别、学历、专业证书、工作经验等。

② 生理要求。指从事该项工作所需的生理方面的要求,包括健康状况、力量与体力、运动的灵活性、感官的灵敏度等。

③ 心理要求。指从事该项工作所需的心理方面的要求,包括观察能力、集中能力、记忆能力、理解能力、学习能力、解决问题能力、创造性、数学计算能力、语言表达能力、决策能力、交际能力、性格、气质、兴趣、爱好、态度、事业心、合作性、领导能力等。

2. 工作分析的作用

（1）工作分析是人力资源规划的基础。

组织内的任何的工作职务都是根据组织的需要来设置的,每项工作的责任的大小、任务的轻重、时间的约束、工作条件的限制等因素决定了所需的人力资源。工作分析就是要根据组织的需要,并将影响工作的因素逐一列举分析,首先决定组织中需要设置哪些工作,如原有的工作哪些需要保留,哪些需要去除,需要新设置哪些工作等;其次再决定每项工作所需的人力。通过对部门内各项工作的分析,得到各部门的人员编制,继而得到组织的人力资源的需求计划。另外,通过工作分析还可以将相近的工作归类,合理安排,裁减员工,统一平衡供求关系,从而提高人力资源规划的质量。

（2）工作分析有助于选拔和任用合格人员。

通过工作分析能够明确地规定各项工作的近期和远期目标,规定各项工作的要求、责任,掌握工作任务的静态的动态的特点,提出任职人员的心理、生理、技能、知识和品格等要求,并在此基础上确定任用标准。有了明确而有效的标准,就可以选拔和任用符合工作需要和工作要求的合格人员。只有工作要求明确,才可能保证工作安排的准确,做到不多设一个岗,不多用一个人,每个岗位人尽其需。

（3）工作分析有助于设计积极的员工开发计划。

通过工作分析明确了从事某项工作所应具备的技能、知识和其他各种素质条件。这些要求和条件并非人人都已经满足和达到,需要对员工进行不断地培训和开发。因此可以按照工作分析的结果,设计和制定培训方案,根据实际工作需要和参加人员的不同情况有区别、有针对性地安排培训内容和方法,促进工作技能的发展,提高工作效率。另外,通过工作分析可以使每个员工明确其工作责任与要求,并根据自身的素质与能力,为实现工作目标而努力,即做到人尽其用。

（4）工作分析可以为绩效评估提供标准和依据。

工作分析由于明确了工作规范与要求,明确了任职要求,因而使得员工的绩效评估有了客观的依据。如果缺乏这个客观依据,则将影响到绩效评估的科学性,将影响到员工工作的积极性,使工作与生产蒙受损失。

（5）工作分析有助于实现公平报酬。

通过工作分析,由于明确了工作的责任,因而该工作在组织中的重要程度也得以明确,即工作的相对价值得到明确,以此为根据制定的薪资水平容易实现组织内及组织间报酬的相对公平。

（6）工作分析有助于人力资源开发与管理之整合功能的实现。

首先,工作分析有利于员工的组织同化。由于工作分析对工作有了明确的规范,使得员工的个人价值观服从于组织理念,个人行为服从于组织的规范;其次,通过工作分析,可以发现和改进组织在分工协作、责任分配、工作环境等方面的缺陷,以达到加强沟通的目的;第三,通过工作分析可以使组织避免触犯劳动人事方面的有关法规,避免个人与组织在劳资问题上发生冲突。

（7）工作分析是实现人力资源调控的基本保障。

通过工作分析得出的工作说明书对任职资格与要求作出了明确的说明,使得组织对员工的晋升、调配、解雇也有了客观的标准。组织可以根据这些客观的标准与员工的个人能力、素质与绩效进行对比分析,作出晋升、调配、解雇等决策。

5.3.2 工作分析的步骤

1. 工作分析的步骤

工作分析是对某个工作的一个全面评价过程,这个过程可以分为四个阶段:

准备阶段、调查阶段、分析阶段和完成阶段。这四个阶段关系十分密切，它们相互联系、相互影响。

（1）准备阶段。

准备阶段是工作分析的第一个阶段，主要任务是了解情况，确定样本，建立关系，组成工作小组。具体的工作如下：

① 组成有工作分析专家、岗位在职人员、上级主管参加的工作小组；

② 确定调查和分析对象的样本，同时考虑样本的代表性；

③ 利用现有文件与资料（如岗位责任制、工作日记等）对工作的主要任务、主要责任、工作流程进行分析总结；

④ 把各项工作分解成若干工作元素和环节，确定工作的基本难度；

⑤ 提出原来的工作说明书主要条款存在的不清晰、模棱两可的问题，或对新岗位工作说明书提出拟解决的主要问题。

（2）调查阶段。

调查阶段的主要任务是对整个工作过程、工作环境、工作内容和工作人员等方面作一个全面的调查，具体工作有：

① 编制各种调查问卷和调查提纲；

② 到工作地点进行现场考察，观察工作流程，记录关键事件，调查工作必需的工具与设备，考察工作的物理环境与社会环境；

③ 对主管人员、在职人员广泛进行问卷调查，并与主管人员、"典型"员工进行面谈，收集有关工作的特征以及需要的各种信息，征求改进意见，注意做好面谈记录，注意面谈的方式方法；

④ 若有必要，工作分析人员可以直接参与要调查的工作，或通过实验的方法分析各因素对工作的影响。

（3）分析阶段。

分析阶段的主要任务是对有关工作特征和工作人员特征的调查结果进行深入全面的总结分析。具体工作如下：

① 仔细审核、整理获得的各种信息；

② 创造性地分析、发现有关工作和工作人员的关键成分；

③ 归纳、总结出工作分析的必需材料和要素。

（4）完成阶段。

这是工作分析的最后阶段。前三个阶段的工作都是以达到此阶段作为工作目标，此阶段的任务就是根据工作分析规范和信息编制"工作描述书"和"工作说明书"。具体工作如下：

① 根据工作分析规范和经过分析处理的信息草拟"工作描述书"和"工作说

明书";

② 将草拟的"工作描述书"和"工作说明书"与实际工作对比；

③ 根据对比的结果决定是否需要进行再次调查研究；

④ 修正"工作描述书"和"工作说明书"；

⑤ 若需要，可重复②—④的工作；

⑥ 形成最终的"工作描述书"和"工作说明书"；

⑦ 将"工作描述书"和"工作说明书"应用于实际工作中，并注意收集应用的反馈信息，不断完善"工作描述书"和"工作说明书"；

⑧ 对工作分析工作本身进行总结评估，将"工作描述书"和"工作说明书"归档保存，为今后的工作分析工作提供经验与信息基础。

2. 信息收集

经过许多人力资源专家与企业多年的共同努力，已经形成不少比较成熟的工作分析信息的收集方法，一般比较常用的有如下几种：

（1）利用已有的资料。

从降低工作分析成本的角度出发，在收集信息的时候，我们首先应当尽量利用现有的资料，如岗位责任制、作业统计以及人事档案等等。

岗位责任制是我国企业尤其是国有大中型企业十分重视的一项制度，有的企业搞得比较完善，对于工作分析很有参考价值。作业统计是对每个员工出勤、产量、质量、消耗的统计，这为了解员工的工作内容、负荷以及建立工作标准提供了重要依据。在收集工作分析信息时，应对这些记录认真考虑，仔细分析。人事档案是每个组织都具备的，从中可以反映出任职者的基本资料，比如性别、年龄、受教育程度以及受培训的经历等。

这些企业现有的材料，收集起来比较方便，有利于降低工作分析的成本。但是在实际应用的时候，要确认其与实际情况之间是否存在差异。例如有的企业对岗位责任制的执行并不严格，工作的实际履行情况与责任制规定的相差甚远，或者是对作业统计的记录并不真实，可能存在水分。因此，有必要运用其他的方法作进一步的调查。

（2）问卷调查。

精心编制的工作分析问卷，并要求被试者填写，从而获取有关的工作信息。问卷法主要可以分为两种：一般工作分析问卷法和指定工作分析问卷法。

① 一般工作分析问卷法。

这种方法适合于各种工作，问卷内容具有普遍性。表5.3就是一份一般工作分析问卷：

表 5.3　一般工作分析问卷(部分)

(1) 职务名称_____
(2) 比较适合任此职的性别是_____
    A. 男性　　　　B. 女性　　　　C. 男女均可
(3) 最适合任此职的年龄是_____
    A. 20 岁以下　B. 21~30 岁　C. 31~40 岁　D. 41~50 岁　E. 51 岁以上
(4) 能胜任此职的文化程度是_____
    A. 初中以下　　B. 高中、中专　C. 大专　　　　D. 本科　　　　E. 研究生以上
(5) 此职的工作地点在_____
    A. 本地市区　　B. 本地郊区　C. 外地市区　　D. 外地郊区　E. 其他
(6) 此职的工作主要在_____(指 75%以上时间)
    A. 在室内　　　B. 在室外　　C. 室内外各占一半
(7) 任此职者的一般智力最好在_____
    A. 90 分以上　B. 70—89 分　C. 30—69 分　D. 10—29 分　E. 9 分以下
(8) 此职的工作信息主要来源是_____
    A. 书面材料(文件、报告、书刊杂志、各种材料等)
    B. 数字材料(包括各种数据、图表、财务数据的材料等)
    C. 图片材料(设计草图、照片、X 光片、地图等)
    D. 模型装置(模型、模式、模板等)
    E. 视觉显示(数字显示、信号灯、仪器等)
    F. 测量装置(气压表、气温表等各种表具)
    G. 人员(消费者、客户、顾客等)

② 指定工作分析问卷法。

这种方法适合于某一种指定的工作,问卷内容具有特殊性,一张问卷只适合于一种工作,如表 5.4 所示:

表 5.4　推销员工作分析问卷(部分)

说明以下职责在你工作中的重要性(最重要的打 10 分,最不重要的打 0 分,标在右侧的横线上)

(1) 和客户保持联系_____
(2) 接待好每一个顾客_____
(3) 详细介绍产品的性能_____
(4) 正确记住各种产品的价格_____
(5) 拒绝客户不正当的送礼_____
(6) 掌握必要的销售知识_____
(7) 善于微笑_____
(8) 送产品上门_____
(9) 参加在职培训_____
(10) 把客户有关质量问题反馈给有关部门_____

(11) 准备好各种推销工具_____
(12) 每天拜访预定的客户_____
(13) 在各种场合推销本企业产品_____
(14) 讲话口齿清楚_____
(15) 思路清晰_____
(16) 向经理汇报工作_____
(17) 每天总结自己的工作_____
(18) 每天锻炼身体_____
(19) 和同事保持良好的关系_____
(20) 自己设计一些小型的促销活动_____
(21) 不怕吃苦_____

问卷法的优点主要体现在:一是收集工作分析信息速度快,被试者可以在工

作之余填写调查表,避免耽误生产时间;二是调查面较其他方法广,在工作者很多的情况下,分析者可以对所有工作者进行调查;三是用问卷法调查所得的结果可以数量化,并由计算机处理,因此,可以进行多种方式、多种用途的分析。

但是,问卷法同样也存在一些不足之处。例如,设计调查表耗时多,费用也高;如果分析者对问卷中容易引起歧义的部分不亲自解释说明,可能会导致分析者和被试者产生不一致的理解,影响调查结果的真实性。这种方法在获得被调查对象的积极配合方面也存在欠缺。

(3) 观察法。

这种方法是指工作分析者仅仅观察工作者的工作,记录工作各部分的内容、原理和方法,而不干扰被观察者的工作。这种信息的获得通常是以标准格式记录的,如表5.5所示。

表5.5　工作分析观察提纲(部分)

被观察者姓名:＿＿＿＿＿	日期:＿＿＿＿＿
观察者姓名:＿＿＿＿＿	观察时间:＿＿＿＿＿
工作类型:＿＿＿＿＿	工作部门:＿＿＿＿＿
观察内容:	
(1) 什么时候开始正式工作?＿＿＿＿＿。	(9) 每次交谈约＿＿＿＿＿分钟。
(2) 上午工作多少小时?＿＿＿＿＿。	(10) 室内温度＿＿＿＿＿度。
(3) 上午休息几次?＿＿＿＿＿。	(11) 抽了几支香烟?＿＿＿＿＿。
(4) 第一次休息时间从＿＿＿到＿＿＿。	(12) 喝了几次水?＿＿＿＿＿。
(5) 第二次休息时间从＿＿＿到＿＿＿。	(13) 什么时候开始午休?＿＿＿＿＿。
(6) 上午完成产品＿＿＿件。	(14) 出了多少次品?＿＿＿＿＿。
(7) 平均多少时间完成一件产品?＿＿＿＿＿。	(15) 搬了多少原材料?＿＿＿＿＿。
(8) 与同事交谈几次?＿＿＿＿＿。	(16) 噪音分贝是多少?＿＿＿＿＿。

使用观察法收集工作分析信息时,除了必须有一份详细的观察提纲以外,还应掌握若干操作原则:

① 被观察的工作应相对稳定,也就是说在一段时间内,工作内容、工作程序对工作人员的要求不会发生明显的变化;

② 本方法适用于大量的、标准化的、周期短的以体力活动为主的工作;

③ 在选择被观察的工作行为样本时,要注意样本的代表性;

④ 观察人员尽可能不要引起被观察者的注意,至少不应干扰被观察者的工作;

⑤ 观察法不适用于以智力活动为主的工作。

观察法的优点是,通过对工作的直接观察,能使研究者更多、更深刻地了解工作要求。观察法的缺点主要表现在如果所研究的主要是脑力工作,那么观察

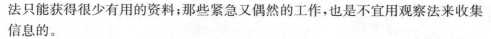

法只能获得很少有用的资料；那些紧急又偶然的工作，也是不宜用观察法来收集信息的。

（4）采访法。

采访法又称为面谈法，是指工作分析者请工作者讲述他们自己所做的工作内容，为什么做和怎样做，以此来获得所需的信息。

工作分析者与工作者面对面地谈话，主要围绕以下内容：

① 工作目标。组织为什么设立这一工作，根据什么确定对此职的报酬。

② 工作内容。工作者在组织中有多大作用，其行动对组织产生的后果有多大。

③ 工作的性质和范围。这是采访的核心，工作分析者主要了解该职务在组织中的关系，其上、下属的职能关系，所需的一般技术知识、管理知识、人际关系知识、需要解决问题的性质及自主权。

采访法还可以被用来核实调查问卷的内容，讨论填写不清之处；了解工作人员的相互评价；详细讨论问卷中建议部分的内容，使之更加具体；调查企业内岗位责任制的执行情况及修改原因，了解组织中各级人事考核方法等。

采访法的优点主要有：一是既可以获得标准化工作的信息，也可以获得非标准化工作的信息；二是既可以获得体力工作的信息，也可以获得脑力工作的信息；三是由于工作者本身也是自己行为的观察者，因此，他可以提供外人不易观察到的情况。但是，这种方法也同样存在不足之处：一方面，工作分析者要接受专门的有关面谈技巧方面的训练，这种方法耗时也很多，因此成本较高；另一方面，由于工作者的不肯合作和工作分析者问一些含糊不清的问题，往往导致收集到的信息失真。

（5）工作实践法。

工作实践法就是指工作分析者通过直接参与某项工作，从而深入细致地体验、了解和分析工作的特点和要求。

工作实践法的优点是，当一些有经验的员工，由于不善于表达，或并不了解自己完成任务的方式等原因，无法提供有效的工作分析信息时，工作分析者的亲自参与可以获得第一手的工作分析信息。工作实践法的缺点也很明显，比如对于一些危险的工作，就不适合用这种方法来收集信息；另外，对于现代企业中许多高度专业化的工作，工作分析者往往由于不具备从事某项工作的知识和技巧，因此无法参与实践。

（6）典型事例法。

典型事例法是指对实际工作中特别有效或无效的工作者行为的简短描述的方法。当大量的这类小事例收集起来以后，按照所描述的工作领域进行归纳分类，最后就会对实际工作的要求有一个非常清楚的了解。

典型事例法的优点是，能直接描述人们在工作中的具体活动，因此，可以揭示工作的动态性。由于所研究的行为可以观察和衡量，所以，这种方法获得的资料适用于大多数工作分析。典型事例法的缺点在于收集、归纳事例并且进行分类要耗费大量的时间。另外，事例所描述的是特别有效或无效的行为，很难对一般的工作行为形成总的概念。而后者才是工作分析的主要目的。

可见，收集工作分析信息的方法很多。需要注意的是，没有一种方法是万能的，只有根据实际情况，将各种方法结合起来使用，才能对工作及其对工作者在体力、脑力、社会和环境等方面的要求有一个全面的了解。

5.4 员工招聘

5.4.1 招聘的作用和步骤

1. 招聘的作用

员工招聘是人力资源开发与管理中一个非常重要的环节，它是指组织为了发展的需要，根据人力资源规划和工作分析的数量与质量要求，从组织外部吸收人力资源的过程，它是人力资源规划的具体实施。

员工招聘对组织来说意义重大，如同生产高质量的产品必须有高质量的原材料一样，组织的生存与发展也必须有高质量的人力资源。如何获得人力资源对组织而言就显得尤为重要。员工招聘就是为了确保组织发展所必需的高质量人力资源而进行的一项重要工作，这是员工招聘的意义之一；意义之二，当组织内部的人力资源不能满足组织发展和变化的要求时，组织就需要根据人力资源规划和工作分析的数量与质量要求，从外部吸收人力资源，为组织输入新生力量，弥补组织内人力资源供给不足；意义之三，对高层管理者和技术人员的招聘，可以为组织注入新的管理思想，可能给组织带来技术上的重大革新，为组织增添新的活力；意义之四，成功的员工招聘，可以使组织更多地了解员工到本组织工作的动机与目标，组织可从诸多候选人中选出个人发展目标与组织目标趋于一致的、并愿意与组织共同发展的员工，这样组织可更多地保留人力资源，减少员工离职，减少因员工离职而带来的损失，另一方面，成功的招聘也可使组织外的劳动力能更多地了解组织，他们根据自己的能力、兴趣与发展目标来决定自己是否参加组织，与组织共同发展，这对发挥员工的潜能是十分重要的；意义之五，员工招聘使得组织的知名度得到扩大，大量的招聘广告，使外界能更多地了解本组织；意义之六，它有利于劳动力的合理流动，目前员工离职现象越来越普遍，因而也使得员工招聘工作更加日常化和重要化了。

2. 招聘的步骤

员工招聘大致分为招募、选拔、录用、评估四个阶段。在招聘过程中,传统的人事管理与现代人力资源开发与管理的工作职责分工是不同的。在过去,员工招聘的决策与实施完全由人事部门负责,用人部门的职责仅仅是负责接受人事部门招聘的人员及其安排,完全处于被动的地位。而现代组织中,起决定性作用的是用人部门,它直接参与整个招聘过程,并在其中拥有计划、初选与面试、录用、人员安置与绩效评估等决策权,完全处于主动的地位。人力资源部门只在招聘过程中起组织和服务的功能。表 5.6 是关于招聘过程中用人部门与人力资源部门的工作职责分工:

表 5.6　招聘过程中用人部门与人力资源部门的工作职责分工

用　人　部　门	人　力　资　源　部　门
1. 招聘计划的制定与审批	2. 招聘信息的发布
3. 招聘岗位的工作说明书及录用标准的提出	3. 应聘者申请登记、资格审查
4. 聘者初选,确定参加面试的人员名单	5. 通知参加面试的人员
7. 负责面试、考试工作	6. 面试、考试工作的组织
	8. 个人资料的核实、人员体检
9. 录用人员名单、人员工作安排及使用期间待遇的确定	10. 试用合同的签订
	11. 试用人员报到及生活方面安置
12. 正式录用决策	13. 正式合同的签订
14. 员工培训决策	15. 员工培训服务
16. 录用员工的绩效评估与招聘评估	16. 录用员工的绩效评估与招聘评估
17. 人力资源规划修订	17. 人力资源规划修订

注:表中的数字表示招聘工作中各项活动的顺序。

具体来说,员工招聘的工作一般分为以下几个步骤:

第一,由各部门提出所缺岗位的人员信息,包括人数、层次、岗位要求等,并正式向人力资源部门提出招聘员工的申请。人力资源部门则会同有关部门,根据组织的人力资源规划,共同识别并认定这些岗位是否确实需要招聘员工。有些缺员并不一定需要通过对外招聘途径来解决,人力资源部门可以与各用人部门沟通,通过员工调剂、加班、雇临时工等方法予以解决。对于确实需要招聘的缺员岗位予以初步认定。

第二,人力资源部门根据工作分析的内容,进一步确定需要招聘的人员的任职资格和素质要求,确定招聘工作的内容。

第三,人力资源部门会同用人部门,将招聘员工的申请与意向申报上一级主管批准。例如,由分管人力资源部门的副总经理的批准。有些重要职位的招聘,还需经总经理或董事会的批准。

第四，在上一级主管批准招聘员工后，人力资源部门要拟定具体的员工招聘计划。

第五，进行招聘的准备工作，确定员工招聘的途径、时间、方法和预算等。

第六，根据应聘申请表，进行初步的筛选，对选中者进行面试或各类的书面或心理等测试。

第七，全面筛选，即根据对应聘者的面试或测试情况，全面展开筛选工作，确定入围名单。必要的话，对某些应聘者还要进行复试。

第八，确定招聘录用人员，通知被录用者，并与之签订工作合同。

第九，员工招聘工作结束，对整个员工招聘过程作出评估，包括方法、内容、实际录用人员素质、招聘成本等。

5.4.2　招募的来源与方法

招募方法是指为了吸引招募对象所使用的方法。由于招聘岗位的不同、人力需求数量与人员要求的不同、新员工到位时间和招聘费用的限制，决定了招募对象的来源与范围，决定了招聘信息发布方式、时间与范围，因而也决定了招募的方法。人力资源部门在招聘过程中必须因地制宜地选择招募方法。根据招募对象的来源我们可将招募分为内部招募与外部招募，它们各自采用的方法也不同。

1. 内部招募

（1）内部招募的理由。

内部招募注重组织内部人力资源的开发利用，注重从组织内部发现、挖掘人才，而外部招募则往往把重点放在从组织外部寻找人才。当组织中出现职位空缺，人力资源管理部门将采取积极的态度首先从组织内部中寻找、挑选合适的人员填补空缺。

内部招募有以下优点：一是为组织内部员工提供了发展的机会，增加了组织对内部员工的信任感，这有利于激励内部员工，有利于员工职业生涯发展，有利于稳定员工队伍，调动员工的积极性；二是可为组织节约大量的费用，如广告费用、招聘人员与应聘人员的差旅费、被录用人员的生活安置培训费等；三是简化了招聘程序，为组织节约了时间，省去了许多不必要的培训项目，减少了组织因职位空缺而造成的间接损失；四是由于对内部员工有较为充分的了解，使得被选择的人员更加可靠，提高了招聘质量；五是对那些刚进入组织时被迫从事自己所不感兴趣的工作的员工来说，提供了较好的机遇，使他们有可能选择所感兴趣的工作。

（2）内部招募对象的主要来源。

① 提升。从内部提拔一些合适人员来填补职位空缺是常用的方法,它可使组织迅速从员工中提拔合适的人选到空缺的职位上。内部提升给员工提供了机会,使员工感到在组织中是有发展机会的,个人职业生涯发展是有前途的,这对于鼓舞士气、稳定员工队伍是非常有利的。同时由于被提升的人员对组织较为了解,他们对新的工作环境能很快适应。这也是一种节省时间和费用的重要方法。但是这种方法由于人员选择范围小,可能选不到最合适的人员到岗位上,另外可造成"结成朋党"的弊病。一般地,当组织的关键职位和高级职位出现空缺时,往往采用内外同时招募的方式。

② 工作调换。工作调换也称"平调"。它是指职务级别不发生变化,而工作的岗位发生变化,它是内部人员的另一种来源。工作调换可提供员工从事组织内多种相关工作的机会,为员工今后提升到更高一层职位作好准备。

③ 工作轮换。工作调换一般用于中层管理人员,且在时间上往往可能是较长的,甚至是永久的,而工作轮换则是用于一般员工,它既可以使有潜力的员工在各方面积累经验,为晋升作准备,又可减少员工因长期从事某项工作而带来的缺乏新鲜感。

④ 内部人员重新聘用。一些组织由于一段时期经营效果不好,会暂时让一些员工下岗待业,待组织情况好转时,再重新聘用这些员工。就我国目前情况来看,这不失为一个经济有效的方法。对下岗员工而言,他们经历过下岗后,会更加珍惜组织给予他们的机会,工作积极性会更高。据有关方面调查,80%的下岗员工表示若原单位情况好转,则愿意回到原来单位工作。这一方面表现出员工的劳动愿望,另一方面也表现出组织对它们的吸引和他们对组织的热爱。对组织而言,由于员工对组织的熟悉与了解,对工作岗位能很快适应,为组织省去了大量的培训费用,同时组织由能以最小的代价获得有效的激励,并使组织更具有凝聚力和亲和力,使组织与个人共同发展。

（3）内部招募的一般方法。

① 布告法。布告法的目的在于使组织中的全体员工都了解到哪些职务空缺,需要补充人员,使员工感觉到在本组织中只要自己有能力,可以通过努力得到发展机遇。这有利于提高员工的士气,培养积极进取精神,创造先进的竞争机制和良好的竞争氛围。布告法是在确定了空缺职位的性质、职责及其所要求的条件等情况后,将这些信息以布告的形式,公布在组织中一切可利用的海报栏、内部刊物上,尽可能使全体员工都能获得信息,号召有才能、有信心的员工毛遂自荐,脱颖而出。对此职务有志趣者则可到主管部门和人力资源部门申请。主管部门和人事部门经过公正、公开的考核择优录用。

② 推荐法。推荐法可用于内部招聘也可用于外部招聘,它是由本组织员工根据组织的需要推荐其熟悉的合适人员供用人部门和人力资源部门进行选择和考核。由于推荐人对用人部门与被推荐者均比较了解,使得被推荐者更容易获得组织与职位的信息,便于其决策,也使组织更容易了解被推荐者,因而这种方法较为有效,成功的概率也较大。但是要注意这种方法容易使组织内出现关系团体,因而要在推荐与选择中根据为组织着想的原则考虑录用。

③ 档案法。人力资源部门都有员工档案,从中可以了解到员工在教育、培训、经历、技能和绩效等方面的信息,帮助用人部门与人力资源部门寻找合适的人员补充职位。员工档案对员工晋升、培训、发展起着重要的作用,因此员工档案应力求准确、完备、客观和真实,对员工在职位、技能、教育、绩效等方面信息的变化应及时作好记录,为人员选择与配备作好准备。

2. 外部招募

(1) 外部招募的理由。

内部招募虽然有很多优点,但它明显的缺点是人员选择的范围比较小,往往不足以满足组织的需要,尤其是组织处于创业时期或高速发展时期,或是需要特殊人才时期,仅有内部招募是不够的,必须借助于组织外的劳动力市场,采用外部招募的方式来获得所需的人员。

(2) 外部招募的主要来源与方法。

① 刊登广告。招募广告是外部招募最常用的方法,它通过新闻媒介向社会传播招募信息,其特点是信息传播范围广、速度快、应聘人员数量大、层次丰富,组织的选择余地大。

招募广告应力求能吸引更多的人,并做到内容准确、详细,聘用条件清楚。好的招募广告通过对组织的介绍,还能起到扩大组织影响的作用,让更多的人了解组织,起到一举两得的作用。

招募广告应包括以下内容:组织的基本情况;政府劳动部门的审批情况;招聘的职位、数量与基本条件;招聘的范围;薪资与待遇;报名的时间、地点、方式及所需的资料;其他有关注意事项。

② 学校。学校是人力资源尤其是高级人力资源的重要来源,每年学校有几百万的毕业生走出校门,进入社会。学校毕业生已成为各组织技术人才和管理人才的最主要来源。一些组织为了不断地从学校获得所需人才,在学校设立奖学金,与学校横向联合,资助优秀或贫困学生等,借此吸引学生毕业后去该组织工作;有的组织还为学生提供实习机会和暑期雇用机会,以期日后确定长久的雇佣关系,并达到使用观察的目的,而对学生则提供了积累工作经验、评估在该组织中工作与发展的价值的机会;还有的组织在学校中建立"毕业生数据库",对毕

业生逐个进行筛选。

对学校毕业生最常用的招募方法是一年一度或两次的人才双向选择会，供需双方直接见面，双向选择。除此之外，有的组织则自己在学校召开宣讲会、招聘会，在学校中散发招聘广告等，还有的则通过定向培养、委托培养等方式直接从学校获得所需要的人才（特别是高层次人才）。

③ 职业中介机构。随着人才流动的日益普遍，大量的人才交流中心、职业介绍所、劳动力就业服务中心等就业媒体和职业中介机构应运而生了。这些机构承担着双重角色：既为组织择人，也为求职者择业。借助于这些机构，组织与求职者均可获得大量的信息，同时也可传播各自的信息。这些机构通过定期或不定期地举行人才交流会，供需双方面对面地进行商谈，增进了彼此的了解，并缩短了招聘与应聘的时间。实践证明，这是一条行之有效的招聘与就业途径。

猎头公司是近年来为适应组织对高层次人才的需求与高级人才的求职需求而发展起来的。猎头公司往往对组织及其人力资源需求有较详细的了解，对求职者的信息掌握较为全面，猎头公司在供需匹配上较为谨慎，其成功率比较高。但其收费也非常高，一般收费标准为员工录用后的一到三个月的薪水。

④ 信息网络招聘与求职。它是近年来随着计算机通讯技术的发展和劳动力市场发展的需要而产生的通过信息网络进行招聘、求职的方法。由于这种方法信息传播范围广、速度快、成本低、供需双方选择余地大，且不受时间、地域的限制，因而被广泛采用。招聘单位、求职者、就业媒体均通过信息网络来达到目的。

⑤ 特色招募。如电话热线、接待日等特色招募形式能吸引更多的人来应聘，通过电话，招募对象可非常迅速、方便地了解到组织及职位的信息；在接待日，通过对公司的访问、与部门领导与人力资源部门管理人员的交谈，可深层次地了解组织与个人，便于组织与个人作出决策。

在招募过程中，有一个值得注意的问题是：用人单位要真实向求职者介绍自己的组织，这被称为"工作真实情况介绍"。工作真实情况介绍要求招聘人员除了要介绍本组织有利的一面外，还要介绍不利的一面，如工作环境问题、交通问题等，这在现实生活中做得还不充分。若不向求职者提供不利的信息，则易使求职者产生过高的期望。研究表明，求职者在录用前若对工作的期望高于实际情况时，会使他们在进入组织后产生失望的情绪，引起不满，使得新进入的人员的保持率降低；但对于接收工作真实情况介绍的求知者来说，进入组织后，其工作的满意度较高，不易引起离职。

工作真实情况介绍可采用多种方法，如实地参观考察甚至实习、录像、资料介绍、面谈等。它在下列情况下非常有效：实际录用率较低；最底层的职位招聘，因为来自组织外部的应聘者比组织内部的应聘者更易产生不切实际的期望；失业率较低,因为求职者有更大的选择余地。

5.4.3 招聘测试

1. 面试

面试是通过让应聘者当面回答问题的方式,来了解应聘者的知识和业务水平,了解应聘者的心理素质与多方面能力的一种方法。这种方法目前已被企业广泛地应用于人员招聘中。

面试可以直观地了解应聘者的一些情况,可以了解应聘者的知识面、技能等,还可以观察、判断应聘者的潜力等等。但如果面试者的经验不足,所掌握的信息不充分,面试的结果可能会有很大的偏差。况且,在短时间内准确地了解和把握一个人,难度很大。因此面试工作的成功与否,取决于面试者的经验和面试的准备工作这两个关键的因素。

面试的准备工作不仅仅是由面试者来做,还应有人力资源部门与用人部门的共同参与策划。面试的准备工作包括以下几个方面:

(1)确认工作描述书与工作说明书的内容,澄清不明确的地方;

(2)确定面谈的目的、时间和地点;

(3)认真阅读应聘者的所有背景材料;

(4)列出面谈中所需了解的问题和所需确定的事项;

(5)设计问题的提问方法并考虑面谈中可能遇到的问题;

(6)准备需要提供给应聘者的资料;

(7)制定面试所需要的各种东西。

用人部门在做好面试问题的准备后,还要考虑面试的方式。面试的类型并不是固定不变的,而是多种多样的。一般来说,面试的类型有以下几种分类:

(1)结构性面试与非结构性面试。

结构性面试,是根据规定好的问题及其格式进行提问并且作出规范的记录;非结构性面试则相反,没有规定的问题和格式,可以由面试者根据情况临场发问,随时改变意见。前者根据事先设计好的程序进行,可以较好地避免面试者的主观偏见和面试过程中的偏差。缺点是不够灵活,不能充分调整提问,以了解应聘者某些方面的信息;后者的优点在于其灵活性,可以掌握更多的信息。但缺点是没有统一的标准,对不同的应聘者不够公平,而且容易融入面试者的主观因素。因此,在面试中,组织往往根据不同的情况对面试类型作出选择。对于工作程序较强的岗位,用结构性面试法;对较重要的职位或灵活的职位,则采用非结构性面试。

（2）单独面试与集体面试。

单独面试是指与应聘者一对一的面试方法，集体面试则是由一个面试班子对应聘者进行"会审"。显然，集体面试的时间和人员投入都多于单独面试；但对应聘者的观察角度更全面，提问更充分，判断也较公正。

（3）答辩会。

由应聘者个人回答众多面试者事先设计好的问题。一般由应聘者主讲一些与申请职位相关的专业问题或其他指定的问题，然后由面试者发问，应聘者当众回答。这种方法可以观察到应聘者的专业知识与技能、工作能力和心理素质等。但涉及人员较多，招聘成本较高，通常用于某些特殊应聘者或高级职位的应聘者。

员工招聘中除了面试以外，根据应聘职位和对应聘者技能等不同要求，还应采取其他一些对应聘者进行测试的方法，比如心理测试、知识技能测试、情景模拟等。

2. 心理测试

心理测试时用心理学的方法来衡量应聘者的智力水平和个性差异的一种方法。心理测试可以帮助企业了解应聘者的潜在智力和适合配置的岗位。

（1）智力测试。

智力通常指人类学习和适应环境的能力。这种能力又包括了观察能力、记忆能力、思维能力和想象能力等等。智力的高低在某种意义上代表了人的能力的高低，而人的能力的高低又意味着他们能够担任的职位的高低。智力的高低通常以智商（IQ）来表示，平常人的智商为 90%—109%，优秀者的智商在 120%—139%，非常优秀的智商在 140% 以上。如果智商在 69% 以下，则表明智力有缺陷。在招聘工作中运用智力测试，测出应聘者的智商水平，就可以为企业适人适位地招聘、配置员工打下科学的基础。

（2）个性测试。

个性包括气质、性格、兴趣爱好等个性特征，也包括生活态度、信念、价值观等个性的倾向性。通过个性测试，了解应聘者的上述某些方面的个性，企业可以了解应聘者是否适合从事某种职业或某种职务，有助于企业对应聘者的筛选。

（3）特殊能力测试。

这种测试只有在招聘某些特殊岗位时才用得到。例如招聘特种保安人员，就需要感觉敏锐、身体强壮又经受过特殊训练的人员。特殊能力的测试一般需要借助于某些心理测试仪器才能完成。

对应聘者进行心理测试可以较迅速、公平而科学地了解应聘者的心理素质和内在潜力。但是，心理测试也有缺陷，如心理测试的手段或量表会制约测试的结果；某些测试的结果容易被曲解以及测试结果过于片面强调心理素质等等。

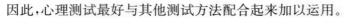

因此,心理测试最好与其他测试方法配合起来加以运用。

3. 知识技能测试

知识技能测试的目的是要了解应聘者是否具备了应聘岗位所需要的相应的知识与技能。知识技能测试可以是用试卷进行的纸笔应答考试。通常知识技能考试包括综合知识测试、专业知识测试和辅助技能测试三种类型。

综合知识测试主要用来了解应聘者的知识面,内容包括各种常识和基础知识;专业知识测试主要用于了解应聘者是否具备应聘岗位所要求的有关专业知识,如会计、法律专业知识等等。专业知识可以是技术专业知识,也可以是管理专业知识,或者两者兼而有之。辅助技能测试主要用来了解应聘者对各种工具的掌握程度,如外语、计算机等等。

知识技能测试成本较低,操作简单。但是这种测试受制于出题和评分的情况,同时许多知识技能测试有标准答案,不利于灵活掌握应聘者的总体情况。因此,知识技能测试也不宜作为唯一的测试方法来运用。

4. 情景模拟

情景模拟就是让应聘者模拟承担所要应聘的职位,在模拟的工作情景中处理与该职位相关的各种问题。情景模拟的主要内容有:

(1) 模拟公文处理。

这种方法就是让应聘者在规定的时间内处理一定量的相关公文,如公司文件、备忘录、上级指示、下级请示报告、电话记录等等,以观察应聘者的知识、能力、经验和风格等等。

(2) 角色扮演。

这种方法是让应聘者扮演其应聘的角色,处理该岗位的一些日常工作和常见问题。测试者可以故意设置一些"特别事件"让应聘者临场发挥加以解决,以观察应聘者的个性特点、应变能力和心理素质。

(3) 谈话。

这种方法是让应聘者模拟所应聘的角色与相关人员进行谈话,如接电话或打电话、接待来访者、拜访有关人士等等。在谈话中,观察应聘者的人际交往能力、语言表达能力和处理问题的能力等等。这种谈话可以引申为谈判,让应聘者作为谈判的一方,测试者作为谈判的另一方,就模拟的一个谈判项目进行谈判。

除了上述三种情景模拟的内容之外,还有无领导小组讨论和即席发言等等,其中都是通过讨论一个专门的提问,在发言中观察应聘者的各方面能力。

运用情景模拟的方法对应聘者进行测试,具有较高的信度和效度,可以比较真实、全面地了解应聘者的整体素质。但是情景模拟测试需要大量的时间和精力去做准备工作,费用也比较高,尤其重要的是模拟的情景中的任务或者项目要科学合理，观察评判者要有较高水准和独到见解。对应聘者进行测试，应当做好记录，并最终形成文件。

5.4.4　人员录用

1. 人员录用过程

人员录用过程主要包括：试用合同的签订，员工的初始安排、试用、正式录用。通常，员工在进入组织前，要与组织签订试用合同。员工试用合同是对员工与组织双方的约束与保障。试用合同应包括以下主要内容：试用的职位、试用的期限、员工在试用期的报酬与福利、员工在试用期应接受的培训、员工在试用期的工作绩效目标与应承担的义务和责任、员工在试用期应享受的权利、员工转正的条件、试用期组织解聘员工的条件与承担的义务和责任、员工辞职的条件与义务、员工试用期被延长的条件等。当双方签订试用合同后，员工进入组织工作，组织要为其安排合适的职位。一般来说，员工的职位均是按照招聘的要求和应聘者的应聘意愿来安排的，人员安排即人员试用的开始。试用是对员工的能力与潜力、个人品质与心理素质的进一步考核以及对员工行事方法与习惯的观察。

2. 人员录用的原则

人员录用主要应遵循以下一些原则，才能实现用人之所长，有效地利用人力资源。

（1）公平录用，知人善用。

公平录用，强调组织尤其是人力资源部门负责人用人要出于"公心"，以组织为重，事业为重，做到任人唯贤。

在人员的安排使用过程中，有两种心态误差易影响任人唯贤的实施。一是亲近效应。与管理者、领导接触频繁或有过故交的人，易使管理者对他产生亲近感，因而会在工作上给予更多的关照、信任、器重，特别是在其刚进入组织时就给予特殊的照顾。这种效应，使某些管理者凭感情深浅为褒贬，看关系亲疏定升降，对亲属、好友、同学等给予过多的恩惠，也即"任人唯亲"。有些人利用这一点，在刚进入组织后，不是把精力放在工作上，而是利用一切机会通过各种手段来讨好、巴结、收买领导，以达到不可告人的目的。二是"月光效应"。它是指管理者只看重某人的社会关系或背景，而不察其绩效、能力与水平。某人看似月球，虽自身不会发光，但借助于太阳的光芒亦能闪光耀眼。这些人虽然平庸，奈何靠山坚实，故而身价倍增。重用此人可一时讨得领导的欢心，但却容易失去员工们的信心。

知人善用,要求管理者对所任用的员工了如指掌,并能及时发现人才,合理使用,使每个人都能充分施展自己的才能。

(2) 因事择人,知事识人。

因事择人,要求组织招聘员工应根据工作的需要来进行,即因岗招人,应严格按照人力资源规划的供需来吸纳每一名员工,人员配备切莫出自于部门领导或人力资源部门领导的个人需求或长官意志,也不能借工作需要来达到个人的某种目的。

官场上有一个著名的"帕金森定律"很能说明人员配备上的误区。帕金森的例子是这样的:假设有个当官的甲,他觉得自己劳累过度了。当然,这也许真的是他的工作任务太重,也可能仅仅是他自己的主观感受。倘若甲的感觉确是来自他的体力不支,他可以在以下三种措施中选择一种:方法一,他辞职;方法二,要求同级别的同事乙来分担;方法三,要求增加助手丙和丁。按人们的习惯,甲必定会选择方法三。因为,如果他辞职,则他个人会失去应有的养老金等利益;而如果他请来与自己同等级别的乙,等到日后他的顶头上司退了休,岂不是在自己晋升的道路上树立了竞争对手? 因此,甲宁可选择级别比自己低的丙和丁来归他领导,何况丙和丁的到来等于提高了他的地位。他可以把工作分为两份,分别交给丙和丁负责,自己则掌握全面。那么他能不能只选取丙或丁来分担他的工作呢? 那是不行的。因为如果只选丙或丁,那么此人几乎充当了原本就不想要的乙的角色,此人将成为唯一可以顶替自己的人。所以要找助手就必须找两个或两个以上,这样他们可以相互制约,牵制对方的提升。有朝一日,当丙也抱怨工作疲劳过度时(毫无疑问,甲必然会想到),甲就会与他商量,再给他配上两名助手戊和己。鉴于丁与丙的地位相当,为了避免矛盾,甲给丁也配上另两名助手庚和辛。于是在补充了四名助手之后,甲的晋升就十拿九稳了。如今,甲过去一个人的工作由七个人在做。"金字塔在上升"——这是"帕金森定律"的结论。

知事识人,要求部门领导对每一个工作岗位的责任、义务和要求非常明确,应当学会鉴别人才,掌握基本的人才测试、鉴别、选拔的方法,不但要使自己成为一个好领导,也应当成为一个"伯乐",应懂得什么样的岗位安排什么样的人员。

(3) 用人不疑,疑人不用。

这个原则要求管理者对员工要给予充分的信任与尊重。如果对部下怀有疑虑,不如干脆不用。事实上,试用人员与正式员工在使用上并无本质的差异,关键是管理者能不能给他们以充分的信任与权力,大胆放手让他们在自己的岗位上发挥自己的才能。举个例子,新加坡某酒店对授权赋能的运用发挥到了极致。公司规定,从清洁工到经理一共 650 名员工都可以不经上级批准而采取行动,去抚慰不满意的顾客。公司人力资源总裁说:"如果上级不点头,员工连最小的决定都做不了,那就是不信任他们。"1996 年 1 月酒店开张之际,每位员工都发一张"信条卡",上面列有 20 条提供高水准服务所必须遵守的基本事宜。其中最显眼的是"改善一切可能留住顾客"。人力资源总裁进一步解释说:"哪怕这意味着请顾客回来吃顿饭或为顾客买一套新西装都行。"

（4）严爱相济,指导帮助。

员工在试用期间,管理者必须为其制定工作标准与绩效目标,对其进行必要的考核,考核可从几个方面进行:能力及能力的提高、工作绩效、行为模式及行为模式的改进等等;对试用的员工在生活上应当给予更多的关怀,尽可能地帮助员工解决后顾之忧,在工作上要指导帮助员工取得进步,用情感吸引他们留在组织中;同时,从法律上保证员工享受应有的权利。这些对员工是否愿意积极努力地、长期稳定地为组织工作是非常有利的。

3. 正式录用

员工的正式录用即我们通常所称的"转正",是指试用期满,且试用合格的员工正式成为该组织的成员的过程。员工能否被正式录用的关键在于试用部门对其的考核结果如何。组织对试用员工应坚持公平、择优的原则进行录用。

正式录用过程中用人部门与人力资源部门应完成以下主要工作:员工试用期的考核鉴定;根据考核情况进行正式录用决策;与员工签订正式的雇用合同;给员工提供相应的待遇;制定员工进一步发展计划;为员工提供必要的帮助与咨询等等。

5.5　人员考评

5.5.1　人员考评概述

1. 人员考评的意义

人员考评一般是指人员的绩效考评,即对照工作目标或者绩效标准,采用科学的方法,评定员工的工作目标完成的情况、员工的工作职责履行程度、员工的发展情况等等,并将上述评定结果反馈给员工的过程。人员考评主要包括两个方面:一是侧重于对人不对事的人员素质评价;二是以人与事相结合的侧重于结果的绩效考评。最终的目的就是分析评价每个岗位对人员各方面的要求、具体测评每名待选人员的素质与能力特点,使之人岗匹配,实际考核每名在岗人员在一定时期内的工作成果与绩效,优化人力资源的使用配置和开发管理。

人员考评尽管从现象来看是对员工工作绩效的考核,但它却是组织进行管理、决策和控制不可缺少的机制。人员考评的意义可以从组织的角度和员工的角度分别加以分析。

(1) 人员考评是提高组织管理效率及改进工作的重要手段。

组织的管理者通过人员考评,能够达到以下目的:了解员工完成工作目标的情况,包括已经取得的成绩、仍然存在的差距和困难等,同时表达管理层对员工的工作要求和发展期望,并且从员工处也可以获得员工对管理层、对工作以及对组织的看法和建议,在交流中建立管理者和员工之间的沟通渠道,改善上下级关系,共同探讨员工在组织中的发展和未来的工作目标。通过人员考评,管理者达到了上述目的,才能避免工作中的误解,形成有效的人力资源管理。

(2) 人员考评是员工改善工作及谋求发展的重要途径。

通过人员考评,员工可以明确自己所担负的工作目标、职责和要求,通过努力使自己的工作情况达到这些要求,同时使自己的工作成就、工作业绩得到组织或者上司的认可和赞赏,通过交流使自己在工作中的需要获得组织的帮助。在适当的时候,员工可以向组织提出自己的发展计划要求,并了解组织在有关问题上的态度和可能给予的支持,通过这些信号可以在心理上获得参与感并且了解组织对自己的期望和未来的工作规划,找出差距、调整工作方式,以期更好地完成任务。

员工个人通过人员考评信息的反馈和人员考评面谈,能够获得信心、机会和组织的理解与支持,有利于员工振奋精神、发挥主观能动性、弥补不足,使日后的工作做得更好。

综上所述,无论是组织还是员工个人,都可以通过人员考评获益。人力资源管理部门应当认真地研究分析两方面的人员考评需求,为制定组织的人员考评制度和计划做好准备。

2. 人员考评的作用

在人力资源管理系统中,许多环节的决策、调整和操作,需要以人力资源的绩效考评作为依据。因此人员考评对很多管理环节和活动有着重要的影响和作用。

(1) 为人力资源计划的重新制定或者调整提供了参考依据。

人员考评结果显示了人力资源管理系统中的薄弱环节和新的增长点,这就要求人力资源规划作出相应的调整,弥补薄弱环节,谋求新的增长。同时,为了调整人力资源计划,筹划新的人力资源的活动,还必须进一步调整相关的人力资源预算。

(2) 为组织人力资源配置提供了依据。

人员考评的结果反映了员工完成任务的程度和员工的素质情况,为组织根据新一轮的工作任务来考虑人力资源配置提供了依据。必要时,组织需要重新进行工作分析,修订工作说明书,完善员工招聘工作。

（3）为员工的奖惩提供了客观的依据。

人员考评的结果为员工的激励或者惩罚提供了客观的依据。也就是说,对员工的激励手段措施和程度,都可以用人员考评中的反馈信息作为主要依据来加以考虑、制定和调整。

（4）为员工的薪酬制度的设立和调整提供了客观的依据。

人员考评的结果为员工的基本薪酬制度的设立和调整提供了客观的依据。员工现有的薪酬制度是否合理、是否具有适度的奖惩功能、是否与员工的工作贡献成相应的比例、薪酬总体水平是否合理等等,都可以通过人员考评获得信息,并可以获得有关管理者和员工的建议。

（5）为人力资源培训提出了直接的要求。

人员考评可以反映出员工素质不足之处、员工本人的培训意愿、完成任务还需要提供的技术等,这些因素构成了培训需求的内容,会对人力资源的培训环节产生直接的影响。

（6）为人事决策与调整提供依据。

人员考评结束后,根据人员考评的反馈信息,可以采取相应的人事决策与调整工作。对工作出众、素质高、潜力大的员工予以晋升或者工作轮换加大培养力度,对工作不称职者降职或者直接辞退,对员工需要的各种支持和帮助,分别采取不同的方式予以满足。

5.5.2　人员考评的过程

1. 考评的准备工作

在正式开始人员考评之前应该先做好人员考评的准备工作,制定好人员考评的计划。首先应该确定在什么时候什么范围进行人员考评、人员考评的参与者、人员考评的目的和期望达到的结果、人员考评所需要的各种资源、人员考评打算采取的方法等等。

其次要确定人员考评的评估人员,包括确定负责人员考评的班子及其成员,甚至可以聘请人员考评的评估专家,或者外包委托有关咨询服务机构从事员工的人员考评工作等等。

接下来要准备人员考评的条件,包括准备人员考评的工具,比如计算机软件、电子或文档的表格、正式文件等等,也包括准备人员考评所需的其他条件,比如面谈的场所、陈设物、开会的会场等等。

最后要做好准备公布人员考评的信息,也就是让企业与员工就人员考评问题在思想上和信息上达成共识,使被评估者有充分的思想准备和考核准备,积极参与人员考评。

当然在各种"硬件措施"做好准备的同时,关键的绩效考核标准也应该合理制定,它是对每一个员工所从事工作的基本要求,用来衡量员工在某一考核时期内绩效的好坏,并且用来引导和提高员工的工作积极性。一般来说,绩效标准在上一轮人员考评后就应该已经制定出来了,通常是员工的工作计划、工作目标或工作任务书等。在本次的期末人员考评中,必须将员工期初所制定的工作计划、目标等作为绩效标准,并且参照这些标准对员工进行考评。确定绩效标准对人员考评来说,具有重要的意义。首先,没有客观的绩效标准,评估者就无法客观地对被评估者作出正确的评估;其次,如果绩效标准不合理或者不适当,员工的工作表现和任务执行的情况就无法予以准确的衡量和评价;第三,适当的科学的绩效标准将有利于对员工的工作绩效情况进行监督和控制。因此,在下达工作任务时,管理者必须让员工明确管理者对他们的要求、期望和标准。

为了使绩效标准科学有效、合理适当,在制定员工绩效标准的时候应当考虑以下几个方面:

(1)目的性。即绩效标准必须符合企业或者部门的整个发展目标。

(2)具体性。即标准制定得清楚明确、描述具体而简练。

(3)客观性。也就是绩效标准的设定要符合客观情况,不能主观臆测,要在员工经过一定努力可以达到的范围内。如果标准定得太高,鲜有人甚至没有人可以达到,那么这个标准就失去了意义;如果标准定得太低,就毫无激励作用。

(4)可测量性。即使标准客观可以达到,如果无法测量,就无法作出评估结果。

(5)时间性。即绩效标准的完成应当在规定的考核时间范围之内。

2. 员工考评的主动和被动角度

对员工的考评,从主动角度来看,一般分为员工自我评估和由评估者对被评者进行考评两方面。员工自我评估是指由员工本人对照自己的绩效标准,如工作分析、工作计划、绩效目标等等,进行自我评估,填写述职表,或者写出自我评估小结等;而评估者对被评者进行评估时,评估者可以是被评者的上级主管,也可以是组织人力资源部门的成员,还可以是评估委员会等专门的员工绩效评估机构。在采取多角度绩效考评反馈的方法时,还会有被评估者的下属、同事和客户等作为评估者来参与对被评估者的评估。但是目前一般还是由被评估者的上级主管会同人力资源部门的人员来进行评估。评估者审核被评者自我评估的内容,对照其绩效标准,在听取被评者的上司、同事或者其他有关人员意见的基础上形成评估意见。评估意见一般采取表格的形式,如各类考核表、鉴定表等等。

而从被动角度来看,可以分为员工的素质考评和绩效考评两方面。所谓人员的素质考评是指以人为评价客体,运用各种考核、测试手段,判断评价客体的知识、技能、心理等内在素质以及相关的其他方面。人员素质评价可以采取面谈、测试等不同的手段完成,也可以综合运用不同的手段完成。通常所说的人员考评主要是指的对人员绩效的考评,也就是考核员工对岗位所规定的职责的执行程度,从而评价其工作成绩和效果。绩效考评的内容主要侧重于工作成绩和行为表现两个方面。工作成绩就是员工在各自岗位上对企业的实际贡献,即完成工作的数量和质量。它包括员工是否按时按质按量地完成本职工作和规定的任务、在工作中有无创造性成果等;行为表现就是员工在执行岗位职责和任务时所表现出来的行为,它包括职业道德、积极性、纪律性、责任感、事业性、协作性等诸多方面。

3. 考评的反馈

在考评结束后,考评者应将评估的意见反馈给被评者。一般有两种形式:一是评估意见认可;二是考评面谈。所谓评估意见认可,就是评估者将书面的评估意见反馈给被评者,由被评者予以同意认可,并签名盖章。如果被评者不同意评估者的评估意见,可以提出异议,并要求上级主管或人力资源部门予以裁定。考评面谈则是通过评估者和被评者之间的谈话,将评估意见反馈给被评者,征求被评者的看法,同时,评估者要就被评者的要求、建议与新一轮工作计划的制定等问题与被评者进行沟通。考评面谈记录和评估意见,也需要被评者签字认可。

4. 考评的审核

最后,通常是由人力资源管理部门对整个组织的人员考评情况进行审核,处理人员考评中双方较大的异议和某些考评异常的问题,同时对人员考评后的各种人力资源管理活动提出建议性的意见。人员考评的审核主要包括审核评估者、审核评估程序、审核评估方法、审核评估文件、审核评估结果等五个方面。

5.5.3　人员考评的方法

人员考评的方法有很多,常见的有以下一些:

1. 因素评分法

首先,根据考评的目标设定各项考评的因素(或者称为考评的指标),并赋予各项考评因素的权数,然后根据实际情况界定考评度的等级标准及定义,考评者针对所列的考评因素与考评度的标准及定义,就其观察衡量与判断被考评者的工作绩效,给予适当的分数,最后将各因素上的评分进行加权汇总,就是被考评者的考评结果。

考评的最高总分一般定为 100 分,90 分以上为特等,这是有突出贡献的人员;80 分以上为 A 等,70 分以上为 B 等,60 分以上为 C 等,60 分以下为 D 等,也就是不合格的等级。

这种方法简单易行,也比较科学。但是需要注意的是,对不同层次的岗位,其考评因素的重要程度不同,给予的权重也应有所不同。比如"全局观"这一考评因素,对于管理者来说较为重要,权重应该大一些,而对操作工人来说,则应小些甚至为零。

2. 排列法

这种方法就是将被考评者群体,按照其总的绩效评价的顺序予以排列,并依次以 1,2,3,……数字标之。在评估表中列出所要评估的内容或评估因素,再将该因素下工作绩效最优者和最差者首先列入表内,然后列出次优者和次差者,以此类推,直到把所有被评者排列完毕。这样就可以获得该部门所有员工的绩效情况,并了解他们在每一个评估因素中的排列次序或优劣程度。该顺序数字可以视作绩效的指数,也可以转换为某种规定范围的数字,使之含有一般的比较意义。这是一种较为简单易行的绩效评估方法,但是使用有一定的局限性。一般用来评估数量不多,并且从事相同工作的人员,也可以用于评估同一部门的人员。

3. 对比法

这种方法就是由评估者就某一评估因素,将考评者群体一对一地进行比较,根据配比的结果,排列出他们的绩效名次。对比法由于需将每一名被评估者与其他人相比,评估的误差较小,但工作量比较大,因此当被考评者群体的人数较多时,手续就比较麻烦,所以对比法更适合于人员数量较少时的考评。

4. 强制分类法

这种方法是将员工绩效分成若干个等级,每一等级规定一个百分比,通常是按照正态分布的规律分为五个区域,从低到高分别占 10%,20%,40%,20%,10%,考评者将不同类别工作的员工,就适当的因素,视员工的总体工作绩效将他们分别归类,尽可能地作比较,分配于限定的等级中。

5. 量表评估法

这种方法是根据设计的等级评估量表来对被评估者进行评估的方法。无论被评估者的人数是多还是少,这种方法都适用。而且这种方法评估的定性定量考评较为全面,为各类组织所选用。其具体方法是:先设计等级评估表,列出有关绩效因素,再把每一绩效因素分成若干等级并给出分数,说明每一级分数的具体含

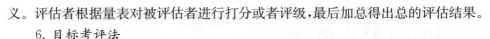

义。评估者根据量表对被评估者进行打分或者评级,最后加总得出总的评估结果。

6. 目标考评法

这种方法是在整个组织实行"目标管理"的制度下,对员工进行的考评方法。其具体方法是:首先确定总体目标和各部门的具体目标。无论总体目标还是具体目标,都必须明确、具体,并且可以计量。每一层次的每一个员工,都要在组织总体目标的背景下,形成各自的具体目标。其次,制定计划和绩效评估标准。目标确定以后就要制定达到目标的具体计划,同时制定执行计划中的绩效评估标准。换句话说,就是要执行、实施相应的计划来实现上述目标,并且要就其中各个过程、步骤的实施情况作出必要的评估。在目标管理的过程中,对照设定的目标和绩效评估的标准,对员工完成目标的情况作出具体的评估。这类绩效评估一般在目标管理过程中就开始进行,在员工期末评估中正式完成。最后要进行检查调整。通过绩效评估,员工找出了自己实际工作绩效与预定目标之间的距离,接着就必须分析这些差距的原因,并且通过调整自己的工作方法等手段,努力缩小乃至消除上述差距,达到自己的目标。

7. 自我—他人评估法

这种方法包括两种评估形式。一种是总结式评估,即由被评估者将自己的工作情况与岗位绩效标准或工作说明书相对照,作出自我评估总结,再由被评估者的直接上司或者人力资源部门人员对被评估者的工作作出总结性评估,最后由主管部门根据两方面的评估结果,作出正式评估结论;另一种是记分式评估,即根据事先设定的绩效评估因素和记分标准,由被评估者本人自我打分,同时由与被评估者直接相关的他人进行打分,上级主管在收集并平衡了上述各项分数的基础上,给被评估者打出最后的评估分数。此外,如果采取多角度绩效反馈(也称360度绩效反馈)的话,也可以采取他人记分评估的形式。与一般记分评估不同的是,多角度绩效反馈分别由被评估者的上级主管、同事、下属和客户同时作出,因此,他们评估的绩效因素就不一样,配分也可以不完全一致。比如,当客户对被评估者作出评估时,则可以将合作服务态度、能力、沟通技能等作为绩效评估因素。假定该被评估者与客户打交道的机会较多,与同事合作的机会相对较少,那么客户评估的配分就可以高于同事评估的配分。如同样是评估态度,对客户的服务态度最高分可配为10分,而对同事的合作态度最高分也许只配为5分。采取多角度绩效反馈,有利于较为全面地对被评估者的实际绩效进行评估。

本章小结

人力资源包括数量和质量两个方面。人力资源数量又分为绝对数量和相对数量两种。人力资源是进行社会生产最基本、最重要的资源,具有主导性、主动性、时效性、再生性和社会性等特征。

人力资源管理,是指为有效地实现组织目标,利用现在现代技术手段和管理理论,以人的价值观为中心,在处理人与工作、人与人以及人与组织的互动关系上所采取的一系列管理活动。人力资源管理的基本职能是获取、整合、奖酬、调控和开发。

人力资源规划是指根据组织的战略目标,科学地预测组织在未来环境变化中人力资源的供给与需求状况,制定必要的人力资源获取、利用、保持和开发策略,以确保组织对人力资源在数量和质量上的需求,使组织和个人获得长远利益。

工作分析是对组织中某个特定工作职务的目的、任务或职责、权力、隶属关系、工作条件、任职资格等相关信息进行收集与分析,以便对该职务的工作作出明确的规定,并确定完成该工作的所需要的行为、条件、人员的过程。

员工招聘是人力资源开发与管理中一个非常重要的环节,它是指组织为了发展的需要,根据人力资源规划和工作分析的数量与质量要求,从组织外部吸收人力资源的过程,它是人力资源规划的具体实施。

员工考评一般是指人员的绩效考评,即对照工作目标或者绩效标准,采用科学的方法,评定员工的工作目标完成的情况、员工的工作职责履行程度、员工的发展情况等等,并将上述评定结果反馈给员工的过程。

思考题

1. 人力资源管理有哪些特点?你如何理解这些特点?根据这些特点,一个组织应该如何做好人力资源管理?谈谈你的看法。
2. 外部招聘和内部提升各有什么优势和局限性?
3. 什么是人力资源率?我国当前的人力资源率状况如何?
4. 人力资源的质量体现在哪些方面?
5. 企业的人力资源管理有哪些具体工作?
6. 人力资源管理的职能有哪些?
7. 人力资源规划有哪些内容?
8. 什么是工作分析?有哪些重要作用?
9. 什么是绩效考评?
10. 绩效考评过程中有哪些常见的问题?如何解决?
11. 如何激励学生的学习积极性?

选择题

1. 工作分析是企业人力资源管理中的一项十分重要的基础工作,它表现在(　　)。
   - (A) 员工的人力资源规划、招募、绩效考核、薪酬设计、培训等方面
   - (B) 员工的人力资源规划、招募、绩效考核、编写生产计划等方面
   - (C) 员工的绩效考核、薪酬设计、培训等方面
   - (D) 员工的绩效考核、薪酬设计、出国培训、岗位轮换等方面

2. 下列哪一种劳动力属于尚未开发的、处于潜在形态的劳动力?(　　)
   - (A) 处于劳动年龄之内、正在军队服役的人
   - (B) 已经超过劳动年龄、继续从事社会劳动的人口
   - (C) 尚未达到劳动年龄、已经从事社会劳动的人口
   - (D) 处于劳动年龄之内、正在从事社会劳动的人口

3. 下列哪一种人口属于已经开发的人力资源?(　　)
   - (A) 处于劳动年龄之内、具有劳动能力并要求参加社会劳动的"待业人口"
   - (B) 处于劳动年龄之内、正在从事家务劳动的人
   - (C) 处于劳动年龄之内、正在军队服役的人
   - (D) 处于劳动年龄之内、正在从事学习的"就学人口"

4. 一般来说,(　　)。
   - (A) 人力资源的质量对数量的替代性较强
   - (B) 人力资源的数量对质量的替代性较强
   - (C) 两者是等同的
   - (D) 两者互相替代

5. 根据 Y 理论得出结论:激励人们的最好办法是(　　)。
   - (A) 用金钱报酬刺激
   - (B) 满足人们的成就感
   - (C) 满足人们的安全感
   - (D) 制订公平合理的薪酬体系

6. 激发动力取决于达到目的的可能性和效用价值的理论属于(　　)。
   - (A) 公平理论
   - (B) 期望理论
   - (C) 双因素理论
   - (D) 需要层次理论

7. 下列不列入员工考评标准的是(　　)。
   - (A) 行为标准
   - (B) 文化标准
   - (C) 绩效标准
   - (D) 任职资格标准

8. 需要层次理论中,由下而上第三层次是(　　)。
   - (A) 尊敬的需要
   - (B) 社交的需要
   - (C) 获取金钱的需要
   - (D) 取得成功的需要

9. 下列关于福利的哪种说法正确( )。

(A) 福利是工资的一部分,属于组织的工资性支出

(B) 福利一般都是以实物形式发放

(C) 企业的医疗保险、失业保险属于福利项目,对所有的员工都适用

(D) 每年的十月一日到十月三日是中国的法定带薪休假日

10. 在人力资源管理中,与"整合"无关的是( )。

(A) 新职员的职前教育   (B) 同组织成员的面谈和沟通

(C) 员工调动   (D) 团队建设

11. 不属于考评作用之一的是( )。

(A) 为人事调整提供依据   (B) 促进员工自我成长

(C) 为员工培训提供依据   (D) 为招聘员工提供依据

12. 根据双因素理论,工作安全属于( )。

(A) 安全因素   (B) 期望因素

(C) 激励因素   (D) 保健因素

13. 赫茨伯格提出的双因素理论是一种( )。

(A) 成本控制理论   (B) 生产控制理论

(C) 战略理论   (D) 激励模式理论

14. 人力资源管理的基本职能有( )。

(A) 获取、培训、激励、整合、调控   (B) 获取、开发、激励、培训、调控

(C) 获取、开发、整合、培训、激励   (D) 获取、开发、激励、整合、调控

15. 下列不属于激励原则的是( )。

(A) 公平   (B) 差异化和多样性

(C) 物质利益   (D) 提供员工发展机会

16. 下列不属于内部招募的是( )。

(A) 提升   (B) 工作调换

(C) 工作轮换   (D) 从学校直接招募

17. 下列属于人力资源管理基本职能之一的是( )。

(A) 编制工作说明书   (B) 员工考核

(C) 冲突的预防和解决   (D) 调控

18. 现代人力资源管理起源于20世纪( )。

(A) 20年代   (B) 40年代

(C) 50年代   (D) 60年代

19. 与传统人事管理相比,人力资源管理( )。

(A) 更具有战略性和系统性

(B) 更具有系统性,并能盈利

(C) 成为利润中心和活动中心

(D) 更具有战略性、系统性、并成为利润中心

20. 属于 X 理论的假设是(　　　)。

(A) 一般的人在本质上不厌恶工作

(B) 较高的想象力和理解力

(C) 满足高层次的需求

(D) 一般的人都愿意被人指挥并且希望逃避责任

21. 需要层次理论中,安全需要是从下而上的第几层?(　　　)

(A) 一　　　　　　　　　　　(B) 二

(C) 三　　　　　　　　　　　(D) 四

22. 需要层次理论中,尊敬的需要是从上而下的第几层?(　　　)

(A) 一　　　　　　　　　　　(B) 二

(C) 三　　　　　　　　　　　(D) 四

23. 人力资源率是指(　　　)。

(A) 劳动人口与非劳动人口之比

(B) 人力资源的绝对量占总人口的比率

(C) 处于劳动年龄之内、正在从事社会劳动的人口与处于劳动年龄的总人口之比

(D) 劳动人口中大专以上学历人口的比率

24. 可以用健康卫生指标、教育状况、劳动者的技术等级状况和劳动态度指标等来衡量(　　　)。

(A) 人力资源率　　　　　　　(B) 人力资源的质量

(C) 人力资源的相对数量　　　(D) 以上都是

25. 人力资源管理需处理的问题包括(　　　)。

(A) 人与事的匹配以及人与人的协调合作

(B) 人的需求与工作报酬的匹配

(C) 工作与工作的协调合作

(D) 以上都是

26. 人力资源的特点有(　　　)。

(A) 战略性、效益性、人文性　　　　　(B) 战略性、主动性、人文性

(C) 战略性、主动性、效益性　　　　　(D) 战略性、主动性、效益性、人文性

27. "新职员的职前教育"属于人力资源管理的(　　　)。

(A) 获取职能　　　　　　　　(B) 整合职能

(C) 调控职能　　　　　　　　(D) 开发职能

28."冲突的预防和解决"属于人力资源管理的（　　）。

(A) 获取职能 　　　　　　　　(B) 整合职能

(C) 调控职能 　　　　　　　　(D) 开发职能

29. 激励原则包括（　　）。

(A) 非物质利益原则 　　　　　(B) 差异化和多样性原则

(C) A 和 B 都包括 　　　　　　(D) A 和 B 都不包括

30. 可以用 $M = V \times E$ 来表示激励的理论是（　　）。

(A) 公平理论 　　　　　　　　(B) 期望值理论

(C) 双因素理论 　　　　　　　(D) 强化理论

31. 强调用金钱报酬来刺激员工的积极性的是（　　）。

(A) X 理论 　　　　　　　　　(B) Y 理论

(C) Z 理论 　　　　　　　　　(D) M 理论

32. 认为对人的管理无需采用强制的管理方法的是（　　）。

(A) Y 理论 　　　　　　　　　(B) Z 理论

(C) X 理论 　　　　　　　　　(D) M 理论

33. 激励方式包括（　　）。

(A) 思想工作 　　　　　　　　(B) 参加民主管理

(C) 奖励 　　　　　　　　　　(D) 以上都是

34. 激励方式不包括（　　）。

(A) 思想工作 　　　　　　　　(B) 参加民主管理

(C) 奖励 　　　　　　　　　　(D) 岗位分析

案例分析

华为的人力资源管理　简单四个字：选育用留

　　有那样一个中国企业，当它 1988 年成立的时候，是个只有 2 万元注册资本、20 个员工的默默无名的小公司，面对的却是高技术高风险的电信行业，市场被国际大牌厂商把持，资源被国有单位占据。它一无所有，唯一的资源是人的头脑。

　　有那样一个中国企业，在 20 世纪末，像旋风一样席卷了国内市场，像狼群一样扑向竞争对手。它的名字让对手胆寒，它的《华为基础法》被电信业的领导争相学习。研发投入与回报间的漫长周期带来了巨大的风险，它一次次拼上自己的生命，在生死存亡的边缘顽强战斗，又一次次活下来，一次次变得更加强大。

　　有那样一个中国企业，从来都保持着低调，但在行业的冬天来临之际，他发出了警告。这个讯息迅速传遍了全国,人们警惕起来。然而,自己却没有来得及躲避,冬天的风雪扑面而来,对这位领军者造成了巨大的伤害,成长迅速骤减。它喘息着,但没有倒下去,再次昂起头,以押上命运的决心,把上亿资金、上千人员投入了新的项目。2002 年,它拥有员工 22 000 多人,2003 年销售额达到 317 亿元。到今天,它是行业内的领军者,在国内市场占领了巨大的份额,并已经展开国际化发展的征程;这个时候,世界第一的思科,已经紧张地盯着,把它作为主要的竞争对手。

您大概早已能够脱口而出这个企业的名字——华为。且不论苦苦坚持了 3 年的 3G 能否再次让华为活下来,华为的历程,已经成为中国企业发展的一个传说,一段史诗。当人们谈到华为时,往往立刻想到华为人恐怖的市场开拓能力、不可思议的高薪、对企业执著的热爱。然而,并不是所有人都理解在背后所引导着这些的华为文化,以及激励着华为人前进的人力资源管理体系。

华为的大规模人力资源体系建设,开始于 1996 年。1996 年 1 月,华为发生了一件被内部人称为"惊天地、泣鬼神"的大事——市场部集体辞职。当时,华为市场部所有正职干部,从市场部总裁到各个区域办事处主任,所有办事处主任以上的干部都要提交两份报告,一份是述职报告,一份为辞职报告,采取竞聘方式进行答辩,公司根据其表现、发展潜力和企业发展需要,批准其中的一份报告。在竞聘考核中,大约 30% 的干部被替换下来。表面看来,这是华为市场部的一次重大变动,而总裁任正非的真实用意,却更加深远。

1995 年,随着自主开发的 C&C08 交换机市场地位的提升,华为的年度销售达到了 15 亿元,标志着华为结束了以代理销售为主要盈利模式的创业期,进入了高速发展阶段。创业期涌现的一批个人英雄,随着公司业务的转型,许多已经无法跟上企业快速发展的步伐。企业管理水平低下的问题,也逐渐暴露出来,成了制约公司继续发展的瓶颈。

华为当时所面临的,是整个中国社会的一个普遍问题:官只能越做越大,工资只能越升越高,免掉或降低职位,都意味着彻底的失败。因此,选择什么样的变革模式,尽量减少对人们心理所造成的冲击,是解决问题的关键。集体辞职,让大家先全部"归零",体现了起跑位置的均等;而竞聘上岗,则体现了竞争机会的均等,这种野火般激烈的方式背后,实际隐含着的是一种"公平"。能不能上,真有能力的人下了还能上,烧不死的鸟就是凤凰!一位降职干部在大会上慷慨陈词:"我的羽毛被烧掉了,但它发出的光芒能照亮后来的人!"何等悲壮激昂的气概。

2000 年 1 月,任正非在"集体辞职"4 周年纪念讲话中,对那次历史事件给予了高度的评价:"市场部集体大辞职,对构建公司今天和未来的影响是极其深刻和远大的。任何一个民族,任何一个组织只要没有新陈代谢,生命就会停止。如果我们顾全每位功臣的历史，那么就会葬送公司的前途。如果没有市场部集体大辞职所带来的对华为公司文化的影响，任何先进的管理，先进的体系在华为都无法生根。"1996年，华为的人力资源体系建设风起云涌地开始了。

组织基础

建立一个人力资源体系，首先面临的是组织基础问题。各级人力资源部门怎样设置、怎样管理，选什么样的人做人力资源管理者？华为的HR组织基础十分独特，三个关键词是：人力资源委员会、行政与业务关系分离、懂业务的HR。

人力资源委员会 华为实行委员会制，分为五级，公司层面由总裁、副总裁组成，二级委员会由业务部门主要决策层的经理们组成，如此而下，直到由事业部的主任、副主任，业务经理组成的五级委员会。委员会是决策和评价的机构，让每一个人都可以发出声音，通过集体决议来贯彻公正、公平的理念。

行政与业务关系 分离华为的人力资源部门分多个层次，从功能齐全的公司层面人力资源部，到各系统的干部部。人力资源管理总部和各系统干部的关系是"行政与业务关系分离"。各级干部的行政隶属关系归各所属事业部或职能部门，其个人的业绩考核、工资与奖金由所属部门直接负责，而其人力资源业务管理归人力资源管理总部直接领导。在这种管理模式下，各级部门HR们在业务归属上被认为是人力资源总部自己的人，这令他们能够更好地融入到人力资源总部中，从而加强了他们的归属感。否则，各部门HR们会把人力资源工作看成是"上面"的要求，工作就很难落到实处。另外一个原因是，各系统的考核指标是不同的，由本系统的干部部来定，也能更有针对性。

懂业务的HR 什么样的人能做人力资源管理工作？首先，人力资源总监应该是本系统的二把手，也就是"一把手管业务，二把手管干部"。其次，人力资源管理者必须懂业务，必须"沉"到战略决策过程中去，才能成为企业的战略伙伴。事实上，目前流行全国的"战略伙伴"观念，在前些年彭剑峰教授为华为做咨询时就已经提出了。业务关系分离的基础上，简单地说就四个字：选育用留。没有顿号？确实没有，因为这四个只能是紧密联系的，渗透到人力资源各个部门中。他们纠缠得如此紧密，以至于难以单独把每个功能抓出来谈。比如一个"选"字，就贯穿了招聘、调配、任职资格标准、绩效考核；而一个"留"字，则从新员工培训，到职业生涯设计、薪酬、荣誉激励，实施上还要算上"掠夺毕业生"的招聘策略……华为的人力资源管理体系，又岂是四个字了得！不过，只要您真正了解了华为人力资源部的各个机构，这四个字就很容易理解了。当各级人力资源部门真正成为战略伙伴之后，各个机构便开始发挥自己的功能。公司层面的人力资源部包括招聘配置部、薪酬考核部、任职资格管理部、员工培训部这四个支柱，此外还有荣誉部和人事处等。每一个部门都有自己的故事。它们因解决华为成长过程中的问题而生,为华为企业文化的落地发挥着各自的作用。

公平与效率之源考核薪酬处和其他很多快速成长的企业一样,最先挑战华为的人力资源管理问题,是薪酬和考核。

如何分配销售人员奖金　1994年时的华为进入了一个快速增长的时期,但到年底碰到了一个奖金分配的难题。起因是这样的:两名业务员分别被派往上海和乌鲁木齐对一种电信设备进行销售。在乌鲁木齐销售得很成功,而在上海销售量只有几台。若按照以前销售越多奖金越多的分配政策,被派往乌鲁木齐的销售员可以获得20多万元的奖金,而去上海的销售员只能获得几千元奖金。公平吗? 显然不,因为两人面临的市场竞争压力截然不同。这种现象将严重打击销售人员的工作积极性。华为认识到,销售业绩只是对销售人员考核的一个方面,而市场开拓难易度、客户满意度、人员努力程度、渠道建设等应该都是考核的重要标准。因此,在1995年,公司邀请外部咨询公司做了绩效考核的解决方案,建立了一套以绩效目标为导向的考核机制,将业绩考核纳入到日常管理工作中。具体包括:

- 把考核作为一个管理过程,循环不断的"PDCA"过程使得业务工作与考核工作紧密结合起来。

- 工作绩效的考核侧重在绩效的改进上,工作态度和工作能力的考评侧重在长期表现上。

- 公司的战略目标和顾客满意度是建立绩效改进考核指标体系的两个基本出发点。在对战略目标层层分解的基础上确定公司各部门的目标,在对顾客满意度节节展开的基础上,确定流程各环节和岗位的目标。

- 绩效改进考核目标必须是可度量且重点突出的。指标水平应当是递进且具有挑战性的。有了这套考核机制,奖金的分配自然有了公平的依据。华为的薪酬考核部,也就以二位一体的形式运作起来。

如何调整员工工资　到了1996年,公司人员规模进一步扩张,这时又出现了新的问题:员工工资如何调整? 由于人数已经不是创业时的几十个人,老板不可能对每一个人的绩效都熟悉,没法在薪资单上签字。制定一套科学合理的薪酬方案势在必行。此时,公司专门成立了由高层管理者组成的工资效率小组,三个月开了十几次会,每次都吵架,每次都无所得。直到1998年,华为找到了HAY。著名国际管理咨询公司HAY为华为提供了解决方案,即以岗位价值为向导的薪酬体系,这种薪酬体系的最大特点是坚持"人与职位分开"原则,也就是三要素评估法,即:知识能力(投入)、解决问题(做事)、应负责任(产出)。经过这样的评估后,把计算出的每个职位的分数制成职位系列表,从而得出哪些职位等级是平行的,哪些职位是重叠的,在平行职位上的就可以实际薪酬相等。在这种当时世界最先进的价值评价体系下,工资的分配依据不再是年龄、工龄和学历等个人自然因素和历史因素,而是依据个人的职务执行能力和实际贡献。对员工工资支出不再表现为简单的人工成本,而成为人力资本投资。从1996年开始,随着华为风起云涌的人力资源体系建设,华为的薪酬管理渐渐显得卓尔不群,高薪策略和员工持股开始了。

高薪策略源自企业家精神的高效手段在华为工作,标志着"高额收入"。只要是本科毕业,在华为的年薪起点就在10万元,这是招应届大学生的标准(从社会上特招过来的更高),至于工作一两年后达到20万元以上是很轻松的事。2002年后,内部股改为期权,新来的员工收入要少一些,但达到年薪15万元也不是难事。在华为,年收入在50万元以上的以千人计;其他人,虽没有年薪10万元,绝大多数也不会少于5万元。本质上,华为的高薪来源于总裁任正非的企业精神。《华为基础法》第六十九条:"华为公司保证在经济景气时期和事业发展良好的阶段,员工的人均收入高于区域行业相应的最高水平。"一位评论家说:"任正非掌握了知识经济时代的一个根本的东西,那就是价值分享,要敢于与他人分享财富和事业的价值。"高薪体现了华为的高效率用人之道。《走出华为》主编杨东龙认为:"企业雇佣一个人,不仅是要雇身体、双手,更要雇心和脑,拿什么东西能够解决呢? 就是钱。"工作与生活紧密不可分,如果员工为生活担忧得多一些,工作上用心就一定减少。给他3 000元,只能发挥30%,给他5 000元真的能发挥100%,甚至120%。华为的高薪,让人全身心地投入到工作中去。员工成本除了支付薪水外,还有相当大的部分在于管理的投入,无论员工产出多少,管理和沟通成本都不会明显变化。高薪便成为挖掘潜力的最好方式,同时,也避免了人才流失带来的损失。华为人虽然流动性也大,但往往是出去创业,很少是被"挖"走的!

资料来源:中国人力资源开发网,http://www.chinahrd.net/zhi _ sk/article.asp?articleID =94864。

第6章　项目管理

本章关键词

项目（project）

工作分析结构（work breakdown structure，WBS）

项目生命周期（project life cycle）

项目需求（project requirements）

网络图（network diagram）

关键路径技术（critical path method，CPM）

甘特图（Gantt chart）

互联网资料

http://www.pmchina.org

http://www.leadge.com

www.pmp.com.cn

http://www.mypm.net

http://www.cpmp.org.cn

　　大家也许在小时候就听过三个和尚没水喝的故事，当初读到这篇古老的寓言的时候，我们知道了团结的重要性。其实，这个寓言也可以看成是一个项目管理的案例。它所反映的问题就是：同样完成一个项目，缺乏团队协作的结果还不如个人独立工作或者作为合作双方订立契约。因为一个团队内部不可能以契约形式作为彼此合作的前提。而现实的问题是，由于个人的能力有限，因而在实施一个项目时，必须建立一个由多人组成的项目组。这个项目组是否能够和谐地进行团队协作，将决定这个项目能否成功。

　　资料来源：中国项目管理资源网，http://www.leadge.com.

6.1 项目管理概述

6.1.1 项目的定义

什么是项目？在早期，项目的定义可以表述为："任何有明确的最终目标的任务，这种目标代表了特定的价值，用于满足某种需要或需求。"

纽曼等人对项目进行了定义并把它的价值作了这样的描述：

——仅仅是一组相互独立和明确的活动，如建造厂房、设计新的产品等等。一个典型的项目有特定的任务和明确的终止点。

——当工作能被分配在各个项目中时，管理工作就变得轻松了。责任的分配被细化，控制简单化了，而且做这个工作的人能够理解自己要完成的任务……

——一个项目的关键在于，在许多复杂的目标、方案和活动中，区分出一个规则的、简洁的工作包。

约翰·宾则对项目定义为：项目是在一定的时间里，在预算规定的范围内，需要达到的预定质量的一次性任务。

在本章中，我们将项目定义如下：项目（project）是一个组织单位，它包含了暂时汇聚起来的一系列资源，需要在一个限定的预算里（budget）和一个限定的时间计划中（time frame），去达成一个特定的目标（goal）。一个项目只能被执行一次，它有明确的开始点和结束点，而且必须是可行的。

6.1.2 项目的特征

根据项目的定义可以引申出项目的如下几个特征，理解这些特征将有助于我们更好地理解项目的定义。

（1）项目有一个明确界定的目标（或一个期望的结果或产品）。一个项目的目标通常依照工作范围、进度计划和成本来定义。例如，一个项目的目标可能是在6个月内把一种满足预先规定的性能规格的新产品，按100万元的预算推销给市场，而且期望工作范围能够高质量地完成，使客户满意。

（2）项目的执行要通过完成一系列相互关联的任务，也就是许多不重复的任务以一定的顺序完成，最终达到项目目标。

（3）项目需运用各种资源来执行任务。资源可能包括不同的人力、设备、原材料和工具等。

（4）项目有具体的时间计划或有限的寿命。它有一个开始时间和目标必须实现的到期时间。例如，整修一条马路可能需要在 2 月 15 日至 6 月 20 日的时间内完成。

（5）项目可能是独一无二的、一次性的工作。某些项目，如建设三峡大坝等就是独一无二的项目。还有一些项目，如开发一种新产品、建设一个住宅区、筹划一次婚礼等，由于其特定的需求而成为独一无二的。

（6）每个项目都有客户。客户是提供必要的资金、以达成目标的实体，它可能是一个人，或一个组织，或由两个或更多的人构成的一个团队，或是许多个组织。当一家装修公司为一对夫妇装修房子时，这对夫妇就是资助这一项目的客户。当一个公司从政府那儿获得资金修建一个水库，客户就是政府机构。

（7）项目具有一定的不确定性。一个项目开始前，应当在一定的假定和预算基础上准备一份计划。用文件形式记录这些计划是很重要的，因为它们将影响项目预算、进度计划和工作范围的发展。项目以一套独特的任务、任务所需的时间估计、各种资源和这些资源的有效性及性能为假定条件，并以资源的相关成本估计为基础。这种假定和预算的组合产生了一定程度的不确定性，影响项目目标的成功实现。例如项目可能到预定日期会实现，但是最终成本可能会由于最初低估了某些资源的成本而高于预计成本。在项目进行之中，一些假定将会被简化掉或被实际资料所取代。

6.1.3　项目管理

与项目的概念相对应，项目管理就是要在一个确定的时间范围内，为了完成一个既定的目标，并通过特殊形式的临时性组织运行机制，通过有效的计划、组织、领导和控制，充分利用现有的有限资源的一种系统管理方法。

项目管理是一个计划、控制和管理项目的任务、资源、时间以及成本的过程，如图 6.1 所示。项目管理的目标就是要在预算范围内、以令人满意的质量水平达到进度计划表上明确的目标。

项目管理是一门综合了许多管理

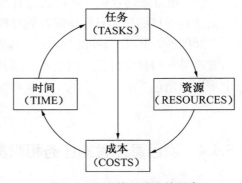

图 6.1　项目管理涉及的因素

知识的课程,它包含了很多管理内容,如图 6.2 所示。

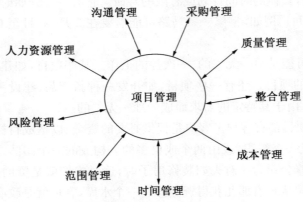

图 6.2 项目管理知识领域

这些内容主要有:

(1)项目整合管理——描述为确保项目各个组成部分相互协调所需要的过程,包括项目计划的发展、执行和总体变化控制。

(2)项目范围管理——描述为确保项目(包括项目需要的所有工作)成功完成所需要的过程。

(3)项目时间管理——描述为确保按时完成项目所需要的过程。

(4)项目成本管理——描述为确保在预算的资金内完成项目所需要的过程。

(5)项目质量管理——描述为确保项目实现承诺的质量水平所需要的过程。

(6)项目人力资源管理——描述为确保项目有效地使用人力资源所需要的过程。

(7)项目沟通管理——描述为开发和使用项目管理的信息所需要的过程。

(8)项目风险管理——描述评估项目风险所需要的过程。

(9)项目采购管理——描述为管理向外购件供应商采购货物和提供服务,从而达到项目的预期目标所需要的过程。

从图 6.2 中,我们可以看出,为了实现有效的项目管理,必须充分认识到项目管理是一门科学也是一门艺术。当然,项目管理者在项目管理当中扮演了一个重要的角色。

6.1.4 项目管理者的任务和职责

项目管理者应确保全部工作在预算范围内按时按质地完成,从而使客户满意。项目管理者的基本职责是领导项目的计划、组织和控制工作,以实现项目目标。换句话说,项目管理者应该领导项目团队完成项目目标。如果项目团队是一个运动队,项目管理者就是教练;如果项目团队是一个交响乐团,项目管理者就是指挥家。项目管理者协调团队中各成员的活动,使他们构成一个和谐的整体,适时履行其各自的工作。表 6.1 描述了项目管理者角色和任务的划分。

表 6.1　项目管理者的角色和任务

项目管理者的角色	项目管理者的任务
领导者/决策制定者	确定项目的目标、目的以及完成时间
计划者/分析者	计划主要的任务和工作,估算和预算所需要的资源
组织者/协调者	安排工作以及授权任务
控制者/评价者	监控、权衡计划进度

（1）计划。

首先,项目管理者要高度明确项目目标,并就该目标与客户取得一致意见。接下来,项目管理者应与项目团队就这一目标进行沟通交流,这样,他们就能对成功地完成项目目标所应做的工作形成共识。项目管理者作为带头人,领导团队成员一起制定实现项目目标的计划。通过项目团队参与制定这一计划,项目管理者可以确信,这样的计划比他(或她)单独一个人制定,更有切实的意义。而且,这样的参与将使团队为实现项目目标作出更大的投入。项目管理者与客户对该计划进行评价,获得客户的认可。接下来,需要建立起一个项目管理信息系统(人工或计算机操作)以便将项目的实际进程与计划进程进行比较。为了使团队在项目管理过程中能够正确无误地应用这一系统,关键是要让项目团队理解、掌握这一系统。

（2）组织。

组织工作涉及为进行工作获取合适的资源。首先,项目管理者应决定哪些工作由组织内部完成,哪些工作由承包商完成。对于那些由组织内部进行的工作,负责这一工作的具体人员应对项目管理者作出承诺;对于由承包商完成的工作,项目管理者应对工作范围作出清楚的界定,并与每一位承包商协商达成合同。项目管理者应根据各种任务为具体的人员或承包商分配职责、授予权力,使这些人能够在给定的预算和时间进度计划下完成任务。对于包括众多人员的大型项目,项目管理者可以为具体的任务团队选派领导。最后,也是最重要的,组织工作应营造一种工作环境,使所有成员成为一个项目团队士气十足地投入工作。

（3）控制。

为了实施对项目的监控，项目管理者需要设计一套项目管理信息系统，跟踪实际工作进程并将其与计划安排进程进行比较。项目管理者将实施这一系统，以便对项目工作进行控制。这一系统使得项目管理者了解哪些工作对完成目标有意义，哪些是劳而无功的。项目团队成员掌握其所承担任务的工作进程并定期提供有关工作进展、时间进度及成本的相关资料。在定期召开的项目工作评论会议上，还可以对这类资料加以补充。如果实际工作进程落后于预计进程，或者发生意外事件，项目管理者应立即采取措施。相关的项目团队成员要向管理者就有关相应的纠正措施或项目计划的重新修订提出建议与提供信息。如果能够及早发现问题（甚至是潜在问题）并采取行动，事情就会变得更加有利。项目管理者决不能依靠等待和观望的工作方法，因为一切事情都不是自生自灭的。一定要积极介入，要在问题变坏之前予以解决。

项目管理者通过计划、组织、控制来领导项目工作，但大权独揽也不是明智的做法，应使团队成员参与进来，使他们为圆满地完成项目工作作出更多的投入。

6.1.5 项目管理的重要性

项目管理在现代已得到了广泛的重视。项目管理的重要性主要基于以下三个方面的原因：

1. 历史性的原因

在早期，组织是比较简单的。但是到了现代，由于市场等环境的多变，组织内部产生了各种责任，从而使得组织内部关系更为复杂。因此，简单的组织向复杂的组织演变。加强项目管理，可以确保涉及庞大的组织关系网的团队合作成功。

2. 职业发展的原因

项目管理是一个管理者必须具有的最基本的技能之一，一个管理者在接手管理一个项目之前应该学会这样的技能。同时，项目管理提供了一种便于管理者和同事进行有效交流的共同语言。

3. 学术上的原因

一个项目必须被定义、计划、组织和控制，以保证及时完成以及达到一个可接受的质量水平。项目管理是一门学科，也是管理科学的一个基本内容。

6.1.6　项目的生命周期

项目管理是一个连续的过程,新的需求会不断出现,项目经理不得不通过一系列的计划、组织、领导和控制来协调项目团队。一旦新的需求出现在项目面前,人们就要采取措施满足这些需求,解决问题并创造机会。在实际中,项目经理必须学会如何处理在项目进展的不同阶段所遇到的各种问题和机遇。这种问题和机遇的不断变化,显现出一种连续的生命周期的模式,强调了理解项目管理过程的必要性。

管理一个大项目通常是很复杂的,因为其中包含着一些比较复杂的行动,而这些行动对于成功地计划和执行项目是必需的。因此,我们需要把项目分成几个部分,并理解每个部分的意义以及它在项目进程中的地位。

使用项目生命周期模型对识别和理解项目的总体广度和深度是有益的,对识别项目生命周期中的管理职能也是有用的。

图 6.3 提供了一般项目的生命周期的一个广泛的概念,以显示项目是如何以一个概念化的模型开始,并通过对它的成本、进度计划和技术性能目标定义,使它变成可操作的,并最终进入处置阶段,而且有可能被一个新的或改进的项目取代。

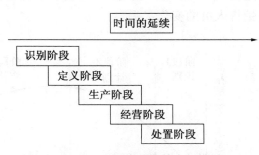

图 6.3　项目生命周期的一般模型

一个项目在生命周期中经历许多阶段,从一个想法开始,通过制造或构建产品转向销售和分配,最后通向售后物流服务。许多不同但类似的阶段在项目生命中已被描述。这些典型阶段包括:想法、研究、设计、开发、市场营销、生产、售后服务等等。

就像一个组织一样,一个项目在其生命周期中总是在不断运动着的。经过一个生命周期,项目最终完成,并希望能及时地、在规定的预算内达到项目的预定目标。

一个项目,起初可能只存在渺茫的希望,而且在部署、运行或销售前,还要经历若干不同的阶段。不同阶段之间是决策点,在每个决策点都需要制定明确的决策,以决定下一个阶段是否应当进行以及对决策时间进行选择等。

有许多方法来考察项目生命周期。亚当斯(Adams)和布拉特(Barndt)建议使用通过项目阶段来考察管理的活动和通过项目阶段考察完成的工作这两种方法,如表6.2和图6.3所示。

表6.2　项目各阶段中的管理活动

阶段1:识别	阶段2:计划	阶段3:实施	阶段4:终结
确定项目是必需的 建立目标 估计组织愿意提供 的资源 向组织"推销"所需 的项目方法 任命重要人员	确定项目组织方法 确定项目目标 准备实施阶段计划 确定和分派任务与 资源 建立项目团队	实施项目工作(也就 是设计、建造、生产、 重点活动、测试、配送 等等)	协助项目产品的输送 把人力和非人力资源 转移或到其他组织转 移或完成任务 终结项目 奖励工作人员

生命周期模型一旦建立,必须随着对项目了解程度的加深而改进,当项目在它的生命周期中进展时,项目会表现出不断变化的成本、时间和业绩。项目经理通过改变分派到整个项目和各个工作包的混合资源,来相应地作出动态反应。因此,总的预算和分派到各子项目中的预算在实际中会上下波动,资源的需求和各种知识的应用也会有类似的变动,实际上其他任何事情都是如此。这在图6.5中加以描述,该图显示了在生命周期的不同阶段的预算和工程与销售人员的变化水平。

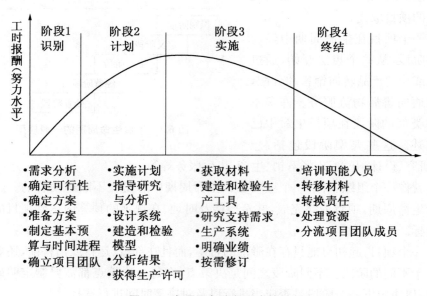

图6.4　由项目各阶段完成的任务

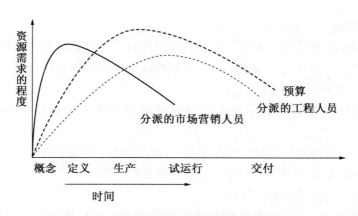

图 6.5　在生命周期中资源需求量的变化

生命周期的持续变化图是项目管理的基本结构图，传统的等级组织结构不能很好地处理类似的总在变化的资源组合。然而，它适合于日复一日地控制和管理相对更静态的实体，这些实体在支出水平和人员数目等方面保持不变。

6.2　概念化项目

6.2.1　识别项目需求

项目的目的是为了满足某种需要。比如，在某些情况下，它们仅仅用来解决问题。而识别需求是项目生命周期的最初阶段。让你的客户（有可能是公司内部的客户，例如上司或者其他部门）识别需求、问题或机会，是为了以更好的方式做事情，因为客户能在这个阶段看到，执行一个有可能使现状改善和提高的项目对自己的益处。以下是几个必要的考虑识别项目需求的问题：

（1）我们知道我们为什么要做这个项目吗？

（2）对于最终产品/结果是否存在一个清楚的要点？

在项目开始实施前，项目管理者必须清楚地了解到项目真正的需求是什么，或者必须让客户在专业的管理者引导下写出项目的需求。下面是一个项目需求识别的应用分析：

某种产品在上海地区已经达到了 40% 的市场份额。某企业的研发团队发现 3% 的已销售的产品有缺陷。该企业看到了有一个在年末将他们的市场份额从 40％增长到 60％的目标的希望。

该产品的售后服务将是帮助增长市场份额以及达到总的客户满意度的最重要的方面之一。在上海必须成立一个新的小组来解决那些有缺陷的产品。

在以上的例子中，可能的需求是：

（1）在该企业卖出更多的产品的同时将会有更多的有缺陷的产品需要修理。

（2）该企业的市场份额远远低于目标，需要作出一个战略决策。

（3）该企业需要树立一个良好的售后服务的声望。

（4）需要达到总的客户满意度。

以上的例子只是粗略地将需求描述下来，而实际项目操作中，会需要项目管理者写出项目需求建议书（RFP）。这是一份书面文件，它包含了被确切定义和描述了项目所需要到达的目的。准备需求建议书的目的，就是从客户的角度全面地、详细地论述，为了达成确定的需求应需要做什么准备。一份优秀的 RFP 能让你的客户或项目团队理解客户所希望的是什么，这样他们才能准备一份全面的申请书，以可行的价格满足客户的需求。

6.2.2　需求定义

在写出 RFP 之前，必须要切实了解客户的需求。最有效的、而且不会产生什么麻烦的需求是要通过一份需求定义文件来表示的。按理说需求定义文件应该由客户完成——客户把他认为需要的东西具体描述出来。但是有些客户宁愿详细地讲述他们的需求也不愿花 20 分钟时间把需求定义写下来。如果你所面临的客户属于这一类，那就需要项目管理者进行引导，帮助他们建立文档，就在讨论的过程中做这件事，最后要让客户确认这份文档并签名：

此需求定义描述完全准确

签名 _____　　日期 _____

以下是一个软件开发项目团队对他们的客户要求的需求定义文件示例：

"股票监测"是一个 130 小时的项目，由 6 个学生组成的小组用六周时间完成。该系统的目标是为 Dundee 的一个股票经纪人公司开发一个程序，使其能够连续监测股市的股票价格并在股票价格超过指定值时通知股票经纪人该项目包括需求、设计、建立原型、编码以及所有相关的测试和文档工作。

这个小组与客户进行了一个小时的会谈并了解了一些相关的背景知识

之后形成了下面的需求定义：

功能性需求

初始需求：

1. 用户能够通过一个价格触发器选择要监测的股票。

2. 所有收到的数据均要与用户的标准对照。

3. 一旦达到该标准要立即通知用户，并且持续显示相关信息直到用户确认收到为止。

4. 所有达到标准的警报和通知及其时间都要写入日志文件。

5. 应为用户提供综合的帮助系统。

6. 使用户能够用相对强度指数评价股票。

7. 系统能够处理崩盘的情况。

8. 系统支持多用户。

9. 用户能够关闭警报系统。

进一步的需求：

1. 能够使用户查看周期性的价格波动。

2. 支持用户分析周期性波动的股票的特性。

3. 当股票价格出现周期性波动时通知用户。

4. 给用户提供相关的周期信息。

5. 通知用户股票的趋势，例如有下跌的趋势。

6. 使用户能够分析特定领域的市场特性，如石油、电力和金融等。

7. 使用户能够计算并在买进卖出时履行支票手续。

8. 能够使用户查看股票价格的历史信息。

非功能性需求

1. 软件能够在 4 MB 内存的 386/486PC 上运行。

2. 显示器的分辨率为 640 * 480。

3. 软件需从路透社取数据。

4. 程序能够在 Windows 3.1 中运行。

5. 程序提供与 Microsoft Excel 5.0 的接口。

交付产品的需求

1. 最终的软件，包括相关的手册和文档应在第五周的星期五交付。

2. 软件的第一个原型和需求在第二周的星期二提交。

3. 第二个原型在第三周的星期三提交。

在分析需求定义之后，项目团队的成员就要进行讨论并写出需求规格说明书。这是下一阶段的活动——检查需求定义并对需求作出更详尽的解释。这一阶段的目的是预计你在考虑方案时可能遇到的问题。

应当指出的是,在许多情况下可以不用准备正式的 RFP;相反,需要的是非正式的联系交流——有时是口头而不是书面的。当项目由公司内部人员而不是由外部人员执行时通常会出现这样的情况。例如,如果公司需要改变制造设备的布局,以便腾出空间来放置新的生产设备,这一设备必须被加进来形成流水线。此时生产经理可能简单地要求一个主管提出建议:"要使生产线成形需要些什么条件?"

下面是给外部承约商起草一份正式的需求建议书的一些指导方针:

(1) RFP 中必须提供工作表述(statement of work,SOW)。

工作表述中必须涉及项目的工作范围,概括客户要求承约商或项目团队执行的任务或工作单元。例如,如果 RFP 是涉及盖房子的,承约商必须清楚他的工作是设计并盖好房子,还是按照客户的设计修建或是还要完成地下室并铺好地毯。如果客户需要一个销售手册,RFP 必须声明承约商是仅仅设计手册,还是设计并打印出来再邮寄出去的全过程。

(2) RFP 中必须包含客户要求,此要求中规定了规格和特征要求涉及大小、数量、颜色、重量、速度和其他承约商提出的解决方案所必须满足的物理参数和操作参数。例如,对于销售手册,要求必须是 3 折的回邮信封,用两种颜色打印在存货卡片上,印刷量为每批 10 000 个。而盖房要求可能包括总计3 000 平方英尺的面积,共 4 间卧室,2 间浴室,一间两车道的车库,中央空调和壁炉。

有些要求会提到工作成绩。如果 RFP 是针对自动结账和收款系统,工作成绩要求可能包括:每天能办理 12 000 次交易的功能和其他特定的功能,例如某个客户的连乘发票,或如果在第一张发票的 30 天内没有收到付款,就会自动产生第二张发票等功能。

这些工作成绩要求也可能被客户用作检验标准。例如,项目承约商必须能够经得起自动结账和收款系统的测试,在客户接受了系统并向承约商最后付款之前,向客户证明此系统能符合工作成绩的要求。

(3) RFP 中应当说明客户期望承约商或项目团队提供什么样的交付物。

交付物是承约商所提供的实体内容。以手册作为例子来说,唯一交付物可能是 10 000 份手册。用结账和收款系统的例子来说,承约商可能被希望能提供硬件(计算机)、软件(磁盘和一些印刷品)、操作手册和培训课程。交付物也可能包括客户要求承约商提供的定期进度报告或终期报告。

(4) RFP 中应当列举客户供应条款。

例如,RFP 必须表述出客户将提供的用于手册上的标识语的备份。如果

RFP 是针对一套测试电路板的自动设备,它可能表述出在设备被运给客户工厂之前的工厂测试设备期间内,客户将提供给承约商用的一定量的电路板。

(5) RFP 中可以表述出客户对需要的确认。

例如,住房客户可能会在施工开始前想要评审并批准通过建房计划。手册客户可能会在印刷开始前要评审通过手册的编排。

(6) 某些 RFP 提到了客户想要用的合同类型。

合同可能是按固定价格订立的,这样,不论承约商实际工作花费了多少钱,客户都得按既定的钱数付给承约商款项(承约商承担亏损的风险)。合同还可能规定时间、原材料限制,在这种情况下,客户将不管实际成本多少,都会给承约商付特定的报酬。例如,如果 RFP 是针对改建地下室的,RFP 可能会表述出客户将按所花的小时数和原材料成本付酬。

(7) RFP 可能会表述出客户想用的付款方式。

例如,手册客户可能打算在项目末期一次性付款。相反,住房客户可能会把付款安排具体化,并且以总价格的一定百分比付款,也就是当有一定的进展时——如地基完成付 25%,框架完成再付 25% 等等,直到整个项目完成为止。

(8) RFP 应当表述出项目完成所要求的进度计划。

RFP 可能只简单地表述房子必须在 6 个月内完成,或可能包括更详细的时间进度。例如,结账和收账系统首先必须被设计并建立,在项目开始的 4 个月内举行设计评审会议;然后系统必须在设计评审的 4 个月内安装和测试;最后,承约商必须在系统安装后的 1 个月内提供所有的系统文件和操作培训。

(9) RFP 应当提供有关承约商申请书的格式和内容的指示。

如果客户想要在几个承约商间比较、评价申请书,他们在表格与内容上的一致性是很重要的,这样才算公平评估。此指示可能限制了承约商按照成本或其他规格进行表达的申请书的最多页数,以及细节的数量。

(10) RFP 应当指出客户希望潜在承约商提交申请书的最后期限。

客户想要到一定的日期为止收到所有的申请书,以便他们能同时比较、评价。例如,客户可能会给潜在承约商从正式颁布 RFP 的时候起 30 天的时间限制提交申请书。客户通常在 RFP 中指出,如超过预定日期,提交的任何申请书都将不予考虑接受,因为给某些承约商额外的时间是不公平的。

(11) RFP 可能会包括评价标准。

客户将用它来评价相互竞争的承约商的申请书,以便从中选择一个来执行项目。此标准可能会包括以下内容:

① 承约商在类似项目中的经验。承约商是怎样完成近期的类似项目的？他们是在预算内并且按时完成的吗？客户满意吗？

② 承约商提出的技术方法。用的是哪种类型、哪种结构的计算机软件？数据库的设计方法是什么？用来建立管理信息系统的是哪种软件语言？

③ 进度计划。承约商能符合还是会超出要求的进度计划？

④ 成本。如果估算是基于原材料进行的，成本合理吗？有遗漏条款吗？承约商已提交了一份低成本预算，但是在项目进行中又将增加成本，结果导致最终的成本超出原始估算许多，这种情况会出现吗？

（12）RFP 中很少会指出客户所拥有的可用于此项目的资金量。

通常，客户希望承约商能够提交的申请书以最合理的成本满足 RFP 所列的要求。然而在某些情况下，客户暗示一下大约的费用数额是很有帮助的。这样，承约商就会提交与资金水平相适应的申请书，而不是提交超出客户所能负担的费用很多的建房计划。否则，很可能所有承约商提交的申请书中的价格都大大超出客户的可支配资金，失望的客户不得不要求所有的承约商以稍便宜一些的建房成本，再次提交申请书。

6.3 计划项目

6.3.1 计划项目的过程

计划是为完成一个目标而进行的系统的任务安排。计划确定需要完成什么和怎样才能完成。计划是实际进度比较的基准；如果发生了偏差，可采取纠正措施。

计划过程是建立在确定项目目标——预期的结果或最终产品的基础上的。在上一节中，我们建立了项目目标和具体目标。目标必须明确界定并要在执行项目的组织或承约商和客户之间达成一致意见。目标必须明确、可行、具体和可以度量。项目目标的实现必需容易被客户和承约商识别。项目目标是确定的，即项目团队必须提供的最终有形产品。

对于一个项目，目标通常根据工作范围、进度计划和成本而定——它要求在一定期限和预算内完成这项工作。例如，项目目标可能是"在 10 个月内，在 200 万美元的预算内，把一种新型电子家用烹调产品打入市场，并达到预先规定的性能指标"。

理想情况下，项目目标在项目一开始就是清楚、明确的。然而，有时项目目标随着项目进程的需要而改动。项目经理和客户必须对有关原有项目目标的所有改动达成一致意见,因为任何这样的变动都可能影响项目工作范围、完工日期和最终成本。

当计划项目时,每一个项目具体目标将细分成小的、更容易管理的活动。我们将预测每一个活动所花费的时间,决定每一个活动所需的资源和预算。

计划项目的过程是:

(1) 定义完成每一个 objective 所需的活动;

(2) 估算每一个活动所花费的时间;

(3) 决定每一个活动所需的资源和预算。

图 6.6 是制定计划的过程:

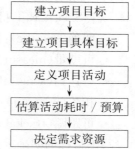

图 6.6　项目计划制定过程

6.3.2　建立 S.M.A.R.T 目标

本部分主要的目的是要建立 S.M.A.R.T 目标。但是之前我们必须要先区别目标(goals)和具体目标(objectives)。

目标是结果的一般表述方法,是你的最终的结果,是你"可以做到的事情"。当你明确了你的需求之后,目标通常只能建立一次。但是目标并不能帮助你实现一步步达到你最终的"结果"的步伐。表 6.3 给出它们之间的区别。

表 6.3　目标和具体目标

任　　　务	目　　　标	具 体 目 标
• 组织实体追求的一个广泛的、持久的计划。 • 为了提供产品/服务转变为组织实体的任务。 • 指导和分配所有组织资源的整体战略目标。 • 组织正在进行的"业务"。 • 组织实体是什么以及想成为什么。 • 所有组织努力聚焦于其上的象征。 • 目标所直接支持的。	• 在企业长期内要实现的目标和关键结果,能直接促进企业任务的完成。 • 在组织资源的使用中用以达到和度量的性能标准。 • 组织实体在其数量和质量项中所表述的追求的未来方向。 • 性能结果(财务、生产率、市场份额等)和质量结果(形象、人力开发、研究)包括在内。 • 直接由具体目标所支持的目标。	• 便用组织资源完成的一个具体的时间敏感性的任务。 • 一个具体目标的实现意味着向完成组织目标和任务推进了一步。 • 包括执行具体目标(例如 15% 的到期收益率)和质量具体目标(产品、开发、项目/大项目完成)。 • 在组织中用于度量所需最终结果的进度的基本成分。 • 成功地完成项目意味着组织的具体目标已经达到。

233

如果你的目标能够满足下列的标准,那么你就能够顺利地计划和执行你的项目了。你一定不希望你的项目执行到一半的时候才发现项目需要实现的目标是不可达到的或者是不切实际的。

一个 S.M.A.R.T 目标是:

- 明确(specific):目标是否已经明确了什么时候执行和需要多少资金。
- 可度量(measurable):你知道目标已经完成到什么程度了。
- 可达到(achievable):在时间限制中,目标是否合理而且可达到。
- 相关(relevant):目标是否值得进行、是否重要、是否有价值。
- 可跟踪(trackable):你是否能跟踪过程。

写出目标的明确表达的目的是让中层管理者能更清楚地评估你的想法。因此,目标的明确表达必须以商务语言写出,以保证每一个阅读它的人都能够理解,而不需要进一步的阐述。目标的明确表达必须简短并且切中要害。它不能包含任何让那些阅读它的人不能理解的词汇。必须避免含糊不清的词汇和专业词汇。不要主动给出那些可能不切实际的项目的数据和将要做的事情之类的信息。避免给出一个明确的完成时间。

项目的具体目标则是能够实现目标行动的特殊表达形式。实际上,你为特定目标所写下的具体目标的形式,只不过是目标形式分解成为一系列充要的具体目标形式。具体目标是特指能够达到目标的行为的表示方法,它回答下面的问题:

- 将采取什么样的行动?
- 什么时候采取行动?
- 将需要哪些资源?
- 其中将会需要多少资金?

我们必须要建立实现 S.M.A.R.T 目标的衡量标准,以便在后一阶段对项目实行控制。衡量标准不需要很复杂。只要求参与这个计划的所有人都能够理解就可以了。无论建立何种衡量标准,都必须回答这样一个问题:我们必须如何做才能让客户认为这个项目是成功的? 衡量标准是商业价值到达的表现形式,因而给中层管理者一个基础来为详细计划调配资源。衡量标准必须可以量化、可测量,如果有可能,还必须在商业价值中有所体现。

6.3.3 定义每一个项目具体目标和活动

一旦项目目标确定,下一步就是确定需要执行哪些工作要素或活动来完成它。这要求做一份所有活动的一览表。准备这样一份一览表有两种方法：一种方法是让项目团队利用"头脑风暴"集思广益，同时可以使用"思维图"这样的工具，生成这份一览表，这种方法适合小项目；而对更大、更复杂的项目，要制作一份全面活动一览表而不遗漏某些细目是很难的，对于这样的项目，更好的方法是建立一个工作分析结构（WBS）。

1. 思维图

思维图（mind mapping）是计划项目的一个很重要的工具。在纸上获得想法的思维图的技术是获得创造性思维和想法的最有效的工具。如果你的大脑对于相关信息是很有效的，那么它接触的新信息就会被它已经存在的想法和概念"贴上标签"——形成一种思维定势。

创造性的思维定义如下："事先并无关联的事物或者想法之间的关系"。每一个思维图包括一个概括中心思想的中心词汇或者图像。从中心思想中我们概括出

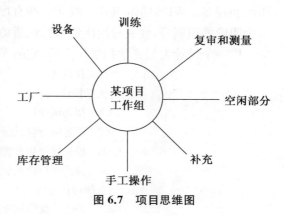

图 6.7　项目思维图

最重要的分部分——标记了的条幅。从条幅中得到与条幅相关的关键词和关键图。它们一般由头脑风暴法想出。

2. 工作分析结构

工作分析结构（WBS）将一个项目分解成易于管理的几部分或几个细目有助于确保找出完成项目工作范围所需的所有工作要素。它是项目团队在项目期间要完成或生产出的最终细目的等级树。所有这些细目的完成或产出构成了整个项目工作范围。

WBS用如下方式进行：每个项目必须分解为一些组织单元或个人可以布置和完成的任务。这些任务再由具体的职能组织单元执行。项目指示图表示了这些单元的集合而且给项目经理指出了许多要管理的组织和子系统交界面。

工作分解结构图的基础理念是把项目分解成工作包，这些工作包是可以分配的，其责任是可以预料的。每个工作包是一个性能控制单元，它被协商分配给一个具体的组织经理，通常称工作包经理。工作包经理负责一个具体的目标（应当是可以度量的），如详细的任务描述、规格、进度规定的任务里程碑事件，以及负责一个在时间及工作量上的时间分段预算。每个工作

包经理为了工作包目标、进度计划和成本计划的完成负有项目和职能经理的责任。

工作分解结构是一种把项目分解成容易管理的部分的方法，用于确保成功完成项目所需的所有工作的完整性、一致性和连续性。WBS 为对项目范围的基本了解提供了基础，而且有助于保证项目支持组织的目标和具体目标。制定WBS 的过程就是确立一个框架，把项目分成不同的主群，再把主群分解成任务，进而把任务细分为子任务，一直下去。项目围绕着 WBS 的最低层次进行计划、组织和控制。WBS 的组织一定遵守一些有序的识别方式，每个 WBS 元素给予一个明确的识别号，要通过层次数来标识活动。

以一个设计大型光学扫描仪为例，它的 WBS 可能是这样的：

  1. 光学模拟仪设计

   1.1 光学设计

    1.1.1 望远镜设计

    1.1.2 望远镜/模拟仪间的光学界面

    1.1.3 模拟仪变焦系统的设计

    1.1.4 辅助模拟仪光学部件规格设计

   1.2 系统运行分析

    1.2.1 整个系统的软硬件控制

     1.2.1.1 逻辑流程图的生成及分析

     1.2.1.2 基本控制算法设计

    1.2.2 远程射线分析仪

    1.2.3 系统间及系统内部指派方法设计

    1.2.4 数据记录及处理要求

   1.3 系统集成

   1.4 成本分析

    1.4.1 成本/系统计划分析

    1.4.2 成本/系统运行分析

   1.5 管理

    1.5.1 系统设计/工程管理

    1.5.2 计划管理

   1.6 粗生产规程

    1.6.1 大型光仪

    1.6.2 目标零部件

    1.6.3 探测仪

除了以上的树级表示方式以外，WBS 还能以图形表示出来。将上述的例子转化为图形表示则为：

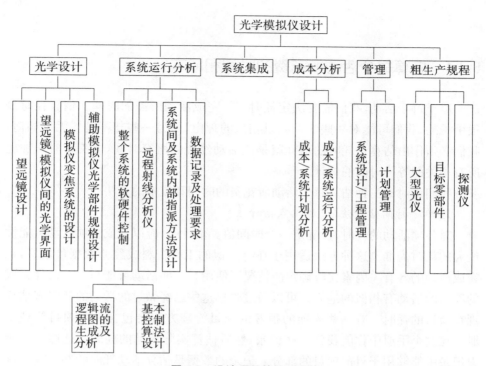

图 6.8 设计项目的 WBS 图

这张图把项目分解成几小块,叫做工作细目。并不是工作分析结构中所有的分支都必须分解到同一水平。任何分支最底层的细目就叫做工作包。WBS的图形表示就可以有效地帮助我们进一步地理解。工作包跟随着项目的 WBS分析。当 WBS 分析完成了,工作包就识别了,一个 WBS 就出现了。在项目的背景中,WBS 和相应的工作包提供了一个全面定义项目的产品(硬件、软件、服务和其他)模型。这样一个模型能使项目工程师、项目经理、职能经理和总经理考虑包含在项目及其成分子系统中的所有产品和服务的总数。模型是一个焦点,围绕着它管理项目。WBS 为识别项目的工作元素即硬件、软件、文以及各种要完成的工作,把项目带向成功提供了一个自然的框架或概略。WBS 为管理项目的各个方面提供一个编码和管理线索。

一个好的 WBS 的关键在于:

* 允许一个元素独立工作;
* 元素的大小以可管理为准;
* 给予充分的执行计划的权利;
* 检查和评价计划;
* 提供必要的资源。

6.3.4 估算每个活动所花费的时间和成本

对于每个活动,我们需要决定耗时——完成活动所需的时间。估算耗时是很困难的,我们可能对一些活动归以相似的理由,而另一些却不是。无论如何,我们必须作出估算。耗时的估计就是该活动经历的所有时间,即工作时间加上所有相关的等待时间的估计。

我们将讨论三种估算每个活动所花费的时间和成本的方法。

1. 单一时间估计法(又称单点估计法)

对各项活动的耗时,仅确定一个时间值。估计时,应以完成各项活动可能性最大的耗时为准。这种方法适用于在有类似的工时资料或经验数据可借鉴,且完成活动的各有关因素比较确定的情况下使用。一些活动可能与一些已经完成的项目的活动有相似的地方。可以通过收集这些已经做过的活动的耗时来估算现在项目的耗时。有一些先前的很好的项目管理方法会包含一个项目管理手册。在这个手册中你能找到一些记录,然后估算实际活动的耗时。这些就是历史记录中能够用于目前项目的部分。记录的数据是估算活动耗时的知识库。这不同于被保留的先前使用的技术。

2. 三种时间估计法(又称三点估计法)

对于不确定性较大的问题。可预先估计三个时间值,然后应用概率的方法计算各项活动耗时的平均值和方差。

这三个时间值为:

(1)最乐观时间,以 a 表示,指在顺利情况下的最快可能完成时间;

(2)最保守时间,以 b 表示,指在不利情况下的最慢可能完成时间;

(3)最可能时间,以 m 表示,指在一般正常情况下的最大可能完成时间。

在计划评审技术(program evaluation and review technique,PERT)中,通常假设耗时服从 β 分布。耗时的平均值和方差计算如下:

平均时间 $$t_m = \frac{a + 4m + b}{6}$$

方差 $$\sigma^2 = \left(\frac{b - a}{6}\right)^2$$

3. 专家建议

当项目涉及一个突破性技术或者一项第一次被使用的技术时,在组织里可能没有相关经验或专业技能的人员。这样,你们可以向外面的专家请教。

在估算完项目活动的时间之后,我们还要考虑项目的成本估算。一旦作出进行该项目的决定之后,就必须为在整个项目工期内如何使用以及何时使用资金作出预算或计划。

制定成本计划从项目建议书开始,在承包商或项目团队制定项目建议书期间就要估计项目成本。在某些情况下,建议书只对建议的项目说明总成本下限。在其他情况下,客户可能要求详细分解各种成本。项目书的成本部分可能由承包商估计的成本报表组成,它包括下列内容:

(1) 劳动力。包括预计在项目中工作的各类人员的工资成本。

(2) 原材料。是项目团队为项目需要所购买的各种原材料的成本。

(3) 分包商和顾问。当项目团队缺少某项专门技术或者没有完成某个项目任务的资源时,他们可以雇佣分包商或者顾问执行这些任务,而其间支出的全部成本则包含在该项中。

(4) 租用设备和工具。有时候项目团队可能只为一个项目使用的专门仪器、工具或设备。如果选择购买就比较昂贵,一般是选择租用。

(5) 差旅费。如果在项目期间需要出差,就需要差旅费。

除此之外,项目团队还需要准备一定量的意外开支准备金,以便在项目期间内发生意外事件时使用。包括在项目成本估计完成之后所遗漏项目的费用,由于第一次没有做好而返工的费用,或者由于人工或者材料费用上涨带来的增加的成本,或者由于一些突发事件的处理成本等等。

让某项具体工作及其相关成本的负责人估计成本是一个好办法。这会得到该负责人的认可,并防止了由一个人进行整个项目的全部成本估计所带来的偏差。在包括几百人的大项目中,让每人作成本估计是不现实的。在这种情况下,每一层相关组织或分包商要指定一个有经验的人去作本部门承担的工作的成本估计。如果承包商或本部门过去做过类似项目并保留了各种实际成本的档案,这些历史数据就可以指导目前项目的成本估计了。成本估计应是积极的和符合现实的,把所有想象到的要发生或搞砸的事情都包括到意外开支准备金里的“虚报”是不现实的。要是成本估计过于保守,项目的全部估计成本可能超过客户所愿意支付的资金,并高于其他竞争的项目团队。另一方面,要是成本估计过分乐观且有些意外费用,项目团队不得不尴尬地回到客户处要求增加费用来弥补超出的资金。所以一定要客观地估算每一个项目活动的成本。项目成本预算可以通过两个步骤来完成:先是将项目成本分摊到项目 WBS 中的每个工作包中,其次再在整个工作包期间进行每个工作包的预算分配,就能在任何时点即时地确定预算的成本。

6.3.5 资源配置

到目前为止,本书讨论的进度表方法是基于这样的假设,即资源(人员、设备、工具)有无限的能力并可以随时得到。可是,现实的情况常常不是如此。因为成本、熟练水平、时间和竞争等因素,几乎所有的项目都受到资源的限制。可惜的是,在项目管理活动的计划中,大多数讨论主要集中在时间问题上,而没有重视资源的可得性及其能力,以及它们与项目进度之间的联系。事实是,某些资源有可能根本得不到,有可能只得到一部分,也有可能不具备所期望的能力,可能只是期望而已,这无疑将会影响项目进度的实现。由于人员、设备和工具之间的搭配不合理,实际项目常常在关键时段发生延误。此外,若这些资源管理不得当,人力成本会随项目推迟或加班加点而增加,而设备成本可能会因已提前租赁或在需要时却租赁不到而增加。

在许多项目中,在各种项目工序进行中可得到各类资源的数量是有限的,在同一时间里,某些工序可能要求同一种资源,但往往不可能得到充分的资源来满足所有的需要。换言之,这些工序对同一种资源具有竞争性。如果不能得到充分的资源,某些工序就不得不重新计划,并要等到它们所需要的资源能够得到时才能进行。因此,项目进度表受到了资源的限制。要是按时完成项目一定需要增加资源的话,资源将会影响项目在预算内完成。所以在项目计划之时就必须尽量考虑到实际资源配置的限制和解决方法。

资源平衡或均衡方法(resource leveling or smoothing)是制定使资源需求波动最小化的进度计划的一种方法。这种平衡资源的方法是为了尽可能均衡地利用资源并满足项目要求完成的进度。反复试验法是为了保持资源需求均衡水平而推迟了那些非关键(即时差为正值)的工序最早开工时间的一种方法。但只能推迟到所有时差为正值的工序结束为止,否则会使项目超过预定完工日期。资源平衡是在不延长项目要求完工时间的情况下建立资源均衡利用的进度计划。例如,考虑一个粉刷房子的项目(包括一楼房间、楼梯、客厅、地下室、浴室、卧室)。我们可以如下分配油漆工:

天数	1	2	3	4	5	6	7	8	9	10	11	12
油漆工人数	4	4	4	4	3	3	2	2	2	2	1	1

一楼房间(2个油漆工) 楼梯和客厅(1个油漆工) 浴室(1个油漆工) 地下室(1个油漆工) 卧室(1个油漆工)

我们也可以重新安排油漆顺序，做出如下安排：

天数	1	2	3	4	5	6	7	8	9	10	11	12
油漆工人数	3	3	3	3	3	3	3	3	3	3	1	1

（一楼房间（2个油漆工）、楼梯和客厅（1个油漆工）、浴室（1个油漆工）、地下室（1个油漆工）、卧室（1个油漆工)）

这样两种安排方案完工时间相同，但是在不同时间点上需要的油漆工数却不一样。资源平衡法并不能找出最佳的方案，但是能在一定的基础和要求上由反复实验法不断完善。对于包括各种不同资源的大项目来说，资源平衡则是非常复杂的。可以应用一些项目管理的专门软件来辅助进行。

6.4　组织计划

我们在上节中明确了需要一些活动来完成每一个具体目标。本节中我们将讨论一些用来安排活动的组织工具。这些工具是：网络图、关键路径、甘特图。

6.4.1　网络图的绘制

网络图显示了一个项目所有活动的图形化的内在关系。它是一个所有活动和时期的可视化表现。人们通常将此图表作为统筹安排图（PERT charts）。

网络图由圆圈、箭头线与箭头线连成的路线组成。圆圈是两条或两条以上箭头线的交节点，称为节点。网络图分为节点式（以节点表示活动，如图 6.9 所示）和箭头线式（以箭头线表示活动，如图 6.10 所示）两大类。这里仅详细介绍

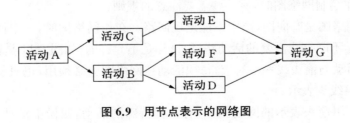

图 6.9　用节点表示的网络图

后者。网络图的箭头线和圆圈分别代表项目的活动和事项。所以,也可以说网络图是由"活动"、"事项"以及"路径"三个部分组成的。

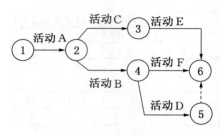

图 6.10　用箭头表示的网络图

网络图中的"活动"是指一项需要消耗一定的资源(人力、物力、财力)、经过一定时间才能完成的具体工作。活动用箭头线表示,如箭头线的箭尾节点编号和箭头节点编号分别为 i, j,则该项活动可用 (i, j) 表示,i, j 分别表示活动的开始和完成。箭头线上可以标上数字表示该活动所需的时间。

图中虚箭头线表示一种虚活动(例如在图 6.10 中的⑤→⑥),它是一种耗时为零的活动。即它不消耗资源,也不占用时间。其作用是表示前后活动之间的逻辑关系,便于人或计算机进行识别计算。

网络图中的"事项"是指活动开始或完成的时刻,它由节点表示。每个网络图中必定有一个始节点和终节点,分别表示项目的开始和结束。介于始点和终点之间的事项叫中间事项,所有中间事项都既表示前一项活动的结束,又表示后一项活动的开始。活动开始的(在箭尾的)事件叫做该活动的紧前事件,活动结束(在箭头的)事件叫该活动的紧随事件。

网络图的第三个组成部分——"路径",是指从网络始点事项开始,顺着箭头线方向连续不断地到终点事项为止的一个序列。在一个网络图中,可能有很多条路线。例如图 6.10 中,①→②→③→⑥是一条路线,而①→②→④→⑥又是一条路线。路线中各项活动的耗时之和就是该路线的耗时,其中耗时最长的路线叫做"关键路径"(关键路径的详细介绍将在下文讨论),它决定着完成网络图上所有工作必需的时间,即该项目的完工周期。

网络图能让团队中的每一个人都能清楚地看出他或她对于整个项目的成功是很关键的;能及时发现一些不现实的活动和安排,并在计划阶段就能对其进行调整。对于整个项目团队则能创造性地思维如何才能缩短瓶颈的工作时间,并且能使整个团队集中注意力和资源到真正关键的工作上。

同时在绘制网络图时,有一些需要注意的规则:

(1)网络图是有向图,图中不能出现回路。在作网络图时,一个回路就意味着描述的是不断自我重复的活动路径,这样是不允许的(如图 6.11 是错误的)。

(2)活动与箭头线一一对应,每项活动在网络图上必须用,也只能用连接两节点的一根线头表示。

(3)在用箭头表示的网络图中,有一种特殊的活动,叫做虚活动,它不消耗

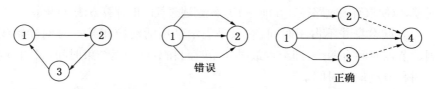

图 6.11 错误的存在回路网络图   **图 6.12 虚活动示意图**

资源,也不占用时间和空间。由于两个相邻节点间只允许有一条箭头线直接相连,所以平行的虚活动可引入虚线,以保证这一规则不被破坏。

(4) 箭头线必须从一个节点开始,到另一个节点结束,不能从一条箭头线中间引出其他箭头线。

(5) 每个网络图必须也只能有一个始点事项(源)和一个终点事项(汇),不允许出现没有先行事项或没有后续事项的中间事项。如果在实际工作中发生这种情况,应将没有先行事项的节点用虚箭头线同网络始点事项连接起来,将没有后续事项的节点用虚箭头线同终点事项连接起来。

根据 WBS 和网络绘制规则,我们就可以绘制网络图了。建立一个网络计划一般分为以下三个步骤:

• 步骤一:决定项目的所有活动,我们已经在上节中介绍了如何制定项目的所有活动。

• 步骤二:决定每一活动的优先权。优先权是一个逻辑关系,是各种直到前一个工作完成为止不能开始的工作之间的逻辑关系。根据项目活动表,我们能决定每一个活动的优先权。

• 步骤三:建立逻辑网络。根据每一个活动的优先权,我们能画出一个流程图形式的网络图——顺序的——以及它们之间的相互关系。

在决定必须以某种顺序绘制活动,以表明它们之间的逻辑活动次序关系时,对于每项活动应该考虑以下三个问题:

(1) 在该活动可以开始之前,哪些活动必须立即完成?

(2) 哪些活动可以与该活动同时进行?

(3) 哪些活动只有在该活动完成后才能开始?

通过回答每项活动的这些问题,你就能绘制一个网络图,这个网络图描述了完成项目工作范围所需活动之间的相互关系和顺序。

6.4.2 网络时间、时差的计算

网络的时间计算主要包括耗时、节点时间和活动时间的计算,此外还需要考虑

时差,以便求解关键路径。在前一节已经阐述过耗时的计算方法,这里就不复述了。

节点本身并不占用时间,它只是表示某项活动应在某一时刻开始或结束。因此节点时间有两个,即节点最早开始时间和节点最迟结束时间,又叫节点最早时间和节点最迟时间。

(1)最早开始时间是指某活动能够开始的最早时间,它等于从始点到该节点的各条路线上的最长先行路线上的活动之和。最早结束时间是指某活动能够完成的最早时间,它可以在这项活动最早开始时间的基础上加上这项活动的耗时计算出来。

设以 $t_E(j)$ 表示节点 j 的最早开始时间,一般假设 $t_E(1)=0$,即始点的最早开始时间等于零。

如果所讨论的节点前面只有一条箭头线进入,则该节点的最早开始时间即该箭头线所代表的活动的最早结束时间,或该箭头线箭尾节点最早实现时间与其作业之和。如节点有许多条箭头线进入,则对每条箭头线都作如上计算之后,取其中最大值作为该节点的最早开始时间,其计算式为:

$$t_E(j) = \max_{(i,\,j \in I)} \{t_E(i) + t(i,\,j)\}$$

其中,$t(i,\,j)$ 是活动 $(i,\,j)$ 的耗时,I 是指构成项目的全部活动的集合,$t_E(i)$ 指的是活动 $(i,\,j \in I)$ 的箭尾节点 (i) 的最早开始时间。

这是一个递推关系式,通常应用前进计算法,从网络始点事件开始自左至右逐个计算,并遵守以下规则:某项活动的最早开始时间必须等于或者晚于直接指向这项活动的所有活动的最早结束时间中的最晚时间。

(2)最迟结束时间指为了使项目在要求完工时间内完成,某活动必须完成的最迟时间,若未完工就将影响后续活动的按时开工,使整个项目不能按期完成。它可在项目要求完工的时间和各项紧随的活动工期估计的基础上计算出来。而最迟开始时间则是为了使项目在要求完工时间内完成,某活动必须开始的最迟时间,它可以用该活动的最迟结束时间减去它的耗时计算。

设以 $t_L(i)$ 表示节点 i 的最迟实现时间,通常终点 n 的最迟实现时间等于终点的最早实现时间,即 $t_E(n)=t_L(n)$。这也就是整个项目的总工期。如节点有一条箭头线发出。该节点的最迟结束时间即该箭头线所代表的活动的最迟开始时间,或该箭头线箭头节点的实现时间减去其耗时。

如节点有多条箭头线发出,则对每一条箭头线都作上述运算之后,取其中最小者作为该节点的最迟节点实现时间,其计算式为:

$$t_L(i) = \min_{(i,\,j \in I)} \{t_L(j) - t(i,\,j)\}$$

其中，$t(i,j)$是活动(i,j)的耗时，I是指构成项目的全部活动的集合，$t_L(j)$指的是活动$(i,j \in I)$的箭头节点(j)的最迟实现时间。

通常应用后退计算法，即从网络的终点开始，自右至左逐个计算，并遵守以下规则：某活动的最迟结束时间必须等于或者早于该活动的直接指向的所有活动最迟开始时间的最早时间。

计算各项活动的最早开始与结束时间、最迟开始与结束时间，其主要目的是为了分析和找出各项活动在时间和衔接上是否合理，是否有潜力可挖。这一问题的判断，取决于时差的计算。

（3）活动总时差指在不影响整个项目完工时间的条件下，某项活动最迟开工时间与最早开工时间的差。它表明该项活动开工时间允许推迟的最大限度，也称为"宽裕时间"或"富余时间"。设活动(i,j)的总时差为$S(i,j)$，则其计算式为：

$$S(i,j) = t_L(j) - t_E(i) - t(i,j)$$

如果总时差是正值，表明这条路径上各项活动花费的时间总量可以延长，而不必担心会出现在项目的要求完工时间内项目无法完成。反之，如果总时差是负值，则说明该条路径上各项活动需要加速完成，以减少整个路径上花费时间总量，保证项目按期完成。如果总时差为零，则在该路径上各项活动不用加速完成但也不能拖延。

（4）活动自由时差是指在不影响下一个活动的最早开工时间的前提下，该活动的完工期可能有的机动时间。设活动(i,j)的单时差为$r(i,j)$，则其计算式为：

$$r(i,j) = t_E(j) - t_E(i) - t(i,j)$$

既然自由时差是指向同一活动的各项活动的总时差间的相对差值，也就是说只有在两项或者更多项活动指向同一活动时才存在自由时差。由于自由时差是指向同一活动的各项活动的总时差间的相对值，所以自由时差总为正值。时差表明各项活动的机动时间，即有时间潜力可以利用。时差愈大，说明时间潜力也愈大。

6.4.3　关键路径技术

关键路径技术指的是一套用于计划和控制项目实施的图形技术，在任何给定的项目中，要考虑的三个因素是工期、成本和资源可用性。关键路径技术已经发展到既可以单个处理，也可以综合处理各因素的阶段。计划评审技术和关键路径法(critical path method，CPM)是两种最著名的关键路径计划技术。它们都产生于19世纪50年代。PERT是由美国海军特别计划委员会(U.S.Navy Special Projects Office)于1958年制定北极星导弹研制计划时，作为一种计划与管理技术而最先使用并由此发展起来的。CPM则是由雷明顿—兰德公司(Remington-Rand)的J.E.Kelly和杜邦公司的M.R.Walker在1957年提出的，当时是为了帮助一个化工厂制定停机期间的维护计划而采用该方法。

关键路径技术用网络图形描述出一项工程的全貌，并提示要将注意力集中在关键路径上，因为它决定了项目的完成时间。为了使关键路径技术最大限度地发挥作用，应用该技术的项目必须具有如下特点：

(1) 工作或任务可以明确定义。它们的完成标志着项目的结束。

(2) 工作或任务互相独立。即可分别开始、结束和实施。

(3) 工作或任务有一定顺序，它们必须按照顺序完成。

PERT和CPM都强调必须通过分析作为项目计划和控制基础的任务网络，来发现所需时间最长的工作路径（关键路径）。二者都是使用节点和箭头表示。初期的PERT和CPM最基本的区别在于，PERT是用箭线表示，而CPM是用节点表示。另外，PERT对完成活动所需的时间用三点时间估计，而CPM只使用最可能估计时间。由于这一差别，PERT最初主要使用于研究与开发项目，因为此类项目不确定性很强；而CPM则用于例行性的或者已经有先例的工程活动项目。但是随着时间的推移，二者的区分模糊了。

在大型网络图中，从项目开始到项目完成有许多条路径，就像从北京到海南岛有许多条路可以走一样。如果20个人同时从北京出发，每个人都沿着不同路径到海南岛，只有在最后一个人到达后他们才能完成聚会，这最后一个人就是走最长路径（或花费时间最多）的人。类似地，只有最长（花费时间最多）的活动路径完成之后，项目才算结束。这条在整个网络图中最长的路径就叫关键路径，一般被称为项目的总长度。关键路径找出之后，能预见完成项目的时间，能决定哪一个项目的活动对于完成项目有重要的作用。关键路径变成所有活动（重要的和不重要的）的基准点。一旦关键路径上的活动准时完成，项目就能准时完成。此外关键路径能用来监控一个项目，并评价它。

确定构成关键路径活动的一种方法是找出那些具有最小时差的活动。用每项活动的最迟结束时间减去最早结束时间（或最迟开始时间减去最早开始时间，两种算法结果相同），然后，找出所有具有最小值（要么正时差最小，要么负时差最大）的活动，所有这些活动都是关键路径上的活动。

6.4.4　甘特图

甘特图是组织项目的另一个有用的工具,也叫做条形图(bar chart)。甘特图是一种比较老的计划和组织安排的工具,它是 20 世纪早期发展起来的。甘特图在使用过程中存在如下的假设:在甘特图中的时间是消逝的时间——完成一个活动真实花费的时间,而不是持续时间;一个活动完成的时间点当作一个真实的持续时间。甘特图显示了项目的任务在现实的时间轴上是如何完成的,就像一个网络图,它能显示任务之间的相互关系。对于小项目,甘特图可以直观地将各种活动和时间联系起来,但是对于超过 25 个或者 30 个活动组成的项目,甘特图可视性就变得不好,而且操作起来就十分困难。另外,甘特图也不能提供确定关键路径的直接方法。尽管存在理论上的缺陷,甘特图由于简单明了,在实际应用中仍然有很大的价值。

甘特图是把计划和组织安排两种职能组合在一起的工具,图 6.13 是建立一个信息系统项目的简单的甘特图表示。活动在图的左侧纵向列出,时间长短在底部列出。每项活动预计需用的时间由表示活动完成的预期工期长短的线条或横条表示,可以在图中加入一横条或线段来表示每项活动由谁负责。

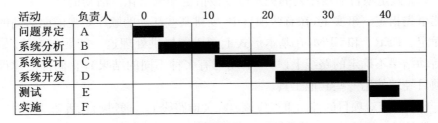

图 6.13　信息系统项目的简单甘特图

用甘特图,活动的进度安排与其计划同时进行。绘制活动线段横条的人必须清楚活动之间的相互关系,也就是说,哪些活动在其他活动开始以前必须完成,哪些活动可以同时进行。传统的甘特图的主要缺点之一是,它不以图解的方式表达活动之间的相互关系,因此,如果一项活动被延误,其他哪些活动会受到影响不能被明显地表示出来。不过,大多数项目管理软件包能提供通过连接箭头表示任务间相互依存关系的甘特图。

因为在传统的甘特图中计划和组织安排同时进行,所以对计划进行手工改动很不方便。特别是如果项目一开始时的某项活动被延误,则剩下的许多线段或横条不得不重画。另一方面,网络技术又把计划和组织安排区分开来。网络图是计划职能的产物,而不是根据时间长短而绘制。区分这两个职能使得修改计划和安排一份最新进展计划更为容易。所以一个甘特图要在网络图的帮助下才有效。

6.4.5　网络图中的一些假定

在使用网络图和 CPM、PERT 时,往往是在一些假定条件下进行的。下面总结了一些重要假定及对它们的评价。当使用三点时间估计时,对于操作人员来说,最为困难的地方就是对统计学理论的理解。对活动时间的 β 分布、三点时间估算、活动方差以及使用正态分布评价项目完成的概率等,都是产生误解的根源,会导致操作人员对计划的执行产生不信任和抵触情绪。因此,管理上必须确保负责监督和控制活动运作的人员懂得统计学。

(1)假定组成项目的各项活动可以作为实体加以识别(就是说每个活动都要有清晰的开始和结束时间)。一般的项目,尤其是复杂项目,其内容会随着时间的变化而变化,因此最初制定的网络图可能会与以后的显著不同。事实上,恰恰是识别各项活动和构造网络图的方法,使得项目进展过程中的变化减小到最小,因而逐渐限制了项目进行中适应环境变化所必需的灵活性。

(2)假定项目活动序列的关系可以被指定和网络化。活动的序列关系通常不能事先指定。事实上,在有些项目中,安排某些活动的顺序要视前面活动的情况而定。PERT 和 CPM,在基本形式上都未能提供处理这一问题的方法,尽管在活动结果不确定的路线上(每一活动可有多种不同的结果),它们都已建议允许项目经理使用一些其他工具。

(3)假定对项目的控制重点应该放在关键路线上。通过加总活动期望时间值获得的最长时间路线(或说零松弛路线)并不一定最终决定项目完工时间。理论上,我们认为关键路线上的活动是导致项目成败的关键所在,但在实际工作中,影响项目进展的活动却常常是非关键路线的活动。因此有人建议用"关键活动"的概念代替"关键路线"的概念,并以之作为项目控制的重点。在这种方法中,应该将注意力放在那些存在很高潜在偏差的活动上,并建立"次关键路径"。"次关键路径"上的活动与关键路径上的活动不重复,尽管存在松弛时间,但该路线上出现的一个或几个活动的延迟而影响整个项目的工期时,它就成为关键路径。显然,网络中存在的并行路径越多,网络中存在一条或者几条"次关键路径"的可能性就越大。相反,网络越接近单一活动序列,网络中存在"次关键路线"的可能性就越小。

(4)假定 PERT 中活动时间服从 β 分布,并假设项目的方差等于关键路径各活动的方差之和。因为一系列的原因导致 PERT 技术选择了 β 分布，但是由于 β 分布自身的特点，也使得在应用 PERT 技术时，需要统计处理的部分必然存在一定的问题。首先，事实上，该假定是对 β 分布的均值和方差的修正，例如用哪一个，什么时候与基本准则相对比，这些都是人为确定的，因此结果将不可避免地产生偏差。第二，β 分布假定活动时间的分布具有单峰性、连续性，并具有确定端点的特点。但其他具有同样特征的分布会产生不同的均值和方差。第三，要获得三个"有效"时间估计并代入公式计算是很困难的。因为，找到活动的一个估计时间都经常存在很大的难度，更不要说三个，并且，对 a 和 b 值的主观估计也不会对这个问题的解决有帮助。

6.5　控制计划

项目团队实行的最后一个管理职能就是控制。控制就是监督、评估和比较计划结果和实际结果以决定项目成本、进度计划和技术性能目标的进展以及项目同企业目标"战略一致性"的过程。图 6.14 则是一个控制循环的过程。

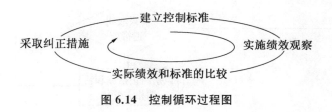

图 6.14　控制循环过程图

6.5.1　项目控制过程

在项目控制过程中要不断监控和回顾计划。监控则是一个通过数据收集总结成一份"现状"报告的工作。团队要定期地会面来回顾报告，收集项目完成情况的数据，将实际情况与计划进程比较来评估计划的进程，一旦项目实际进程晚于计划，则需要采取纠正措施。

在项目合同中，有一些合同包括奖励条款，如果项目提前完成，客户就会给予一些奖励；相反地，一些合同包括惩罚条款，如果项目未按照进度完成，客户将减少给项目团队的最终付款，而且一些惩罚可能还相当严厉。这样，控制在以上两种情况下就显得至关重要。

249

图 6.15 是一个操作性比较强的项目控制过程示意图。

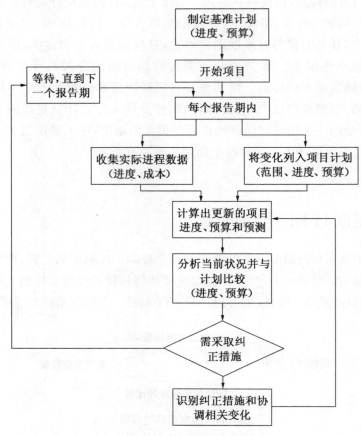

图 6.15　项目控制过程示意图

一旦项目进行了,我们需要确保它的进程是符合计划的。我们需要做的就是建立一个报告系统。这个报告系统要具备以下几个特性:

- 提供及时的、完整的、精确的现状信息;
- 不增加如此多的提前期,以至于产生不良后果;
- 是被项目团队和中层管理者接受的;
- 及时地给出待处理问题的警报,并行动;
- 对于需要了解的人来说它是简单易懂的。

应该确定一个固定的报告期,将实际进程与计划进程进行比较。根据项目的复杂程度和时间期限来制定报告日期。在报告期内需要收集两种数据和信息:

(1)实际执行中的数据,有活动开始或者结束的时间,使用或投入的实际成本。

（2）有关项目范围、进度计划和预算变更的信息。这些变更可能是由客户或项目团队引起，或者是由某种不可预见事情的发生引起，如自然灾害、工人罢工或关键项目团队成员的辞职。值得注意的是，一旦变更被列入计划并取得了客户同意，就必须建立一个新的基准计划，这个计划的范围、进度和预算可能和最初的基准计划有所不同。

这些计划必须及时收集，以作为更新项目计划和预算的依据。更新的进度计划和预算一经形成，必须将它们与基准进度和预算进行比较，分析各种变量，以预测项目将提前还是延期完成，是低于还是超过预算完成。如果项目进展良好，就不需要采取纠正措施；在下一个报告期对进展情况再作分析。然而，如果认为需要采取纠正措施，必须作出如何修订进度计划或预算的决定，这些决定经常涉及时间、成本和项目范围的交易。一旦决定采取某种纠正措施，必须将其列入计划和预算，然后测算出一个修改的进度计划和预算，以判定计划采取的纠正措施是否在进度和预算上是可以接受的，否则，需进一步进行修改。

在整个项目进行过程中，可能发生的变更会对进度计划产生影响。如前所述，这些变更可能是由客户或项目团队引起的，或是由不可预见事情的发生引起的，还有可能是由于最初指定计划时忽略了一些活动而引起的。然而，随着项目的进展，网络图上更多细节的增加可能会引起另外的变更。无论最初的网络图详细到何种程度，在项目进展过程中都会分解出一些新的活动。变更无论是由何引起，都要求对计划涉及的范围、预算和/或进度进行修改。一旦这些变更被各方同意，一个新的基准计划就形成了。它将被作为衡量项目进展情况的比较基准。

一旦收集到已完成活动的实际结束时间和项目变更带来影响的有关数据，就可以计算出一个更新的项目进度。这些计算就以上一节中的计算方法作为依据。

项目控制过程贯穿于整个项目。一般说来，报告期越短，早发现问题并采取纠正措施的机会越多。如果一个项目远远偏离了控制，就很难在不牺牲项目范围、预算、进度或质量的情况下实现项目目标。明智的做法是增加报告期的频率，直到项目按进度进行。

项目控制过程是项目管理中重要而必备的部分，仅仅建立一个全面的基准计划还不够，因为即使是最完善的计划也并不总是进展顺利。项目管理是控制项目的一种积极主动的方法，在项目不能按计划进展的情况下，也能确保项目目标的实现。

6.5.2　控制的方法

一般的项目控制包括以下 4 个步骤：

(1) 分析进度，找出哪些地方需要采取纠正措施。

(2) 确定应采取哪种具体的纠正措施。

(3) 修改计划，将纠正措施列入计划。

(4) 重新计算进度，估计计划采取的纠正措施的效果。

如果计划采取的纠正措施无法获得满意的安排，则必须重复以上步骤。

在整个项目实施过程中，每次重新得出计划都要分析这一新计划以决定是否需要进一步的注意。进度分析应该包括识别关键路径和任何有负时差的活动路径，以及那些与以前进度计划相比偏离预定进度的路径（时差变坏的路径）。加速项目进度的重点应放在有负时差的路径上，而时差的数值决定着重点努力的优先级。例如，负时差最大的路径优先级最高。我们必须找出能够从项目中消除负时差的纠正措施，这些纠正措施须减少有负时差路径上活动的工期估计。切记，活动路径是由路径上全部活动所共享的。因此，路径上任何活动预计工期的变更都会引起该路径上时差的相应变更。

当分析有负时差的活动路径时，应该将精力集中在以下两种活动中：

(1) 近期内的活动（即正在进行或者随后即将开始的活动）。减少活动工期的一种方法是对即将到来期间内的活动采取积极的纠正措施，而不是打算对将来期间内的活动采取纠正措施。如果将减少活动工期的纠正措施推迟到遥远的未来，将会发现负时差甚至比发现时更糟糕。随着项目的进展，可以用来采取纠正措施的时间总是越来越少。

(2) 工期估计长的活动。减少一项具有 20 天工期活动的 20% 时间，即 4 天，比完全去掉一个只有 1 天工期活动的纠正措施有更大的影响。总的来说，工期较长的活动意味着较大缩减的可能。

有多种方法可以缩短活动的工期估计。一种显而易见的方法是投入更多的资源以加速活动进程。分派更多的人来完成一项活动，或者要求活动的工作人员增加每天的工作时间或每周的工作天数均可以加速活动进程。增加的相应资源可以从有正时差的活动中转移来。然而，有时候在一项活动中增加人员，实际上却会延长活动的工期，这是因为原有工作人员为帮助新人熟悉工作而分散了工作。另一种方法是指派一位经验更丰富的人去完成或帮助完成这项活动，以便在比最初派出的无经验的人完成这项活动短的时间内完成任务。

缩小活动范围或降低活动要求是另一种缩短活动工期的方法。例如，房间内可以只涂一层油漆，而不像最初计划的那样涂两层油漆。在一些非常情况下，可以决定完全除去一些活动，将这些活动和它们的工期从进度中除去。此外还可以通过改进方法或者提高生产率来缩短工期。

在绝大多数情况下，通过缩短工期来消除负时差时，往往伴随着成本的增加或者范围缩小之间的权衡。这个问题的解决方法可以参考一些有关"时间—成本平衡法"的资料。如果项目落后于进度(有很大的负时差),为了使项目按进度进行,往往需要大幅提高项目成本、缩小工作范围或者降低质量标准,这样就可能危害到整个项目目标的各个因素:范围、预算、进度、质量。在某些情况下,客户和项目团队可能不得不承认这些因素中的一个或者多个不能实现,这样就不得不延长整个项目的要求完工时间,否则关于由于加快进度而增加的成本由谁来承担这个问题将会引起客户和项目团队的争议。

有效进度控制的关键是尽可能早地、果断地将主要精力放在有负时差或时差变坏的路径上,而不应寄希望于随着项目的进展情况会自动改善,尽早处理进度问题会减少对成本和范围的负面影响。对于没有负时差的项目,重要的是不要使它出现耽搁或延误而最终造成时差的减少。如果项目进展快于进度,就要尽力保持这种状况。

你可以通过回答下面的问题卡来弄清楚需要度量什么以及项目进行得怎么样了:

项 目 计 划	项 目 组 织	项目管理过程	项目完成情况
• 原先的具体的目标是现实的吗? • 项目资源可得性的计划充分吗? • 原来项目时间和预算是现实的吗? • 项目资源组织的计划充分吗? • 有充分的项目控制系统吗? • 项目有信息系统吗? • 重要的项目干系人被考虑到项目计划中了吗? • 设施的计划充分吗? • 计划在项目开始前完成了吗? • 对于管理工具如 CPM/PERT 等的使用有充分的计划吗?	• 现在的组织结构对于实现项目目标的有效性如何? • 项目经理有充分的权力吗? • 项目办公室人员的组合合适吗? • 在矩阵组织中的交接面被充分定义了吗? • 重要的项目干系人了解项目办公室的组织吗? • 在项目中定义了重要的角色了吗?	• 项目经理适当地控制了项目资金了吗? • 通过促进管理的改善,项目团队的人事是新的并具有创造力吗? • 项目经理保持了对项目团队的充分管理吗? • 项目团队人员有没有定期聚会讨论事情进展如何? • 项目办公室是否有有效的办法处理工程变化的要求? • 项目成员在共同关心的问题上征求干系人的建议了吗? • 项目审查会议有用吗?	• 原来的项目在多大程度上达到了具体目标? • 技术成就的价值有多大? • 组织和管理的成就有多大用处? • 项目的结果对于完成组织的目标有用吗? • 项目结果正在实施吗? • 用户得到适当的通知了吗? • 客户对到期的项目结果满意吗?

6.5.3 控制的工具

控制项目使用不同的工具和方法来监控、报告、纠正计划。最有效的方法是用最少的精力提供正确数量信息。

基本的控制工具有报告和会议。

1. 报告

报告能用来获得大量的有用的信息。在报告中要注意：

- 使用符合项目管理者需求的形式；
- 提供你想要的例子；
- 建立适合的时机。

在传递有关项目的信息时，书面报告和口头报告是一样重要的。项目组织必须准备的所需报告的类型、内容、格式、报告期和分发方式，一般由客户在合同中指明。

有些报告可能是为许多听众做的，因此了解谁将收到报告副本是很重要的。因为听众差别可能很大，可能包括对项目非常了解的人，也可能包括仅从他们收到的定期报告中知道一点内容的人。收到报告的人可能有不同的技术水平，一些人可能不理解某种技术语言或术语。而且报告要以书面形式指出读者对什么感兴趣，而不是写报告的人对什么感兴趣。

而在准备项目的报告时，考虑以下因素将有助于向报告接受者提供应用和有价值的信息。

- 报告要简明。不要试图以数量来打动报告接受者。报告的长短不等于项目进展或完成。如果报告简明，才会有更大的阅读机会，而且，准备报告是一项很费时间的活动，因此，项目经理应尽量使项目团队在制定项目报告时的数据输入时间最小化。

- 所写的和所讲的要保持一致。用短句和容易理解的句子，不要用复合句、复杂冗长的句子。段落很长会使读者跳读文章、错过重点。使用简单的语言，让各类收听报告的人都能懂，不要用读者可能不懂的术语或缩写词。朗读报告要有声有色。它应该是易读和易理解呢，还是听起来晦涩难懂？

- 在报告中和每一段中先写出最重要的论点。有些读者有一种倾向，他们只读每一段的第一句话，然后跳过该段的其他内容。

- 如果可能，就用图，如图表、图解、表格或图片。记住，一图值千字。不要把图表弄得太繁琐，每张图表只需有一个概念或论点。最好用几张清楚的图表，而不是凌乱地画在一张图上。

- 和注意报告内容一样,要注意格式。报告应该是公开的、吸引人的,并以一种读者容易理解的形式组织起来;它不是乱七八糟的,用读者很难看清的小号字。

如同口头交流一样,书面报告应该给听众留下深刻的印象——这些印象可能是好的或不好的。做报告必须进行审慎的思考,应该把做报告看作是留下好印象的机会,而不是把它当成一项难以承担的、费时的活动。定期从接收报告人那里收集有关报告在满足他们的需要和兴趣方面的实用性信息的反馈,并恳请他们对改进报告提出一些建议。

2. 会议

我们都十分熟悉会议,但是我们很少想到它们可以作为控制工具。它们有这样一些很明显的优点:

- 它们能提供给我们比一份写出来的报告更详尽的信息。
- 它们有能力在每个相干人之间制造容易分享的信息扩散。
- 对于解决问题是理想的方法。

会议是促进团队建设和强化团队成员的期望、角色以及对项目目标投入的工具,包括在项目期间召开的各种类型的会议,以及一些使会议有效的建议。下面讨论两种常用的会议:情况评审会议和解决问题会议。

项目情况评审会议通常由项目经理主持或召集,会议成员一般包括全部或者部分项目团队的成员以及客户或者项目团队的上层管理人员。会议的基本目的是通知情况、找出问题和制定行动内容。项目情况评审会议应该定期召开,以便早日发现问题和潜在的问题,防止危及项目目标实现的意外情况的发生。以下是一些需要讨论的主题:

(1)自上次会议以来所取得的成就。明确已经实现的关键项目"里程碑",并检查以前会议上活动的情况。

(2)成本、进度计划和工作范围——进展情况。完成情况应该与基准计划加以比较,进展情况必须以已完成任务和实际开销的最新信息为基础,这一点很重要。

(3)成本、进度计划和工作范围——预测。根据目前的进展情况趋势和要完成的项目任务,检查预测的项目完工日期和项目完工成本,并把它们与项目目标和基准计划进行比较。

(4)成本、进度计划和工作范围——差异。明确有关项目工作包和项目任务的成本以及进度的实际进展和计划进展的所有差异。这些变化可能是正的——如提前完成计划,也可能是负的——如已超出了完成工作所给的预算金额。负面差异有助于准确找出目前的问题和潜在的问题。应特别注意一些负面差异进一步扩大的项目部分。

（5）纠正措施。在某些情况下，找出问题和潜在问题的纠正措施正是在情况评审会议上产生的。例如，获得客户或管理人员的批准，继续购买某种原材料；或获得加班授权，以便使项目赶上进度。另外有些情况，要求单独召开解决问题会议，由有关的项目团队成员提出纠正措施。

（6）改进的机会。这应该与问题及相应的纠正措施一同被明确。例如，项目团队的一个成员指出，使用另一种材料或设备也可以满足技术指标，而这种材料或设备实际上比团队原计划要用的那种便宜；或者一个团队成员建议，通过复制现有的计算机软件或对其稍加改动而不是开发全新的计算机软件，可以节省出大量时间。

（7）行动细目分配。具体行动细目应被明确并分配给特定的团队成员。对于每一项行动细目，必须注明负责人及预计的完工日期。完工期由行动细目负责人估计，因为开会时，在其他人面前作出了承诺，人们常会竭尽全力去按时完成。

当项目团队发现问题或者潜在问题时，应该立即和其他有关人员召开一个解决问题会议，而不是等着在以后的情况评审会议上解决。尽可能早地发现和解决问题对项目的成功非常关键。

在项目开始，对于由谁、在什么时候召开解决问题会议以及实施纠正措施所需权限大小等问题，项目经理和项目团队应当设立准则。解决问题会议应采用一个好的解决问题的方法，如下所述：

（1）描述问题。

（2）找出问题的潜在原因。

（3）收集数据并找出最可能的原因。

（4）找出可能的解决方案。

（5）评价可行方案。

（6）确定最佳解决方案。

（7）修订项目计划。

（8）实施解决方案。

（9）确定问题是否得以解决。

在会前、会中、会后，召集或主持会议的人可以采取多种措施以确保会议有效。

在会前，我们可以通过以下工作来确保会议有效：

• 确定会议是否真正必要，是否有另一种方式如电视会议更适合一些。

- 确定会议的目的。例如,该会议是为了交流信息、计划、收集情况或意见、制定决策、说服、解决问题,还是为了评估项目进展情况?

- 确定谁需要参加会议,说明会议目的。参加会议的人数应是能达到会议目的的最少人数。项目团队成员通常忙于他们的工作任务,不想参加那些他们无所贡献又无所收获的会议。被邀请参加会议的人应该知道为什么他们被邀请。

- 事先将会议议程表分发给被邀请者。议程表还应该附有参与者在会前需要评审的文件和资料。必须在通告分发和会议日期之间给予足够的时间,以便让参加者为会议作充分准备。需要一些人收集和分析数据、准备讲演或分发材料。

- 准备直观的材料。图形、表格、图解、图片和试题模型都是有效的直观材料。这些材料能使讨论集中,防止闲聊和误解。

- 安排会议室。会议室应该足够大,座位布置必须使所有与会者能看到彼此,这样可以促进参与。选中的直观教具和附件(影像放映机、屏幕、录像机、翻转图表、黑板)都应放在会议室内,并在会前进行检查。如果会议很长,应当备些点心。在某些情况下,会议室上明确标出"项目室",在这里召开项目会议,或项目团队成员在这里碰头,进行解决问题的讨论。有时这种项目室的墙上贴有项目计划、进度计划、进展情况图和系统图解等,以便全体项目团队成员参考。

在会议期间,我们可以通过以下工作来确保会议有效:

- 按时开始会议。如果会议领导等待迟到者,人们就会形成晚到场的习惯,因为他们知道会议无论如何是不会按时召开的。相反。如果会议按时召开,人们就会形成按时到达的习惯,以避免在会议进行时迟到。

- 指定记录员。必须指定某人(最好在会议前)作记录。记录应该简洁,并且能概括大概决议、行动细目、任务分派和预计完工日期。详细的会议记录在记录和以后查阅时都很麻烦,因此应当避免。

- 评论会议的目的和议程表。要简洁,不要作长篇大论。

- 督促而不能支配会议。项目经理不能主持所有的讨论,而应该是让其他参加者主持他们相应主题的讨论。一个好的督促者应该:保持会议顺利进展并在计划时间之内结束;鼓励参加者,特别要鼓励那些犹豫不决的人;限制那些想讲太多、自我重复或偏离正在讨论主题的参加者的谈论;控制打断(别人讲话)和私下交谈的行为;明确所提出的要点;总结讨论并进入议程表的下一个主题。

下面是某些团队会议的若干准则:

团队会议——行为准则

- 围绕所讨论的主题。
- 按时到会和休会。
- 每次只让一个人讲。
- 每个人都有义务参加。
- 做到坦率、诚实、诚恳。
- 限制使用挖苦和嘲讽的言辞。
- 会议的总体气氛应该是积极向上的。
- 消除消极性。
- 提出建设性批评。
- 集中注意力。先理解,然后是被理解。
- 不要闲聊。
- 主意属于大家,而不是个人。
- 做出决定后,团队步调要一致,要团结。
- 加强积极行为。
- 保持冷静,如果失去冷静,你就错了——其他人也一样。

- 在会议结束时总结会议成果,并确保所有参加者对所有决策和行动细目有一个清楚的理解。会议领导应进一步明确这些细目,避免产生误解。

- 不要超过会议计划召开的时间。与会者可能有其他约会或其他系列会议。如果没有讲完所有议程,最好让涉及这些细目的人另外召开一个会议。这是一些不太重要的细目,因为议程表已按重要性先后次序排列。

- 评价会议进程。通常,会议结束时,参加者应公开讨论发生了些什么,并决定是否作些调整以提高以后会议的有效性。

在会议结束后,要在 24 小时之内公布会议成果。总结文件应该简洁,如果可能,尽量写在一张纸上。总结文件应该明确所作的决定,并列出行动细目,包括谁负责、预计完工日期和预期的交付物。同时,可以列出参加和缺席的人员。应将会议成果分发给所有被邀请参加会议的人,不管他们是否真正参加了会议。会议记录不包括会议讨论的详细记事。

有效会议同成功的项目一样,需要有好的计划与执行。

3. 其他工具

甘特图、网络图曾被我们用来组织项目活动。在控制阶段,它们能用来追踪和报告完成需要的活动。通过将实际情况与计划的甘特图、网络图对比,能帮助我们了解是否符合计划进度时间、成本预算等等。这些信息将帮助我们进行调整。熟练地运用这些工具,能为你在项目控制阶段提供强有力的帮助。

另外，项目管理者能通过观察和讨论得到一堆有用的信息。通过一般迹象，我们看到的或者感觉到的往往不是真实的，而在讨论中，往往能发现潜在的现实，还能积极地寻找项目现状的指示，并且能利用管理者与团队成员之间密切的关系来得到信息。

项目一旦开始就必须要对其过程进行监控以确保每件事情按照进度计划进行，这涉及了监控实际进程以及将它与计划进度进行比较。在项目进行中的任何时间，一旦发现项目落后于进度就必须采取纠正措施以使其按照进度进行。高效的项目控制的关键就是监控实际进程，并将其及时、定期地与计划进度进行比较，以便立刻采取必要的纠正措施。在项目控制过程中，需要运用好一些项目控制的工具，包括报告、会议，以及前面章节提及的网络图和甘特图等等图形工具。

本章小结

项目是一个组织单位，它包含了暂时汇聚起来的一系列资源，需要在一个限定的预算里和一个限定的时间计划内，去达成一个特定的目标。一个项目只能被执行一次，它有明确的开始点和结束点，而且必须是可行的。项目管理就是要在一个确定的时间范围内，为了完成一个既定的目标，并通过特殊形式的临时性组织运行机制，通过有效的计划、组织、领导和控制，充分利用现有的有限资源的一种系统管理方法。项目管理是一个计划、控制和管理项目的任务、资源、时间以及成本的过程，它涉及整合管理、范围管理、时间管理、成本管理、质量管理、人力资源管理、沟通管理、风险管理、采购管理等内容。

项目管理是一个连续的过程，显现出一种连续的生命周期的模式。一个项目通常要经历识别、计划、实施、终结等阶段。

识别需求是项目生命周期的最初阶段，通常需要有项目需求建议书，用于描述项目所需要到达的目的。一个 S. M. A. R. T 目标要求明确（specific）、可度量（measurable）、可达到（achievable）、相关（relevant）、可跟踪（trackable）。

工作分析结构将一个项目分解成易于管理的几部分或几个细目有助于确保找出完成项目工作范围所需的所有工作要素。对于每个活动，需要决定耗时——完成活动所需的时间通常有单一时间估计法（单点估计法）、三种时间估计法（三点估计法）。

网络图、关键路径、甘特图是常用的安排活动的组织工具。关键路径技术是一套用于计划和控制项目实施的图形技术。

项目控制就是监督、评估和比较计划结果和实际结果以决定项目成本、进度计划和技术性能目标的进展以及项目同企业目标"战略一致性"的过程。基本的控制工具有:报告、会议等。

思考题

1. 什么是项目? 有哪些特征? 请举例说明。
2. 项目管理者应具备哪些素质?
3. 一个项目的生命周期通常会经历哪几个阶段?
4. 什么是项目的关键路径?
5. 项目实施计划技术(工具)有哪些?
6. 绘制网络图有哪些原则?
7. 假定你负责公司年会,请画出网络图,找出关键路径(具体内容和时间数据可按通常情况设定)。

选择题

1. (　　),项目的完成会发生变动?
   - (A) 关键路径压缩时
   - (B) 当不允许使用应急储备时
   - (C) 当减少项目资源的时候
   - (D) 没有总时差的情况下
2. 下列哪一项工具为确定必须安排进度的工作奠定了基础?(　　)。
   - (A) 工作分解结构(WBS)
   - (B) 预算
   - (C) 主进度计划
   - (D) 甘特图
3. 项目管理只有在什么条件下才能发挥作用?(　　)。
   - (A) 来自管理层的支持
   - (B) 具有书面的规定
   - (C) 项目对目标没有影响
   - (D) 项目章程中包含了目标
4. 项目控制的两个基本目标是(　　)。
   - (A) 将活动转化为结果,管理组织的资产
   - (B) 消除没有预期到的技术问题,确定需要更多资源的技术难点
   - (C) 保证资源在需要的时候是可获得的,避免工作范围的增加
   - (D) 使要求的材料、人员与设备在需要的时候是可获得的,确保预算是足够的
5. 项目生命周期中哪个阶段具有最大的不确定性?(　　)
   - (A) 识别阶段
   - (B) 计划编制
   - (C) 实施
   - (D) 收尾

6. 在网络图中,下列哪项需要资源?(　　)。

(A) 后续活动　　　　　　　　　(B) 事件

(C) 虚拟活动　　　　　　　　　(D) 上述所有项

7. 项目快要完成时客户想对工作范围作一大的变更,项目经理应该(　　)。

(A) 进行变更　　　　　　　　　(B) 将变更造成的影响通知客户

(C) 拒绝变更　　　　　　　　　(D) 向管理当局抱怨

8. 当各小组成员对职能经理和项目经理双重负责的时候,小组建设经常会显得比较复杂。对这种双重负责关系有效管理通常是(　　)的职责。

(A) 有关小组成员　　　　　　　(B) 项目经理

(C) 项目所有权人和赞助人　　　(D) 职能经理

9. 德尔菲法(Delphi Technique)的主要特点是(　　)。

(A) 从历史数据进行推断　　　　(B) 专家主观意见

(C) 层次分析过程　　　　　　　(D) 猜测

10. 矩阵组织中项目经理最重要的作用是(　　)。

(A) 沟通　　　　　　　　　　　(B) 综合

(C) 谈判　　　　　　　　　　　(D) 领导

11. 下列关于网络图的描述中,错误的是(　　)。

(A) 网络图是有方向的,一律由左向右,不可出现回路

(B) 网络图中每一项活动箭头节点的编号必须小于其箭尾节点的编号,且每个编号只能使用一次

(C) 网络图中任何两个节点之间只能画一条箭线

(D) 网络图中必须也只能有一个始点事项(源)和一个终点事项(汇)

12. 详细的项目进度计划只有在(　　)之后才能编制。

(A) 制订项目计划　　　　　　　(B) 制订工作分解结构(WBS)

(C) 建立预算　　　　　　　　　(D) 建立项目控制计划

13. 项目的成功主要取决于(　　)。

(A) 进度计划和成本控制分析的质量

(B) 客户满意度

(C) 在定义客户需求时客户的妥协

(D) 通过提供额外服务,超越客户的要求

14. 项目综合是指(　　)。

(A) 让队伍成员熟悉项目

(B) 将项目的各个部分综合为一个整体

(C) 将项目各部分综合为一个大型项目

(D) 将所有团队成员凝聚为一个团队

15. 在项目的高级管理层大量削减资金的情况下,正确的做法是( )。

(A) 要求高级管理层额外增加资金

(B) 进行财务分析,在减少后的资金范围内计划范围和项目

(C) 由于减少了资金,项目已经不可能继续进行

(D) 约见客户,并向其解释当前的情况,调整范围

16. 作为项目经理,你意识到了项目进展评估会议的重要性。在项目执行过程中,这些会议( )。

(A) 应该经常举行以取得对项目执行的目标和达到目标方法上的共识

(B) 可以减少举行此类会议的频度

(C) 需得到加强以综合分散的目标

(D) 必须定期举行以明确客户的需求

17. 你负责对项目进行成本估计工作。因为要求成本估计尽可能精确,所以你决定作出保守的估计。你的第一步工作是( )。

(A) 确定一种计算机工具帮助进行估计成本

(B) 利用以前的项目成本估计

(C) 确定并估计项目的每项工作的成本

(D) 咨询各方面的专家,并在他们的建议的基础上进行成本估计

18. 有效的项目综合通常要求加强( )。

(A) 队伍成员的个人能力　　　(B) 及时更新的项目计划

(C) 在界面关键点的有效沟通　　(D) 高级管理层控制

19. 对于哪类活动应该进行资源平衡?( )。

(A) 时间安排很紧的　　　　　(B) 保持进度的

(C) 非关键路径上的　　　　　(D) 关键路径上的

20. 工作分解结构编号系统应该允许项目人员( )。

(A) 估计工作分解结构要素的成本

(B) 证明项目的合理性

(C) 确定具体工作分解结构要素的层次

(D) 用于项目管理软件

21. 网络图中的时差是某工序的( )。

(A) 最早开始时间与最早结束时间之差

(B) 最早开始时间与最迟结束时间之差

(C) 最迟开始时间与最早开始时间之差

(D) 最迟开始时间与最迟结束时间之差

22. 在项目管理中,负责综合工作的是(   )。
    (A) 高级管理层　　　　　　　　(B) 项目管理顾问
    (C) 项目经理　　　　　　　　　(D) 项目队伍成员

23. 最终的项目预算是在项目生命周期的哪个阶段进行的?(   )
    (A) 启动
    (B) 在项目管理生命周期之前由项目经理进行
    (C) 计划
    (D) 执行

24. 对项目可交付成果负主要责任的是(   )。
    (A) 高级管理层　　　　　　　　(B) 质量经理
    (C) 项目经理　　　　　　　　　(D) 每个项目队伍成员

25. 工作分解结构的每一项都被分配了唯一的标识符,其名称是(   )。
    (A) 质量检查标识　　　　　　　(B) 会计科目表
    (C) 项目活动编码　　　　　　　(D) 账目编码

26. 你正改造你的厨房,决定为这件工作设计工作流程图表。在壁橱完工前必
    须购买到厨房设备。在这个例子里,这种关系属于(   )。
    (A) 工作开端到工作结束　　　　(B) 工作结束到工作开端
    (C) 工作开端到工作开端　　　　(D) 工作结束到工作结束

27. 下列哪项不是项目生命周期的一个过程?(   )。
    (A) 计划　　　　　　　　　　　(B) 启动
    (C) 收尾　　　　　　　　　　　(D) 项目可行性分析

28. 下列哪一项不是编制良好进度计划的根本目的?(   )。
    (A) 削减成本、缩短时间　　　　(B) 减少决策所需的时间
    (C) 消除闲置时间　　　　　　　(D) 制订较好的排除故障程序

29. 在确定项目预期进度变更的影响时,需要下列内容,除了(   )。
    (A) 新的或修正的活动历时估算　(B) 修正的活动排序
    (C) 备选进度计划分析　　　　　(D) 进度计划更新

30. 在项目管理中,变更申请可能来自(   )。
    (A) 对项目章程的审查
    (B) 对执行组织战略计划的审查
    (C) 项目队伍成员提高了解决问题的技能
    (D) 范围定义方面的错误或疏漏

31. 制订项目计划的是(   )。
    (A) 高级管理层　　　　　　　　(B) 职能经理

  (C) 项目经理   (D) 项目队伍

32. 作为一个项目经理,你尝试运用倾听的技巧帮助理解他人的意见。在这样做的时候,你应该( )。

  (A) 模拟信息的内容   (B) 了解并评价信息内容

  (C) 评价信息内容然后提出建议 (D) 重述内容并表达感受

案例分析

细节决定成败——火烧赤壁的项目管理启示

细节决定成败

  "万事俱备,只欠东风"是我们耳熟能详的成语,这是三国时期赤壁之战的典故,现在我们常常借用它来形容事情做得很完备了,只差一点点事了。其实,这个成语的原意并非如此,而是所有的事情都准备妥当了,却突然想到遗漏了最最重要的条件和环节。当风扫战旗,拂到脸上,周瑜"猛然想起一事,大叫一声,往后便倒,口吐鲜血",此后"心腹绞痛,时复昏迷"。诸葛亮给周瑜诊断的病源是"欲破曹公,宜用火攻;万事俱备,只欠东风",可见东风并非小事,而是涉及所有努力和辛劳的头等大事,是所有工作的前提条件,没有东风,恐怕周郎无颜见江东父老了。

  《三国演义》在好几个章回中穿插叙述了周瑜、曹操和诸葛亮对风向的考虑。如前所述,周瑜事先根本没有考虑到这个问题,直到事到临头才突然悟到所做工作的失误。即使是在诸葛亮七星坛上借东风之际,仍然是半信半疑,"隆冬之际,怎得东南风乎?"在这个问题上,周瑜的无知,跃然纸上。苏东坡在《念奴娇·赤壁怀古》中曾赞道"遥想公瑾当年,小乔初嫁了,雄姿英发。羽扇纶巾,谈笑间,樯橹灰飞烟灭",一直引指着我们对历史人物无限的向往和憧憬。实际看来,恐怕公瑾无此等闲情逸致吧? 真是可惜了我们以前从这首词中所体会到的意境。

  看看曹操是怎样考虑的。在庞统献连环计,铁链锁战船之后,程昱提到提防东吴用火攻,曹操却说:"凡用火攻,必藉风力。方今隆冬之际,但有西风北风,安有东风南风耶?"看来曹操还是比较周到,考虑到了战船连锁的弊端。然而,在东吴火攻之日,东南风起,他又说:"冬至一阳生,来复之时,安的无东南风? 何足为怪。"这只是正常的小细节。正是诸葛亮充分地利用了这一难逢的时机,火烧赤壁,造就了三足鼎立的局面。

  冬季无东南风,是常识。周瑜连这基本常识都没有事先考虑到,显示了他的无知,以至于醒悟之时大吐鲜血,看来他后来被诸葛亮三次气死就在情理之中了。冬至之时,东南风和西北风交汇,不定什么时候东风压倒西风,这是必然中的偶然事件。在日常生活中这算是个最普通的细节了,但是在赤壁之战中,它演变成了赤壁之战的首要条件。在这既定的历史时刻,刮东南风是细节,但它是决定历史的细节。把这细节推上了赤壁之战辉煌地位的是诸葛亮,即使是最弱的一方,诸葛亮也能从始至终把握全局。如果历史能重演,曹操应该学习细节决定成败的观念,并有机结合系统应用所拥有的知识,在拥有强势的环境下防范细节风险;周瑜不要斤斤计较于颜面,让"程普见周瑜调军有法,甚相敬服",而应勤勉谦虚,学习运筹帷幄的为帅之道。三人相比,尽管周瑜落了下风,但并非是无能之辈,对三足鼎立局面来说,功不可没。

在如今复杂的社会和经济环境中,事件的系统性和事件相互之间的关联性远远大于以往任何一个年代,正所谓胜败乃兵家常事,只有把握全局才是至关重要的。企业管理也必然会碰到诸如此类的细节。很可能在某个时刻,细节会演变成重要的管理因素,如果精心策划,这种演变也可能朝着有益的方向发展。

细节决定成败! 细节存在于过程当中,只重结果不重过程的观念是站不住脚的。过程中的情势不同,则细节的重要性不同。注重过程,一是在计划上充分考虑各种细节,既要利用有利细节对形势转变的促进作用,又要防止不利细节对形势的逆转影响;二是时刻警惕,洞烛幽微,尽早发现过程中出现细微表现,识别不利细节演变的征兆,及时根据形势的发展作出变更和调整。

资料来源:项目管理资源网,http://www.leadge.com/djnews/news/200673155449.htm。

参考文献

［美］菲利普・R.凯特奥拉，约翰・L.格雷厄姆著，周祖城，赵银德，张璘译：《国际市场营销学》，机械工业出版社 2005 年版。

［美］斯蒂芬・A.罗斯等著，吴世农等译：《公司理财》，机械工业出版社 2003 年版。

［美］弗雷德・R.戴维著，李克宁译：《战略管理》，经济科学出版社 2002 年版。

［美］杰克・吉多等著，张金成译：《成功的项目管理》，机械工业出版社 2004 年版。

黄丹、余颖：《战略管理(研究注记・案例)》，清华大学出版社 2005 年版。

劳动和社会保障部：《项目管理师》，机械工业出版社 2003 年版。

李昊：《管理越简单越好》，京华出版社 2005 年版。

迈克・波特：《竞争优势》，华夏出版社 2001 年版。

乔治・大卫：《管理就是要打破常规》，地震出版社 2004 年版。

石金涛：《现代人力资源开发与管理》，上海交通大学出版 1999 年版。

王毅捷：《管理学案例 100》，上海交通大学出版社 2003 年版。

徐广权：《东方管理金律》，青岛出版社 2004 年版。

杨顺勇、牛淑珍、赵春华：《市场营销案例与实务》，复旦大学出版社 2006 年版。

叶龙、史振磊：《人力资源开发与管理》，清华大学出版社 2006 年版。

周三多：《管理学原理与方法》，复旦大学出版社 2006 年版。

各章选择题参考答案

第1章

1. A
2. A
3. A
4. B
5. B
6. B
7. C
8. D
9. D
10. D
11. D
12. D
13. D
14. C
15. C
16. D
17. D
18. A
19. C
20. C
21. D
22. D
23. C

第2章

1. A
2. B
3. C

4. C
5. C
6. C
7. C
8. D
9. D
10. C
11. B
12. D
13. D
14. D
15. D
16. D

第3章

1. A
2. A
3. A
4. A
5. A
6. A
7. B
8. B
9. B
10. B
11. A
12. B
13. B
14. B

15. C
16. C
17. C
18. C
19. C
20. C
21. C
22. C
23. D
24. D
25. D
26. D
27. D
28. D
29. D
30. D
31. D
32. D
33. D
34. D
35. D
36. B
37. B
38. B
39. B
40. A
41. B
42. D
43. D

44. D

45. D

46. C

47. C

第 4 章

1. C

2. C

3. C

4. D

5. D

6. D

7. D

8. A

9. A

10. A

11. A

12. A

13. A

14. A

15. A

第 5 章

1. A

2. A

3. A

4. A

5. B

6. B

7. B

8. B

9. C

10. C

11. D

12. D

13. D

14. D

15. D

16. D

17. D

18. D

19. D

20. D

21. B

22. B

23. B

24. B

25. D

26. D

27. B

28. B

29. B

30. B

31. A

32. A

33. D

34. D

第 6 章

1. A

2. A

3. A

4. A

5. A

6. A

7. B

8. B

9. B

10. B

11. B

12. B

13. B

14. B

15. B

16. B

17. C

18. C

19. C

20. C

21. C

22. C

23. C

24. D

25. D

26. D

27. D

28. D

29. D

30. D

31. D

32. D

图书在版编目(CIP)数据

管理基础/汤石章主编.—2版.—上海:格致
出版社:上海人民出版社,2015(2021.3 重印)
世纪高教·工商管理系列教材
ISBN 978 - 7 - 5432 - 2476 - 6

Ⅰ.①管… Ⅱ.①汤… Ⅲ.①管理学-高等学校-教
材 Ⅳ.①C93

中国版本图书馆 CIP 数据核字(2015)第 035797 号

责任编辑 程　倩　钱　敏
美术编辑 路　静

工商管理系列教材

管理基础(第二版)

汤石章 主编　武邦涛 副主编

出　　版　格致出版社
　　　　　上海人 ﹏ ﹏ 版社
　　　　　(200001　上海福建中路 193 号)
发　　行　上海人民出版社发行中心
印　　刷　浙江临安曙光印务有限公司
开　　本　787×1092　1/16
印　　张　17.5
插　　页　1
字　　数　313,000
版　　次　2015 年 3 月第 1 版
印　　次　2021 年 3 月第 4 次印刷
ISBN 978 - 7 - 5432 - 2476 - 6/C · 123
定　　价　45.00 元